政治心理学经典译丛·编委会

编委（以姓氏拼音为序）

陈定定　丛日云　冯惠云　韩冬临　韩召颖　贺　凯　胡　勇　季乃礼　林民旺
刘　伟　刘训练　蒲晓宇　乔　木　尚会鹏　石之瑜　谈火生　唐世平　王　栋
王二平　王丽萍　王正绪　魏万磊　萧延中　谢　韬　熊易寒　尹继武　张传杰
张警吁　张清敏　郑剑虹　郑建君

主编　尹继武

| 政治心理学经典译丛

世界政治与个体不安全感

〔美〕哈罗德·D. 拉斯韦尔（Harold D. Lasswell） 著　王菲易 译

WORLD POLITICS AND
PERSONAL INSECURITY

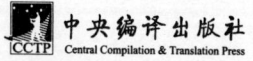
中央编译出版社
CCTP　Central Compilation & Translation Press

译丛总序

这是一个智慧的年代，一位先哲如是说。起初，智慧或许只是一丝火花，飘落于人的头脑中。那些消失在茫茫脑海中的智慧之花，只有少数是幸运的，它们在智者的敏锐扑捉下，经叙事和言说，流传于世。于是，思想的世界才有了经典。政治心理学，作为一门系统的学科，至今不过百余年。论说时间，论说影响，自然难以与传统人文学科并肩。所以，何谓政治心理学的经典，何以成为经典，自然成为知识叙述时不可回避的问题。

虽然政治心理学晚近才得以兴起、发展与繁荣，但我们看到，借助于心理学学科的迅速发展，同时在波澜壮阔的政治形势推动下，政治心理学的研究，产生了广泛的学术和社会影响。任何思想的盛宴，均不可脱离盛宴的主人而空谈。同理，政治心理学的奠基和发展，也离不开一批先哲，正是他们的拓荒与耕耘，才有了今日学科发展的繁荣。回首历史，我们应时刻铭记于心的是，那些思想前辈，在早先的学术研究条件下，生产了哺育后来者的一批经典著作。在学科发展史上铺下一块块砖石的前辈们，烙下了不同时代、研究阶段的特征。或汲取当时的心理学理论营养，或专注于问题领域研究，或从案例分析中归纳规律，或偏重于定性分析，或诉诸心理学实验或定量技术。凡此种种，他们对政治心理学的拓展性贡献，他们所提供的智慧和思想，是后人受益无穷的。

从华莱士第一次试图从人性的角度来分析政治非理性，到两次世界大战之间，拉斯韦尔在美国对政治心理学的开山贡献，政治心理学学科已经初现雏形。那时候，精神分析学说成为主流的理论营养，这也滋养了几位杰出的后来者，比如乔治夫妇和埃里克森等人。随后，心理学中认知革命兴起，政治心理学全面走向了认知路径。关于选举政治、政治态度以及外交决策等方面的研究，均是乘认知革命之东风，成为战后政治心理学的主流。同时，社会心理学也开始发挥影响，造就了一批研究群体政治心理的经典之作。最新、也是最为前沿的政治心理学，可能更多走向了情感和情绪研究的回归，以及进一步向实验技术的迈进。

说实话，要从形形色色的研究中，挑选出政治心理学的经典之作，亦非易事。幸运的是，我们基于若干种标准，经过反复斟酌，多方咨询，细致盘点了政治心理学学科发展中的重要著作，陆续挑选了一些名家之名作。这种选择，要么基于选择对学科发展产生巨大影响和推动的先哲及其著作，要么基于选择能够全面反映政治心理学经典以及进展的著述，同时也不排斥新锐的力作，尽管其努力尚须时间证明。由于政治心理学的学科交叉性，我想，对于何谓经典或许见仁见智，但我们所选择的著作，虽不敢称之为巨著，但大多是不同研究路径的里程碑著作，或是学科发展史上的扛鼎之作，或是学科知识谱系的典范，或是引领前沿的新著。我们意在为海内外学界，呈现一幅骨肉鲜明的政治心理学知识图谱。

理论是灰色的，生命之树常青；理论是解释过去的，而现实给我们带来希望。100年来，政治世界已是天翻地覆。纵然10年前，我们难以想象20年之后的政治世界。经典的著作，是对于当下时代和社会最为重要问题的回答。时过境迁，时代的发展，产生了新的问题，也对人的思想产生了新的冲击。经典的著作，不在于对细枝末节的精雕细琢，而在于对人性与政治关系的永恒解读。技术的变迁，可以改变世界，改变宇宙，但是它改变不了人性，也改变不了政治。所以，经典的政治心理学著作，一定是围绕人性与政治这个永恒的话题，展开自己的叙述和解释。唯有如此，经典才能传承，经典才能感受。思想家之深刻，就在于对人性的深邃洞察，当然，心理学方法的突飞猛进，为我们更为客观、全面以及深刻地认识自己，明白政治世界，提供了更为有效的技术保障。

认识自己，理解世界，这是一个永恒的主题。政治心理学的经典之作，能够给我们提供别具一格的思想启迪。相信本套译丛的出版，对于我们架构完整的政治心理学学科谱系，更好地理解政治世界中的人性，能够贡献绵薄之力。政治心理学的本土化，是一项长期的工程，我们也希冀为此提供一个良好的知识基础。当然，译作之中可能存在的纰漏及不当之处，还望读者不吝批评指正。

尹继武　谨识

目录 Contents

译者序 ··· 1
序　言 ··· 1

第一部分　方　法

第一章　对世界价值金字塔的结构分析 ··············· 3

第二部分　符　号

第二章　民族与阶级：认同符号 ······················ 23
第三章　权力的动态平衡：暴力期望 ················ 42
第四章　战争危机：安全需求 ························· 58
第五章　独立运动：平等需求 ························· 72
第六章　帝国主义运动：霸权需求 ··················· 89

第三部分　条　件

第七章　物资与服务：经济条件的影响 ············ 107
第八章　移民、旅行和政治态度：第一手接触的角色 ····· 124
第九章　新渠道和关注区域：第二手接触的角色 ······· 141
第十章　人格、文化与政治：以美国为例 ·········· 160

第四部分　控　制

第十一章　寻找一个神话：世界统一的问题 ······· 183
索　引 ··· 218
译后记 ··· 270

译者序

1902年2月13日，哈罗德·D.拉斯韦尔（Harold D. Lasswell）出生于美国伊利诺斯州的唐奈尔森（Donnellson）。1918年，拉斯韦尔进入芝加哥大学学习，1920年获得哲学学士学位，1926年获得哲学博士学位。之后，拉斯韦尔又获得了伊利诺斯大学、芝加哥大学、哥伦比亚大学法学博士和宾夕法尼亚大学理学博士学位。拉斯韦尔曾执教于耶鲁大学、斯坦福大学，并担任美国科学院院士。1955年拉斯韦尔当选为美国政治学学会主席，这也成为美国政治学行为主义兴盛的重要标志。拉斯韦尔一生著作多达三十余部，而他在20世纪30年代推出的三部著作奠定了他在美国政治学界的地位。这三部著作是《精神病理学与政治》（1930年）[1]、《世界政治与个体不安全感》（1935年）和《政治学：谁得到什么？何时和如何得到？》（1936年）[2]。

拉斯韦尔是芝加哥学派创始人查尔斯·梅里亚姆（Charles E. Merriam）最优秀的学生之一。由于梅里亚姆长期在芝加哥大学任教并曾担任政治学系主任，他的一批同事和学生与之一脉相承，成为美国最有影响的一批政治学学者，使芝加哥大学在近30年的时间里成为行为主义的大本营。在这些人当中，拉斯韦尔作为梅里亚姆最得意的门徒和"芝加哥学派"的重要代表人物，是"新政治科学"运动的主要推动者和实践者之一，被誉为"行为主义的大师"。根据40年代被提名次数的统计，拉斯韦尔被认为是第二位最有影响的政治学家，仅次于梅里亚姆。

---

[1] 中译本参见《精神病理学与政治》，魏万磊译，中央编译出版社2015年版。
[2] 中译本参见《政治学：谁得到什么？何时和如何得到？》，杨昌裕译，商务印书馆2006年版。

2
世界政治与个体不安全感

拉斯韦尔素以将心理学理论运用于政治学研究而著称，被认为是现代政治心理学的领导者和主要的学术奠基人。政治心理学是兴起于西方20世纪20年代的一门新兴交叉学科。19世纪末20世纪初，政治学、心理学、社会学、社会心理学纷纷独立，科学的技术和方法也取得了进步，这些为政治心理学的独立提供了强大的动力。与此同时，西方社会中政治动乱的加剧，两次世界大战带来的毁灭性灾难，现代极权主义，对大众传媒的系统利用，所有这些都使得人们迫切需要获得有关政治过程和心理过程相互关系的知识，以找到这些事件产生的原因和与之相抗衡的方法。科学知识和科学方法的进展与当时社会发展的客观需要相结合，推动一些学者对政治心理学的有关问题进行了广泛研究。

英国学者格拉姆·沃拉斯（Graham Wallas）是现代政治心理学的先驱之一。他在《政治中的人性》（1908年）一书中，借鉴了当时心理学的研究成果，探讨了人的本能等心理因素对政治行为的影响。同时，心理学家弗洛伊德运用精神分析法，尝试对社会政治问题进行解释和说明。20世纪20年代，查尔斯·梅里亚姆倡导用科学的方法对政治行为和政治心理进行详细调查和研究，而其学生拉斯韦尔根据这种研究方法进行了具体研究。拉斯韦尔将弗洛伊德的精神分析法系统地运用到对政治行为的研究中，设定了其后政治心理学的一系列研究议程和相关主题。此外，拉斯韦尔还曾在英国伦敦大学经济学院跟从沃拉斯学习，受到其《政治中的人性》一书的影响，他偏重从人格的形成来研究政治学，运用心理学和社会心理学概念来说明政治行为和政治现象。拉斯韦尔在《世界政治与个体不安全感》一书中提出的"第一手接触"（primary contact）、"第二手接触"（second contact）的概念深受沃拉斯的"第二手感情"说的影响。沃拉斯认为报纸在人类社会中的作用之一就是在社会成员之间形成一种间接联系，并将这种通过间接接触而产生的感情称为第二手感情。他认为这种感情对一个人产生的影响是即刻的，但也是肤浅的，不能持久的。例如，在观看了一场电影后可能会有一半以上的观众流下了泪水，但他们当中很少有人回家后会因此失眠。报纸的作用也同样如此，一旦阅读结束，感情作用亦随即消失了。沃拉斯认为，在报纸普及的时代里，人们的政治思维主要被稍纵即逝的"第二手感情"所主导，政治理性已为政治非理性所取代。

译者序

在沃拉斯的"第一手经验"和"第二手感情"理论的基础上,拉斯韦尔对环境(environment)和情境(milieu)做出了区分。环境是人类生存的物质世界,情境则是经由符号构建的客体关系。(见本书第141页)例如,某政府大楼对于居住在此地的所有人来说构成了一种环境,而在观察它和思考它的人眼中,却属于情境的一部分。再比如,芝加哥人可能会提到纽约或者孟买,却不一定曾经去过那儿,在某种意义上这些地名就成为芝加哥人的情境的一部分。又如,人们会提及某些虚幻或者古老的事物,如高龄的希腊人和鬼魂,尽管他们并未曾置身其中获得直接感受。因此,尽管环境客观存在,人们的注意力却并非广泛,只有那些进入人们的视野并被关注的事物才属于真正的对象,而意识到与否会直接影响到人们的行为。如何处理物质与意识间的复杂关系,拉斯韦尔提出应该关注结构调查,进行关于人们的意识范围转换情况的研究;对进入人们意识范围的符号进行客观描述,并加工为图表形式来呈现。这正是拉斯韦尔的定量化内容分析的理论基点。拉斯韦尔进一步指出,同一被关注对象的关联符号在不同个体上,会引起正面或负面的情绪冲动,进而产生不同的关注焦点,并引导着个体的情绪波动。相同的情感体验在具有着相同注意焦点的个体间分享,情绪范畴拓展的结果便是释放出控制事态后果的冲动,旁观者本身演变成了参与者。(见本书第141页)拉斯韦尔的情境概念凸显了符号环境的作用,而对符号环境进行监测并考察其传播效果,就是拉斯韦尔关注结构研究的主要目的所在,后来又进一步发展为环境监测功能的概念,并且这一概念在拉斯韦尔1948年发表的经典论文《社会传播的结构与功能》中得到了集中阐述。

尽管拉斯韦尔的研究几乎涉及了政治心理学家所关心的所有问题,但是他的注意力还是集中于探讨心理过程对政治过程的影响上。他的主要著作《精神病理学与政治》(1930年)、《世界政治与个体不安全感》(1935年)、《权力与人格》(1948年)等,有助于我们利用独特的心理学观点去理解政治现象。这一研究取向也导致政治心理学大量研究了个体和社会的心理过程,如动机、冲突的感知与认知、学习、社会化、态度形成及个性和精神病理等对政治行为的重要影响。

1933年,拉斯韦尔首次提出了"不安全感假设"来阐释"希特勒主义的心理学"，一年后他把自己的想法扩展成一部全面的政治心理学专著，写成《世界政治与个体不安全感》一书。所谓的"不安全感"，指的是工业革命影响下，或由于剧烈的社会变迁，导致人们丧失对于传统权威或价值的认同，个体被剥夺了人身安全感，也没有归属感，这种情况造成了大众的普遍焦虑。这时候，任何的象征符号，只要承诺能够恢复个体的安全感，缓解大众焦虑，就会被现代大众轻易接受。如果现存的政治制度、经济制度不足以充分缓解大众的焦虑，大众就会去寻找少数群体作为替罪羊，宣泄其不可遏制的憎恨。《世界政治与个体不安全感》一书的主要观点如下：

第一，拉斯韦尔认为传统的政治学注重研究政治机制、政治结构、政治制度等，应转而研究个人政治活动、政治经历与政治心理。政治不是社会外部条件决定的结果，而是个人潜意识活动与外部社会相互冲突的结果。人生有五种主要的价值，即权力、健康、尊重、技能和财富。人们对这五种主要价值的不同追求形成了不同类型和职业的社会人。人们选择追求某种具体的价值，取决于他们早年个人欲望与社会之间的冲突，以补偿和实现他们所未得到满足的欲望。拉斯韦尔从这种个人人格形成的分析，提出任何一种政治现象都是对个人情感的发泄，因而具有非理性的特质。

第二，拉斯韦尔的核心观点是强调心理过程是政治过程的决定因素，关注的是国际关系给个体带来的不安全感。当时人们对战争和入侵非常担忧（后来的历史发展也证明，爆发了第二次世界大战），他认为：在那个时代，个体的"不安全感"是强烈而真实存在的，个人的身份认同是一个主要原因。他认为在不同的文化和性格类型中，情感的纽带是道德秩序最强有力的融合剂，人的性格中所拥有的忠诚在政治规则的运作过程中起着不可或缺的作用。通过认同（identification）和心理投射（introjection）的方式，个体在成长的过程中可以把一些道德观念融入自己的性格之中，这些道德观念的象征符号最终变得神圣不可侵犯。这种深入人们性格中的东西，既能够为维持一个政权或政治集团提供坚实的心理基础，同时政权或政治集团的领导人如果破坏、诽谤这些道德符号，就会导致人们的心理混乱，从而危及整个政权或集团的存在。

至于人们为何会做出一些诸如选举失误、加入恐怖组织之类的反常行为，拉斯韦尔认为，在情感的作用下，人们在判断自己的利益时并不是一个好的法官，相反，是一个差的法官，他们通常所做的决定并不是基于自己的利益，而只是缓解自己的内心紧张。这种非理性的心理作用，导致民众在参与政治行为的过程中常常会做出错误的决定。德国纳粹的上台是因为民族情感在起作用。在"一战"中，德国战败，被迫割让土地，进行赔款，这对德国民众而言是一种极大的心理打击，激起了他们的民族仇恨。希特勒的出现恰在此时迎合了德国民众的这种情感需要。

第三，领袖的性格特点以及对外部世界的不安全感，决定着一国的国家政策和外交理念。拉斯韦尔在书中指出：领袖们实际上往往无意识地把自己的感觉强加于国家。也就是说，领袖与国家的界限变得模糊了，领袖的个性，包括他的缺点和对外部世界的不安全感决定着国家政策和外交理念。拉斯韦尔进一步提出，环境可以被那些并不确认符号之间关系的客体所定义和营造出来。而报纸作为当时主要的大众传播媒体，则能够营造出这种环境，因此，拉斯韦尔把媒体的这种特性称为"第二手接触"（第一手接触表现为移民、旅行与政治态度）。

拉斯韦尔指出，人们对于本地的接触要比远程的接触更为重视。但是，媒体能够把远程的事件变得本地化，"扩大的第二手接触的最初效果可能是增加了世界事务中对和平的威胁，因为当需要新的调整时，不安全感的反应易被引发，而且许多地方利益集团能从不安全感的传播中受益"（见本书第155页）。从拉斯韦尔的论述可以看出，不安全感不是抽象的国家所能体会到的，而是落实到具体的人群之中。

第四，国际冲突和个体安全感之间存在相关性。拉斯韦尔试图将其研究结论拓展至社会整体层面，以说明国际冲突和个体不安全感之间的长期关系。在社会科学家证明战争在一切文化中实际上是普遍存在的这一假设的前提下，拉斯韦尔力求从个体的恐惧和忧虑中发现这种冲突的根源。通过研究精神分析学家的相关材料，他得出的结论是，几乎每个儿童对自己以及对他和别人的关系的恐惧都有发展。

战争的欲望是可以抑制的，但它深深地潜伏在群众的心里，正如它潜伏在统治者的心里一样。它的根源是埋藏在人的无意识里的一种害怕残废的病态恐惧心理。在一些场合中，这种恐惧感变得十分强烈，以至于许多人都无法逃避，只有进攻。但要能持续进行进攻，就必须有敌人的存在。有时候在国内能找到这种敌人，即垄断者、资本家或者华尔街的投机商。更常有的是无意识的心灵把某种国外威胁作为攻击的靶子。这整个过程不是合乎理性的，它所产生的敌对情绪将远远超过合理的界限。

第五，为防范政治危险，消除人类的不安全感，就需要建立政治预防机制。拉斯韦尔在运用心理学理论分析政治领袖的行为时发现：历史上许多杰出领袖在精神或者生理上都有反常现象，而心理上的失常会导致政治上的危险性。自卑感、仇父心理、同性恋、自我陶醉等病态心理，都是造成独裁者和专制暴君的心理来源，同时病态的恐惧心理则是造成战争的根源。因此，拉斯韦尔认为，为了防止政治上的危险，必须消除"折磨人的灵魂的各种紧张关系"，建立"政治预防机制"，依靠教育来净化人们的心灵，依靠受过精神病学训练的社会学家来指引和教育民众，而不能单靠拟定法律、改变政府组织模式抑或扩大民众参与力度等社会改革的方式来谋求政治稳定。

拉斯韦尔致力于在"心理学—精神学"层面同社会科学和政治分析建立某种联系，从而为研究政治人物、分析政治现象、预测政治行为提供帮助。在《世界政治与个体不安全感》一书中，拉斯韦尔以心理学为依据对政治现象进行了系统研究，从个体心理冲突出发，探究世界政治变动与发展的根源。拉斯韦尔认为一切心理上的失常在政治上都是危险的，病态的恐惧心理是造成战争的根源所在。拉斯韦尔的政治分析直接继承了弗洛伊德的精神分析学说，他的政治理论的中心议题为"各种政治运动的生命力来自倾注在公众目的上的私人感情"，即各种政治运动的成长和发展其实就是参加这些运动的个人把自己根深蒂固的个人情感导向公共渠道的结果。另一方面，他通过分析世界政治与个体不安全感的关系，指出在国际冲突中"阉割情结"的重要影响，分析了国际冲突与个人的不安全感之间的长期关系，力求从个人的恐惧和忧虑中寻找国际冲突发生的根源。

序 言

本书其实是对1932年春天在芝加哥大学开展的一系列社会科学研究讲座内容的部分总结。其中，关于马克思主义符号的分析，部分内容发表于1933年夏天在芝加哥大学开展的讲座（由哈里斯基金会提供财政支持），后收录于昆西·赖特（Quincy Wright）主编的《公共舆论与世界政治》（芝加哥，1933年版）一书中。第七章对于繁荣和萧条的心理学结果的研究分析，于1933年圣诞节期间召开的乌尔班纳会议之前，已得到了美国历史学会的精妙诠释。最后一章的部分研究成果也已在《国际伦理学杂志》上公开发表。

在这一系列专著中，我亲切的、宽容的同事们，如《超越道德心》的作者T. V. 史密斯（T. V. Smith）和《政治权力——构成与影响》一书的作者查尔斯·梅里亚姆（Charles E. Merriam），他们针对书稿提出的各种建设性评论，使我受惠颇多；昆西·赖特将其在战争起源研究中所搜集到的调查材料无偿地提供于我；芝加哥大学社会科学委员会为我的写作研究提供了经费支持；布鲁斯·L. 史密斯（Bruce L. Smith）发起了一场倡导著作可读性的运动，这场运动注定失败，但是发起者勇气可嘉。由于罗伯特·E. 帕克（Robert E. Park）计划进行其环球旅行，他因此得以从繁重的审稿任务中解放出来；因此，也才有可能让他无暇受这一书稿所累，我以此书来表达长期以来我一直受惠于其睿智的洞察力的启发，以及表达我对他的由衷感激之情——由于其在对高度抽象内容的概括和对细节的耐心处理之间创造性地实现了互动和平衡。此外，我还受惠于过去20年间一位独一无二的朋友，现就职于哥伦比亚大学的威廉姆·康奈尔·凯西（William Cornell Casey），他的聪明才智和适度的敏锐性曾一度受到那个充满怨恨和贫乏的新世纪的影响，近来逐渐得以恢复。

哈罗德·D. 拉斯韦尔
1934 年 11 月于伊利诺州芝加哥

第一部分

■ 方 法

第一章　对世界价值金字塔的结构分析

政治分析（political analysis）主要是对社会价值的模型与构成的变化进行研究。典型的价值观念主要有：安全、收入和尊重。由于任何共同体的一些成员在特定时期都拥有每一种价值观念的绝大部分内容，因此，关于价值观念的任何一种分布模式都将呈现为一个金字塔的图式。那些拥有每种价值观念的绝大部分内容的人是**精英**（élite）；其余的人则是普通民众（rank and file）。精英会通过操纵符号、控制物资和运用暴力来维护自己的优势地位。对这种观点，一种相对非正式的表述就是，政治学是研究**谁得到什么、何时和如何得到**。①

对世界政治的分析因此也暗含着思考并探索人类整体价值模式的模型与构成的研究。这使得对世界精英在社会起源、特殊技能、个人品质、主观态度和维持如符号、物资及暴力工具这样的优势方面进行比较就显得非常必要。精英的任何特质与方法方面的基本变化都会引起人们的特别关注。**革命**（revolution）是迅速发生的，并且是对统治者的构成与名称的一种改变。**世界革命**（world revolution）是对精英选拔原则的革新，也是对人类政治生活的统治意识形态（reigning ideologies）的革新。

---

① 在政治学领域，这一表述可以参见 G. E. Catlin, *The Science and Method of Politics*, New York, 1927; Harold Laski, *Politics*, Philadelphia and London, 1931; Edgar A. Mowrer, *Sinon, or the Future of Politics*, London, 1930; Gaetano Mosca, *Elementi di scienza politica*, Second Edition, Turin, 1923; Roberto Michels, *Corso di sociologia politica*, Milan, 1927; Carl Schimitt, *Der Begriff des Politischen*, Munich and Leipzig, 1932。也可参见我的演讲稿，"The Strategy of Revolutionary and War Propaganda", in *Public Opinion and World-politics*, Lectures on the Harris Foundation, Quincy Wright, Editor, Chicago, 1933; Charles E. Merriam, *Political Power*, New York and London, 1934。

4
世界政治与个体不安全感

毫无疑问，法国革命与俄国革命主要是对世界历史上统治者与统治符号（ruling symbols）进行革新，尽管当我们考虑到我们对欧洲历史细节的熟悉程度有限，以及对东方人、"原始人"（primitive）和古老民族的了解比较贫乏时，我们也许就会对我们的这一判断有所保留。①

如果从前重大的政治变迁因兴起并传播直至被阻挡或被新的革命性创新（new revolutionary innovations）所取代的革命模式而著名，那么未来就可能会遵循同样的发展过程。因此我们的"现实"世界就会是一种处于最近的世界革命浪潮与即将发生的世界革命浪潮之间的过渡形态。

正确的自我定位（self-orientation）将因此由辨别精英选择的原则和在世界政治变迁的下一个阶段即将出现的主导符号共同组成。合理的政治分析完全就是在包含过去、现在与未来的连续统一体中进行正确定向。如果包括一切的整体的显著特征未被识别出来，那么细节就将被错误地定位。如果没有关于总体背景的符号，关于细节的符号也就无法成为分析数据。

我们的研究方法包含那些在寻找合适方向的过程中主动采用的行动方法。政治分析的结构性方法存在于对**发展**与**均衡**（development and equilibrium）观念的运用，也存在于针对政治变迁所采取的**思辨性的**和**操作性的态度**（contemplative and manipulative attitudes）之中。

发展性分析（developmental analysis）解释了有关精英符号从哪些事件中发展而来或者要朝向哪里发展的具体细节。适用于在法国大革命和俄国革命之间发生的任何事件的正确的发展性分析，都已经表述出朝向或者远离精英崛起的事件的重要性，以"无产阶级的社会主义"（proletarian socialism）的名义取代了贵族统治（aristocracy）和资产阶级。自从1917年起，适用于这个世界的充分的发展性分析，都将会解释其与下一个即将

---

① 尤金·罗森斯托克（Eugen Rosenstock）在《欧洲革命》*Die europäischen Revolutionen* 一书中罗列了五次欧洲革命，其中他还对总体性革命和局部性革命进行了区分。关于"精英"和"意识形态"的现代定义源自马克思主义文献，主要体现在索洛尔（Sorel）、马克斯·韦伯（Max Weber）和帕累托（Pareto）的作品中。还可以参见 Karl Mannheim, *Ideologie und Utopie*, Bonn, 1929; W. Y. Elliott, *The Pragmatic Revolt in Politics*, New York, 1928。

兴起的精英符号集之间的关系。

均衡性分析（equilibrium analysis）把细节看作所表述的政治变迁方面的内容，在变量维度中所展示的是定量变化。在精英构成方面的重大变化也许被当作在盛行的劳动分工方面进行重大调整的一种职能；因此，在任何时间段里，如果生产过程已经发生了显著变化，那么精英阶层更替（élite alterations）的可能性将会增大。

发展性分析和均衡性分析模式都可能产生有关"法律"（law）和"原则"（principles）的相关表述。以思辨性态度去分析现实情况，对于归纳变化的"法则"来说，是尤其恰当的。当重点强调从熟悉的现实模式中获得转化的方式方法时，一种更积极的态度将会被运用于经过重新整理后的现实情况。通过运用操作性态度进行分析，并详细说明管理的"原则"，新的可能性往往能吸引更多研究者的关注。结构分析法（configurative method of analysis）需要分析者做到：探寻每一种定向的模式，这种模式能够提升其追求对全体之相关方面的正确特性进行成功描述的可能性。

自1917年以来发生的一系列事件可能会被看作最近的以俄国为原点而**传播**开来的世界革命模式的一种进程与过程，或是因其而受到**限制**。无论何时，只要某一地方邻近领土有被苏联吞并的风险，**总体性传播**（total diffusion）就会发生。而且很多传播都是局部性的，从而限制了精英对新的革命符号与实践的利用。在其他地区，政治运动（political movements）采用了俄国精英的一些名称与方法。意大利的法西斯主义与德国的国家社会主义（German National Socialism），在某些方面还有平均主义（equalitarian）及社会主义（socialistic）的味道。一个单一的政党运用合法的垄断权；社会功能被过度地政府化；作为执行者的顾问的功能主体被领土立法机关所替代；公民投票代替了议会选举。

因**局部兼并**（partial incorporation）而产生的限制已经和因**地缘的、功能的分化**（geographical and functional differentiation）而产生的限制一并消失了。通过强调革命的地域特性，地缘分化就降低了原来居于中心地位的精英们的普遍需求。以全人类的名义进行的革命因此成为了所谓的"法国式"革命；各地以工人阶级的名义进行的革命则成为了所谓的

6
世界政治与个体不安全感

"俄国式"革命。功能上的区别与分化通过强调精英利用普遍符号的差异性来否定最近发生的世界革命的普遍性。因此，代表人类权利的革命成了"资产阶级的"革命，并且为下一个成功的抗议符号"无产阶级"的崛起铺平了道路。也许俄国革命并不能标志着产业工人与农业劳动者的崛起，却必将标志着知识分子与半知识分子（semi-intellectuals）开始能够利用手工劳动者的短处与问题。在苏联，就少数统治阶层而言，对"官僚主义"（bureaucracy）抗议的重现，以及对"官僚政治的"（bureaucratic）明显的过度紧张，也许会促使更底层的手工工人阶层尽早形成更强的阶级意识。于是，手工工人就很难找到一个共同的名义，或一个有活力的神话，或一个能使他们的挑战很快成功的有效对策；的确，在苏联，这种阶级斗争的形式越激烈，这一阶段就越可能会被无限地延长，然而技能斗争反而会更加激烈。这也许是因为世界历史就处于这样一个时代：在俄国、意大利、德国和其他地方，被绝望的政治悲哀地分割并刺激着的中下层阶级（lower middle classes），他们自身的积极元素使他们能更加有效地反抗自身的困境。

前几段简要提到的发展性分析的看法也可以根据政治变迁的均衡性理论而进行分析。价值观念的大小与分布之变化受到了公开的、有意识的**抗争**（striving）行为的影响，如战斗、谈判、裁定、劝说、联合抵制、酬谢或宣传。由于这些公开行为被和它们相关的特殊**符号**所修改，因此必须拓展政治研究的范畴以将这些符号纳入其中。战斗、花费和仪式行为都受到了认同符号传播的影响，如"民族""国家""阶级""种族""教堂"。关于对"安全""平等""主权"等需求的增长，已经对以认同符号的名义而进行的行动产生了影响。于是，在民族主义运动的早期阶段，首要的需求往往就是在文化统一（cultural unity）的名义下实现地位的平等；但是国家地位一旦确立，民族主义就会包含帝国主义对异域文化进行权力支配的需求。以共同符号的名义纳入需求的主张，同时伴随着对成功或失败的预期。如果在我们这个时代革命的发生是不可避免的，如果文明战胜野蛮的时代即将到来，人类的精力消耗就完全是值得的。当太平盛世在未来逐渐消退，而野蛮人与异教徒却逐渐繁荣昌盛之时，热情之火就被浇灭了。①

认同、需求与期望的符号(symbols of identification, demand, and expectation)被采用的速度,部分取决于**不安全感水平**(insecurity level)的高低。在愤怒的、焦躁不安的人群当中,既定秩序的符号与实践就处于危险之中,而且对于其名义力量被一个挑战的精英把持着的反对神话之迅速传播来说,就是一个非常合适的时机。

不安全感的释放方向是受到共同体中各种各样的**关注焦点**(foci of attention)的影响的。国内市场中出现了越来越多的来自国外的竞争,这一点可能会被那些感到自己受到威胁的厂商所注意到。共同体中的民众也许没注意到市场上商品出现的这些特别的变化,但是它可能会通过控制新闻媒体、无线电广播和大众出版物来引发危机感。一个特定的集团是否能够灵活吸引关注并操纵大众的不安全感则取决于各种各样的伴随状态。在任何特定的时期,共同体的关注会被许多相互争夺忠诚与憎恨的符号所稀释。

不安全感水平是直接受到生活条件的影响的,而生活条件是由**劳动分工**(division of labor)的变化所决定的。一个新的机器也许能加快工作节奏,在一个地方免除工厂手工作业,提高一个工厂和另一个工厂进行竞争的实力,提高一个投资集团与另一个投资集团进行竞争的实力,甚至提高一个国家在世界上的竞争力。

不安全感也许也会因环境中**暴力工具**(instrumentalities of violence)的分配变化而产生。靠近边境驻扎的军队也许会成为共同体中个人的关注焦点并引发不安全感,这种不安全感可能会因反向运动而被局部平息。

不安全感也受到**符号环境**(symbolic environment)变化的支配,这种符号环境会成为关注的焦点。因此,来自外国媒体强烈的谴责抗议活动也许会产生一种反向表达的敌对形式。

因此,学习政治变迁的学生只能被迫去思考在采取有意识的、公开的抗争行为之后可能产生的问题,并且考虑影响它们的认同、需求和期望的符号;只能被迫去研究那些能够摆脱不安全感的符号,这些符号也构成了

---

① 期望符号是一种特殊类型的事实符号分类。

所谓的关注焦点的对象;只能被迫去强调关注那些因劳动分工变化、暴力工具的变迁以及第一手和第二手接触而导致的生活条件的改变。

不存在因为劳动分工(一个"物质"变迁)的变化,或因为暴力工具的变化,或因为表达不安全感水平的符号、关注焦点、符号化的本质等方面的变化,或是抗争行为,而产生的不可调和的顺序;这个关系链条也许会被突发事件所打破。于任何特定的时间间隔,在任何地方所实现的均衡中,它的变化也许会因任何因素的变化而被引发。在最近世代,这种观点在由资本主义文化复合体的兴起与传播而引发的适应性变迁中被反复加以强调。

我们可以快速回顾为调整以往的互动关系而进行劳动分工,由此产生的加速变迁导致世界所发生的变化的一些主要特征。我们的起点是18世纪在不列颠群岛上首先出现的现代资本主义,它极大地增强了英国在国际上的竞争力,使它基本上能够摆脱荷兰、法国与西班牙的控制并且开始向南北美洲、非洲与印度进行殖民,还通过向人口稀少的北美、澳大利亚与南非输出人口来传播英吉利式的西欧文明。英国资产阶级在崛起的同时牢牢抓住了对组织区域(organization area)①的控制,不仅如此,他们还进一步发展了这些地区,接管了越来越多的行政职务与权威主义象征(authoritative emblems),并且废除了许多对可用人员的随意处置的限制和对营利企业的物质限制。

18世纪英国国家实力的增强直接导致了原来在法国组织区域内用以维持统治政权的符号的迅速贬值,并且为法国资产阶级夺取控制权提供了便利条件。法国大革命的一个主要结果就是加速了资本主义文化模式在法国

---

① 所谓的组织区域是指其活动与正式形成的权威(如国家、省、市、特殊区域、司法区域以及选区)相关的领域。情感区域(sentiment area)是指能被相互认同的情感领域,如法国或德国的爱国者,基督教新教徒与天主教徒。活动区域(activity area)是那些从事相关行为的领域,如营销、居住、工作、战斗。关注区域(attention area)将在稍后进行界定,本书将对这些不同区域之间的关系进行探讨。参见我的附录,Appendix A, No. 14, *Conference on Regional Phenomena*, Held under the auspices of the Social Science Research Council and the Division of Anthropology and Psychology, National Research Council, Washington, D. C., April 11 and 12, 1930, issued by the latter, 1930。

的广泛传播，并且因此加强了法国在世界权力均衡体系中原本已被削弱的国家地位。法国革命运动的爆发性释放最终还是被欧洲大陆的反动势力所镇压，比如普鲁士和奥地利，这两个国家得到了正处于繁荣发展时期的英国的援助。在新的社会里，资本主义的专门化（capitalistic specialization）同时也在创造一个抗议集团，即工薪阶层——无产阶级。发展相对滞后的普鲁士资产阶级，之所以放弃了一些自己在普鲁士受到正式认同的要求，接受并采纳有助于维系封建君主政体（feudal-monarchial régime）的政策，部分也是因为受到了这个新崛起阶层的直接刺激。

由于相距遥远，俄国的封建君主精英能够在最小让步的前提下继续使用新技术。由于他们落后于西方新的劳动分工体系，因此在遭受了日本这个运用新技术处于前沿的国家的打击后（日俄战争），俄国这个巨大的组织区域被惊醒了。在世界权力均衡体系中的地位被削弱后，俄国的权威符号与实践受到了严重质疑，俄国的统治者在一场旷日持久的战争中逐渐暴露出了他们存在士气低落的问题。俄国的新秩序，就像法国大革命后的新秩序一样，开始鼓励新技术在以前未被允许的地方进行传播。但是新秩序是以无产阶级的名义去实行控制的，这是一个在西欧作为私有控制体系的抗议形式而兴起的符号，是在和新技术保持关联性的情况下逐步得到发展的。因此它在俄国得到了广泛传播，在那里，技术模式已经变成同西方控制实践敌对的符号有联系的了。尽管有少数的雇佣劳动者，但是由于传统行政管理的弊端、农民的不满，由于缺少强有力的中产阶级，由于没有订立合同，也由于雇佣劳动者常常无法获得战略地位以及职业革命家拥有的相应的精英技能，新精英们仍然能够以西方符号的名义实行统治。

在19世纪，资本主义模式的传播给世界带来了前所未有的、广阔的活动区域。有影响力的实业家不能够或者不愿意在不违背资本主义私人企业获利原则的情况下设计出维持生产与分配之间和谐状态的方法，因此他们一旦控制了国内市场，就十分乐意继续开发国外市场。德国日益增强的工业竞争力对大英帝国的精英们来说是越来越明显了，但是直到海军竞赛开始之前，相对固定的英德竞赛才使世界权力均衡体系开始逐步稳固起来，这是因为在假定前资本主义存在的情况下，武力是解决国家间矛盾的一种常规手段。

10

世界政治与个体不安全感

因为英国具有良好的地缘位置与雄厚的财政实力，所以它能够于1914年至1917年为美国提供一个巨大的市场。为了重新调整旧的世界权力体系，英国能够将美国带入世界权力均衡体系中，这也使得坎宁（Canning）① 在一个世纪之前的说法彻底地变成了现实。美国日益扩张的工业，部分被用于欧洲重建，此后便陷入了经济萧条之中。自从德国、法国和英国能够在激烈竞争的情况下抓住各种可行的机会，今日的美国工业早已失去了有前景的国外市场。由于1890年前后西方自由土地的消失，美国失去了一个经济复苏的额外源头，种种迹象表明共同体将会遭遇先前出现在欧洲的公民不安全感。

在欧洲已经实现工业化的地区，工人们密切关注着共产主义第三国际的替代形式，比如说英国的工党和德国的社会民主党。从而，工人们被纳入了"国家"的意识形态而非"阶级"的意识形态。逐渐扩大的交往联系随着学校里读写能力的传播、新闻媒体的壮大以及市场的扩张，极大增强了比世界小而比地区大的地缘区域的实力。现代资本主义已经创造了那么多的社会差别，以至于无产阶级和资产阶级之间潜在的裂痕也逐渐变得模糊了。

而在欧洲工业化程度较低的地区，以及世界上除了欧洲之外的地区，正遭受着因资本主义、无产阶级性和民族主义快速而局部的蔓延从而卷入高度多样性文化而带来的不安全感。任何共同体加入苏维埃社会主义共和国联盟并不代表着它自身废除了盛行的物质差异与意识形态差异，也不代

---

① 坎宁，英国政治家，外交家。1770年4月11日生于伦敦，1827年8月8日卒于同地。1791年毕业于牛津大学。1792年当选下院议员。曾在海军和小威廉·皮特（William Pitt the Younger）内阁的外交部任职，支持其反法政策。在1807—1809年第一次任外交大臣期间，为反对法俄结盟展开紧张的争取同盟者的外交活动。1814年出任驻葡萄牙大使。1816—1821年任英国印度监督局总裁。1822年再度出任外交大臣后，和内政大臣罗伯特·皮尔（Sir Robert Peel）结成自由托利主义集团，对内外政策进行一系列改革。对外政策上，为摆脱神圣同盟约束、巩固英国在欧洲的领导地位进行了卓有成效的斗争。坎宁反对神圣同盟干涉欧美国家革命和争取独立的斗争，承认拉丁美洲国家的独立，支持希腊反对土耳其，主张希腊自治。这一策略为英国工业资产阶级争得了广阔的海外市场，提高了英国的国际地位。1827年4月10日受命组阁。——译者注

表它能避免这些差异对苏联政策真实本质的影响。

的确，任何涉及资本主义或反资本主义增长过程的调查所产生的结论之一就是：很多强调资本主义的平衡效果和标准化效果（leveling and standardizing effects）的人都极大地低估了时间因素的影响。工业社会使共同体的生活状况产生了分化，使关注焦点增加，并因此设置了在忠诚、期望与政策方面的区别的基本点。存在于早期以无产阶级为名义而实行专政的动态关系也许会无限期地推迟物质与意识形态之间一致性的达成。

在前文中总结的过程，大部分都发生于一个日益扩张的世界经济之中。尽管当地的就业与物价发生了变化，全球的商品生产在总体上依旧保持稳步增长。虽然至今仍不确定，但1929年很可能标志着世界经济史的转折点，并且提醒我们：因工业技术传播而产生的矛盾已经扭转了世界经济的具体走向。

随着全球竞争性市场的扩张，越来越多的人能够根据收益结果而非根据作战效能或仪式声望（ceremonial prestige）来引导自己的行为活动。由于工业的高度资本化，国内市场变得相对饱和；为争夺对边远市场的控制权，竞争加剧；随着工业技术的逐步传播，新的竞争集团逐渐向边远地区扩张并崛起。越来越多的人被不断地卷入世界权力均衡体系之中并且发挥着积极作用，在这样的世界里，武力仍然是解决国家之间差异的一种有效方法。日益扩张的世界经济加剧了矛盾冲突；最终，在1914年至1918年的世界危机中，对武力的诉求胜过了对利益的诉求，当时全世界被划分为两大敌对阵营，它们努力通过制造两大自给自足的经济体来取代世界经济体系。

尽管世界经济复兴的特定趋势已经逐步显现出来，地方自给自足（local self-sufficiency）的发展趋势在战后依旧继续。最终的结果也许会是现存的世界市场的瓦解、物质生活水平的下降、民众抗议运动的爆发，而民众最喜欢的强化乡土观念的政策会进一步加剧世界经济的崩溃。最终，我们的一个问题就是去探究这个瓦解趋势的可能程度，并找寻逆转它的可能性。当然了，对世界上广大的地区来说，这并非是一种新现象；还记得罗马帝国体系瓦解后遍布欧洲世界的贸易低谷现象吗？这些普遍问题的一个面相就是去检验：不管普遍市场是否发生改变，"大陆自给自足"

（continental self-sufficiency）能够维持高生活标准的程度如何。

均衡性分析的调查结果使我们能够在更富裕的环境里重新思考我们的发展观念。由劳动分工方面的地方化创新变迁所引起的多数调适过程，使我们有理由怀疑，联合地球上所有人的最新世界革命模式不可能比以往的模式更加成功。均衡性分析提醒我们需要重视高度多样化的物质环境，这种物质环境维持着高度多样化的意识形态形式。局部兼容型的限制过程、地缘性差异和功能性差异将可能继续制约着苏联的扩张速度，保证我们在世界政治进程中能找寻创新的突破点。

上文所提及的偶然性绝不会彻底探讨历史过程的可能性或因为使用补充性分析方法可能产生的潜在优势，这种事经常发生，并且还处于激烈对抗之中。文中从上一个主要精英符号创新到下一个，正确自我定向的任务就可以通过主动思考关于发展性分析和均衡性分析模式的具体细节来完成。这本书是要阐明这个步骤的本质，并且在深思熟虑运用双重分析模式方面取得他人的合作帮助。到目前为止，结构性方法已经得出了相应的分析结果，而这些分析结果是暂时且不完整的。我们的关注点大都放在了完善分类上，而完整的分类意义只能在进一步研究之后才能进行评估，进一步的研究将数据进行汇总，而数据汇总又是它们得到一致的、综合的运用的必要前提。这个方法需要不断地在发展的术语和均衡的术语之间以及对数据的思辨性分析和操作性分析之间进行交叉引用。

在无所不包的整体中的相互细节联系的探索方面，整体感觉和保证的逐步创造也需要新的、正式的阐述方法。在接下来的章节中，由结构性方法所引发的问题绝不可能完满地被解决。一些正式策略已经被采用，来传达相互关联的意识，使思考者习惯于从任何观念或任何细节转移到思考这个分析的起点如何与另一个起点相关联，而且要理解这点就需要从总体布局上来考虑。本书详细阐述"符号"的部分是从考虑相互关联、与各种因素相关的特定代表性符号谈起的，这些各种各样的因素被泛称为"条件"（conditions），它们包括商品与服务的流通变化、专业暴力工具的运作，以及第一手、第二手接触的强度。书中用"条件"作为起点的部分，涉及和其他"条件"相关的"条件"，也涉及和它们联系最紧密的符号。在"控制"这一部分中，在对特定问题的总结性研究中表达了强调面对现实时的思辨性分析与操作性分析的相互关系的要求。

现在，避免由回溯性观察（retrospective observations）的抽象、历史细节的累积、对消逝事件所采用的精准方法所产生的不确定性，是不可能的；正确分析（adequate analysis）进行的关键性测试完全是对主要布局的特性的洞见之未来确认，对细节的解释是对总体布局的一种偏离。每个具体解释都受制于重新定义的影响，因为未来的结构性潜力得以实现，是由过去和现在的参与观察者完成的。分析家在细节的思辨与布局的思辨之间徘徊，认识到结果的合理性是创新性定向的表现而非自动投射的表现。从前在常规情况下，对准确性的搜寻一定会不断被抑制，并且由自我定位任务指明关联性和方向性，这就是分析的目标。

虽然本书特别关注了政治符号方面，但它只是作为对政治的"心理学"或"精神病理学"的贡献而被部分加以描述的。不管是什么与重大变化相关，它都和政治结构分析相关。毫无疑问，在政治学专著里，尚未对"符号化"过程进行详细分析，而且这还容易导致将其重要性转嫁给之前被忽视的任何事物。我们的职责就是避免引进一个新的盲目信奉的事物，并且给出一个迄今为止更合理的普遍性分析。不用说，类似"个体"和"集体"，"心理学""社会心理学"和"社会学"这样的名称已经在历史上对我们人类文明的系统性分析发挥了有效功用。但是现在，分析相关关系的多样性已经扩大，从而导致这些名称在许多方面已经过时。我们现在面临的前所未有的问题是进行合理的、全面的分析；这意味着我们必须查找演讲者和他的演讲，让他和我们自己都能够认识其演讲的框架和设计内容。

由于我们已经在解释世界政治事务的重要性方面实现了公正的分析，对此我们已经有所收获，所以，我们如果在抛开说、写、听和读的作用上进行政治分析，就会缺乏一致性。涉及这种行为的自传的相互修改可能沦为众多事件中琐碎的一部分，但是我们依然会停下来并探索其特定含义。当下，如果不考虑更低层次的学术性权宜之计，我们也许会考虑和世界政治相关的分析性表达的成果是否会增加同类符号的附带成果；如果真是这样，那么会有什么结果呢？

我们将要采用的自觉分析描写论述模式在我们的文明中是相对新颖

的，而且我们对其功能知之甚少。当然了，相对较大的沟通体、并置的理论和描述（juxtaposing theory and description），还有直接吸引我们兴趣的焦点，都是存在的。一些学者已经讨论过权力平衡问题，比如大卫·休谟（David Hume）①和查尔斯·杜普伊斯（Charles Dupuis）②；或者民族主义，比如汉斯·科恩（Hans Kohn）③、卡尔顿·海斯（Carlton J. H. Hayes）④和瓦尔德曼·米彻尔里希（Waldemar Mitscherlich）⑤；或者爱国主义与公民培训，比如罗伯特·米歇尔斯（Roberto Michels）⑥和查尔斯·梅里亚姆（Charles E. Merriam）⑦；或者洲际危机与战争，比如鲁道夫·斯坦梅茨（S. Rudolf Steinmetz）⑧和布莱恩（C. E. Playne）⑨；或者无产阶级性，比如沃纳·松巴特（Werner Sombart）⑩和亨德里克·德·曼（Hendrik de Man）⑪；或者个体主义与集体主义的心理学关系，比如乔治·马尔科姆·斯特拉顿（George Malcolm Stratton）⑫。

假设我们直截了当地思考它是否能够做除了维系自身以外更多的事，通过演讲和写作活动，我们只是创造了其他演讲和写作的人吗？是否有相

---

① *Political Discourses*, No. 6, Edinburgh, 1752.
② *Le principe le l'équilibre et le concert européen*, Paris, 1909.
③ *Nationalismus*, Vienna, 1922; *A History of Nationalism in the East*, New York, 1929; *Nationalism and Imperialism in the Hither East*, New York, 1932; *Nationalism in the Soviet Union*, London, 1933; *Orient and Occident*, New York, 1934.
④ *Essays on Nationalism*, New York, 1926; *The Historical Evolution of Nationalism*, New York, 1931.
⑤ *Nationalstaat und Nationalwirtschaft und ihr Zukunft*, Berlin, 1920; *Nationalismus: Die Geschichte einer Idee*, Leipzig, 1929.
⑥ "Zur historischen Analyse des Patriotismus", *Archio für Sozialwissenschaft und Sozialpolitik*, 36 (1913), pp. 14 – 43, 394 – 449; *Der Patriotismus, Prolegomena zu seiner sociologischen Analyse*, Munich and Leipzig, 1929.
⑦ *The Making of Citizens: A Comparative Study of Methods of Civic Training*, Chicago, 1931.
⑧ *Soziologie des Krieges*, Leipzig, 1929.
⑨ *The Neuroses of Nations*, New York, 1925; *The Prewar Mind in Britain*, London, 1928; *Society at War*, 1914 – 1916, Boston, 1931.
⑩ *Der Proletarische Sozialismus*, 2 Vols., Jena, 1924.
⑪ *The Psychology of Socialism*, London, 1928.
⑫ *Social Psychology of International Conduct*, New York and London, 1929.

关证据表明那些在战争或革命危机中发表演讲和进行写作的人会被做出同样的标记？他们是在非常时期从普通民众中脱颖而出的人吗？或者他们是不是对其特质名称进行相应的调整以适应随之而来的压倒性的紧急需求呢？是否有更多的脚注或词汇知识公开做出了相应的调整？有什么活动是留到主题创作、演讲、聆听、讨论、战斗和其他公开的生活行动以后再进行处理的吗？

不管怎样，这一系列问题的答案可能是不确定的，我们也会思考：那些沉迷于有关世界政治的描述分析性词语的人们构成了所谓的自选精英（self-selected élite）。他们经常在大学的隔离墙里向外发射弹幕，或者联合高等教育机构。他们也许在给他人留下深刻影响方面取得了成功，引导行政管理者征求他们的意见，或者授予他们直接的行政责任。的确，大众很可能在接受调查研究、问卷调查、面试采访、生理测量的过程中越来越多地采取默许的方式进行。在公众场合（像大学）发表词汇的行为创造了在沟通渠道中进行较快或较慢传播的一种模式。他们的行为只能引起在世界其他地方的必要的尊重。谦恭的人，多半都是这个领域的大学教授，才有可能继承一切。这种可能性，毫无疑问，是学术活动无法预料的一种结果，它也可能会为了专家的利益而重组价值金字塔。

毫无疑问，如果足够多的人被这个（或任何其他的）精英所吸引，世界就能够实现统一。社会科学教授——如果不是全世界的人——把希望寄托于精英的比较优势上，这些比较优势是建立在词汇、脚注、调查问卷和条件反射的基础上的一个精英的竞争力量上（如果非基于世界），而反对一个基于言辞、毒气、财产和家族声望的精英。作为解释，我会引用一个在罗马天主教堂位于金字塔顶的至今为止都很成功的精英的例子，或者我会引用一个依旧在世的中国清朝官吏的例子，他的主要公共活动包括记忆、分析和仪式等。

我们也许对我们社会的"权力"地位没有自发的兴趣，但是我们无法摆脱"权力"暗示本身。我们也许过于沉浸于一个强制的精神仪式，这个仪式可能是关于收集、命令、凝结和排除政治暗示的数据，除了在适中的收入和源于其他强制的个性类型的巨大顺从被忽视的情况下。我们也许会说，给人留下深刻印象，行事机敏，温和灵巧，或者能言善辩；但是"权力"的影响依然很大。那些声称自己想要真理并无视控制的人也许的确能获得真理；他们一定会拥有一些控制权。坚持人际关系网的基本事实意味着一个人找到了一个容身之地，并且部分地改变了当下价值金字塔的构型，无论他本人是否记住了这一点。如果一个人不清楚自己的行为将会导致什么样的后果，他就无法理性地捍卫自己的行为；他的行为，因此，也会染上任性放纵的色彩，天真地释放着生物体循环的压力，榨取别人的尊重和赢得一些权力，并获得来自少数人的同情与理解，这里的少数人指的是那些自传里包含足够的与他自己生理特征（biopsychic characteristics）和文化技艺（cultural techniques）有着某些类似的地方的人。

将自我定位为与安全、收入和尊重的金字塔有关的演讲者或作者，这是当下的关键任务，因为关于世界的必备信息是以碎片化的形式呈现出来的。收入的物质单元部分已经被研究，而且获得收入的人的地区的、社会的与生物的特征也已经被零星地加以研究。少有研究涉及复杂的尊重金字塔。① 研究因为战争、革命、叛乱、争斗、暴动、帮派纷争、司法行政而

---

① 参见 Pitirim Sorokin, *Social Mobility*, New York, 1927; Fritz Giese, "Die öffentliche Persönlichkeit", Beiheft 44, *Zeitschrift für angewandte Psychologie*, Leipzig, 1928; Leonard D. White, *The Prestige Value of Public Employment in Chicago*, Chicago, 1929, and *Further Contributions to the Prestige Value of Public Employment*, Chicago, 1932; A. W. Macmahon, "Selection and Tenure of Bureau Chiefs in the National Administration of the United States", *American Political Science Review*, 20 (1926), pp. 548 – 582, 770 – 811, and "Changes of Bureau Chiefs in the National Administration of the United States", *ibid.*, 23 (1929), pp. 383 – 403; D. A. Hartman, "British and American Ambassadors", *Economica*, II (1931), pp. 328 – 341; R. T. Nightingale, "Personnel of the British Foreign Office and Diplomatic Service", *American Political Science Review*, 24 (1930), pp. 310 – 331; Harold J. Laski, "The Personnel of the British Cabinet, 1801 – 1924", Chap. VIII, *Studies in Law and Politics*, New Heaven, 1932; K. Loewenstein, "Zur Sociologie der parlamentarischen Repräsentation in England vor der ersten Reformbill", *Hauptprobleme der Soziologie; Errinnerungsgabe für Max Weber*, II, Munich and Leipzig, 1923; L. Rosenbaum, *Beruf und Herkunft der Abgeordneten zu den deutschen und preussischer Parlamenten*, 1847 – 1919, Frankfurt, 1923; F. W. Taussig and C. S. Joslyn, *American Business Leaders*; *A Study in Social Origins and Social Stratification*, New York, 1932。最早最好的代表性著作是 Alfred Odin, *La genèse des grands homes*, Paris, 1895; Many relevant data are in G. von Mayr, *Statistik und Gesellschaftslehre*, Tübingen, 1914 – 1922; *Recent Social Changes*, New York, 1933。

被杀的人的任务相对简单，这种任务已经开始被执行但收效甚微。①

强调评估社会价值体系的发展状况全部意义的重要性，在许多方面和马克思与恩格斯在研究现代社会理论中所介绍的观点有相似之处。也许有人会认为别人说他们已经标志着政治立场的复兴；他们不遗余力地将政治分析运用于研究现代社会的某些特点，这些特点已经心照不宣地从所要考虑的要素中排除出去了。竞争性市场在英国的兴起，尤其是在18世纪晚期，孕育了社会理论的分化，"政治学"分化成了"政治哲学"和"政治经济学"，其中"政治经济学"在竞争性市场中逐渐崛起并日益占据主导地位。马克思与恩格斯的创新之处是令竞争性市场具有"政治性"。② 马克思从金钱的微积分学（pecuniary calculus）、财产与合同法、政府议会模式（parliamentary pattern of government）、宗教教义和实践、科学与哲学的普遍假设与方法等视角，详细研究了竞争性市场对社会价值金字塔构成的影响。

竞争性市场中的企业家的观点以及理论家的观点，实际上由于过度关注市场上的细枝末节而被束缚了。一个有能力的政治思想家的视野被大大拓展，能够将维持竞争性市场的全部因素纳入其中，这些因素在明显的情况下也可能会破坏竞争性市场。当由暴力维持的一致性存在时，竞争性市场就会继续存在，这种暴力的存在是为了保护交易秩序。暴力和交易秩序之间的密切关系对意大利城市中的商人来说从来都是十分清晰的，因为他们被迫用自己的私人武装力量来开拓市场，保卫仓库，保护货物和履行合同。对于18世纪和19世纪的英国国内市场的企业家而言，如果有必要，也可以使用自己的武装力量，那么暴力和交易之间的密切关系就会变得显而易见。当然了，抢劫（土匪行为）和经济学之间的传统关系还是存在的，因为外贸公司依然会使用自己的武装力量并且维持了很长时间，劳资纠纷有时候会引起官方及非官方的暴力冲突。但是，国内市场的和平扩张

---

① 参见 S. Rudolf Steinmetz, *Soziologie des Krieges*, Chap. 3, Leipzig, 1929。

② 当马克思对国家的命运进行预言时，他是从政治分析开始的。这一言语上的妥协主要是面向无政府主义者的，同时也是将无阶级社会尽可能打造得富有吸引力的一种宣传说辞。

为广泛抢占营销技术提供了经验基础。

当经济学家开始详细阐述竞争性市场理论之时,政治学的学者却仍在继续重复希腊和罗马有关获取并掌握"权力"的经典格言警句,而没有意识到如果不与新文化形态建立直接联系并不断重新加以界定和确认,这些规则就会失去社会分析的根基。马克思和恩格斯对这项工作的重新研究实际上使得资本主义更加趋于成熟。他们的研究工作并非完全忠于一种政治理论,他们限制自己去描述"政府"模式;他们的观点带有政治全能主义的色彩(political-totalistic),因为他们力图评定维持或破坏独特的价值金字塔的整体情境的每一个细节的具体含义。①

马克思和恩格斯通过日常的学术调查方法,包括阅读书籍、报纸、期刊、手稿文件和普遍观察的手段来描绘社会发展的轮廓。这些方法后来也成了对特定结构进行广度(extensive)抽样调查的主要方法。马克思和恩格斯的深度研究法(intensive technique)已经被发现可以用来研究人的个性(personality)。可以通过用特定方法调查个体来揭露其个性发展的先后次序,也可以用来研究同一时间点上一个人的职业发展与其他人的职业发展之间的关系。这个问题只和权宜之计有关,和原则无关,不管总体布局是否被个体观察者广泛地或者深度地接近,因为任何一个起点都会把调查者引向相反的方向。的确,由广度研究向深度研究的转变,然后再由深度研究转向广度研究,一定会为人类关系的现代分析研究增添硕果。

深度个性研究(intensive personality study)阐明了符号因素,以及在政治变迁中这些因素与"物质"因素的相互联系。事实上,精神分析作为最有影响力的深度研究法,它的主要贡献是理解历史发展的象征性方面,使对马克思、恩格斯辩证法的原创性研究成果之详细阐述成为必需。②

---

① 对于辩证法的批评揭露,参见 George Lukács, *Geschichte und Klassenbewussisein*; *Studien über Marxistische Dialektik*, Berlin, 1923。

② 参见我的讨论,"Psychoanalyse und Sozioanalyse", *Imago*, 19 (1933), pp. 377 – 383; *Psychopathology and Politics*, Chicago, 1930。也可参见 Erich Fromm, "über Methode und Aufgabe einer analytischen Sozialsychologie", *Zeitschrift für Sozialforschung*, I (1932), pp. 28 – 54, and "Die psychoanalytische Charakterologie und ihre Bedeutung für die Sozialpsychologe", *ibid.*, I (1932), pp. 253 – 277。

第一章 对世界价值金字塔的结构分析

通过把关注焦点集中于分析人类行为中无意识的成分上，控制民众不安全感的可能性，可以新的视角进行研究——借助于运用重要符号的方式。对"客观"变化的"意识形态的"反应的不确定性被加以强调。千万人的生活条件也许会因劳动分工的改变而受到深刻影响，而劳动分工的改变对他们的影响程度也是一样。但是，由此产生的焦虑感的释放方向也许会十分多样化。当共同体"把它向耶和华祷告"（takes it to the Lord in prayer），或者集体行动之新目标作为无政府主义、社会主义、共产主义、自由主义、保守主义、共和主义、君主主义、和平主义、国际主义、民族主义、激进主义、个人主义和集体主义激增的标志和指示而产生，传统惯例也许就会被重新赋予效力。由于现代劳动分工包括符号的专门创造者，通过运用宣传手段管理民众也已经变成我们时代的一个主要文化特征。昨日还依靠面包、马戏团①和战争来抵抗国内干扰的统治者将会被熟稔于迷惑、转移、分散注意力和通过传播有效符号来消除大众不安全感的统治者所取代。

战争和革命是集体不安全感释放的主要渠道，并且也是排解民众紧张感的有效途径。在世界政治中，武力使用的减少意味着另一些代价不那么大的人类活动将会成为排解民众紧张感的途径。政治精神病理学家（political psychiatrists）力图发展和实践特定领域的预防政治学（politics of prevention），这种设计巧妙的权宜之计能够尽可能无害地释放之前累积的焦虑感。在我们这个时代，"民众的叛乱"（revolt of masses）或者"世界战争和革命的时代"（era of world wars and revolution）将人民群众的情感置于政治事件中最显著的位置。消除不利的客观不满状况之合理措施需要得到大众的支持；而且珍爱的社会价值观念也需要得到民众的支持，或者民众的偏好，如果它们想要存在的话。

预防政治学需要对世界不安全感的水平进行持续考察。政治精神病理学家通过假设人类愿意令自己的活动消耗最低的成本，试图解决战争和革命问题，而这个问题就是在我们这个不稳定的世界中掌握不安全感的源头和减轻人类不安全感的影响这一整体任务中的一个环节。

---

① 面包与马戏团，泛指统治者为了笼络人心所施展的一种小恩小惠的手段。——译者注

第二部分

■ 符 号

第二章　民族与阶级：认同符号

1922 年，当厄恩斯特·沃纳·特朔（Ernst Werner Techow）、欧文·科恩（Erwin Kern）和赫尔曼·费希尔（Hermann Fischer）暗杀了瓦尔特·拉特瑙（Walther Rathenau）①之时，他们借用了祖国（Fahterland）的名义、君主政体的名义和波茨坦的精神。1916 年，当弗雷德里希·阿德勒（Friedrich Adler）枪杀了奥地利首相时，他说那并非因为他渴望得到公众的关注，也并非因为他享受杀害同胞的快感，而是因为那是工人阶级的需要。在 1917 年之前，当毕苏斯基（Pilsudski）和斯大林抢劫银行时，他们曾说那并非是因为自己需要金钱或找刺激，而是因为他们要推翻俄国沙皇的专制独裁统治并解放全世界受压迫的劳苦大众。当巴黎公社的成员倒在血泊中时，那是为了"爱国主义"和"人类文明"的利益。1914 年至 1918 年，围绕在同盟国周边地带进行抗争的百万大众是在为"上帝""国家""文明""人道""国际法""终止战争的战争"和"持久和平"（lasting peace）而战。

这些在政治中被证明是合法正当的符号所扮演的角色就是分析性研究的主要课题之一。特定的符号与哪些行为是相联系的？这些在全球被证明是合法正当的符号是如何在地缘上进行分组的？它们相互之间是如何联系起来的？它们与政治变迁的大环境又是如何联系起来的？

---

①　瓦尔特·拉特瑙（1867—1922），德国犹太实业家、作家和政治家，魏玛共和国外长。曾任德国民主党领袖、德国通用电气总公司经理、董事。第一次世界大战时期，任普鲁士政府战时资源局局长。第一次世界大战结束后，成为德国民主党领袖。1921 年任德国魏玛共和国复兴部长。1922 年任德国魏玛共和国外交部部长。1922 年 4 月出席热那亚会议，为打破当时德国在欧洲的孤立局面，同苏俄签订《拉巴洛条约》。1922 年 6 月回国后于 24 日被右翼民族主义分子暗杀。——译者注

29 因怀疑路人将子弹瞄准自己而残杀过路人的愤怒偏执狂只能引起政治学专业学生的一般兴趣，不过像克劳德（Gorgulov）这种由于认为法国总统是人民的"敌人"而将其杀害的偏执狂因其行为的目标与相伴随的言语表现而变得与此相关。那种认为自己是更大的统一体之代表的人已经拓展了其组成成分的观点，被分析解释为与其行为是彼此矛盾的。对我们来说最有意义的是：推翻另一个行为的行为若要被铭记，前提是其必须被认为是合法正当的。肌肉运动必须在具备口头合法性的环境下才能发生。在自我合法化（self-justification）的过程中，必须通过参考比自我更大的实体而获得证据，另一个对人类宏伟历史篇章的贡献被命名为"人类的故事及其合法化"（The Story of Man and His Justifications）。

令人满意的是地缘政治学能够绘制出人们用来证明自己主张之合法性的符号，并且揭示与每个符号所关联着的行为之本质。① 我们平常使用的地图所展现的是一个"国家"的世界，但是政治的世界更加广阔，因为其包含了那些以教会、种族、国籍、部落、阶级和朝代的名义证明其合法正当性的行为。通过对心理学领域的研究，我们通常能够推测出活动与组织领域中即将发生的变化之本质。在传统二元君主制（Dual Monarchy）中，特定的术语表达预言了国家终结即将到来，而且阶级符号在当今世界的传

30 播毫无疑问是国家边境线发生剧变的先兆。

如果我们从单一的视角看待那些有着相同认同符号的人口分布情况，那么将会发现很多反常的现象。一个住在密歇根湖附近的人是如何认同自己和东边一千英里以外的纽约人或是西边数千英里外的圣地亚哥人是

---

① 关于符号研究的逻辑学、心理学和社会政治研究，参见 E. Cassirer, *Phhilosophie der symbolischen Formen*, Vol. 2, Berlin, 1923 – 1925; C. I. Lewis, *The Mind and World Order*, New York, 1929; A. N. Whitehead, *Symbolism, Its Meaning and Effect*, Cambridge, Mass., 1928; Charles W. Morris, *Six Theories of Mind*, Chicago, 1932; C. K. Ogden and I. A. Richards, *The Meaning of Meaning*, New York, 1925; the forthcoming posthumous publications of George Herbert Mead; Charles E. Merriam, *The Making of Citizens*, Chicago, 1931; Isidor Ginsburg, "National Symbolism", Chap. 17 in Paul Kosok, *Modern Germany*, Chicago, 1933; John. F. Markey, *The Symbolic Process and Its Integration in Children*, New York, 1928。

属于一类人，而与温尼伯人或者多伦多人就不属于同一类？他怎么就把自己和南部的"白种人渣"（poor white trash）联系在一起，而不是阿尔伯塔（Alberta）的农民，抑或将自己和乔治亚州的黑人而非魁北克的白人联系在一起？

地域特征和身份符号之间的关系似乎只是暂时的、松散的。澳大利亚人占据了整个大洲，白人至少有他们自己的统一名称，但是欧洲人、亚洲人、非洲人、南北美洲人，虽然各自坐拥一个大洲，却被分成了一个个狭小的族群。那些生活在密西西比河谷的人把自己归属在同一个国家之名下，但那些定居在多瑙河周边的居民却分散在很多个国家之中。生活在日本本岛的大多数居民都拥有共同的名称，但北爱尔兰人和南爱尔兰人使用的名称却完全不同。

并非居住在地球上的所有高原上的人或所有低地上的人都要由同一个符号统一起来。如果说意大利半岛可以勉强算是统一的，那么斯堪的那维亚半岛就是分裂的。地域上的划分是以落叶林或松叶林来区分，或者是由不同的温度、热带雨林、大气压幅度等因素决定的，与各地区的符号并非完全一致。

高度组织化的地区如国家和拥有共同民族情感的地区之间的关系也是有差异的。如今德国的组织区域不包括阿尔萨斯（Alsace）、洛林（Lorraine）、奥伊彭-马尔梅迪地区（Eupen and Malmédy）①、上西里西亚（Upper Silesia）及其走廊地带，以及奥地利；马扎尔人（Magyars）②分布在罗马尼亚、南斯拉夫和捷克斯洛伐克的组织区域内；保加利亚人（Bulgarians）分布在马其顿（Macedonia）、色雷斯（Thrace）③和多布罗加（Dobruja）；乌克兰人

---

① 德国战败后，在1919年的《凡尔赛和约》中，割让1036平方公里的奥伊彭-马尔梅迪地区给比利时，结果马尔梅迪就成了比利时城镇。——译者注

② 马扎尔人（又译匈牙利人），是指居于匈牙利的种族。他们说的是乌拉尔语系，他们曾经在中亚停留了一段时间，因此现在匈牙利人有突厥血统。他们是匈牙利主体民族，也分布于罗马尼亚、斯洛伐克、塞尔维亚及乌克兰。有人说他们最初生活在巴什基尔一带。——译者注

③ 色雷斯是巴尔干半岛的一地区，为保加利亚最大的地区。位置在巴尔干山以南、爱琴海以北，西邻马其顿，东滨黑海，东南是土耳其海峡。公元前3500年开始色雷斯人一直占领着保加利亚，不敌罗马人的色雷斯王国遂分裂成两个国家。——译者注

分布在波兰加利西亚（Polish Galicia）、罗马尼亚、布科维纳（Bukovina）和比萨拉比亚（Bessarabia）；阿拉伯人分布在法属叙利亚（French Syria）、英属巴勒斯坦（British Palestine）和其他一些地区；希腊人则分散在塞浦路斯、多德卡尼斯群岛（Dodecanese）①和君士坦丁堡（Constantinople）②。那些独自成派的少数民族则分布于英国、法国、荷兰、日本、葡萄牙和美国。

如果我们一方面观察情感区域与组织区域之间的关系，另一方面观察特定的活动区域，那么出现不一致性（noncongruence）的现象就会增加。芝加哥南部、俄亥俄州的北部和阿拉巴马都是出产钢铁的地区，大湖地区同时也是拥有大量煤矿和矿石资源的地区，多样煤矿和石灰岩地区都在美国境内；但是莱茵河附近的工业区却分属于两个对抗的国家和民族。

我们至今所说的符号在历史上都是和地缘位置相关的。但符号的另一个有力支撑是建立在某些非空间特征之上的。其中，最具前兆性的就是"无产阶级"，他们分布于全球的工人阶层之中，被动员起来反抗那些以"民族主义"或"个人主义"来标榜的权威，而且容易接受那些使用新言语主义（verbalism）的权威。这个群体之间的差异和矛盾让人感到新奇，因为该群体里许多积极参与活动的无产阶级者中有律师，有大学毕业生，有政治评论家，有出生于中产阶级或上层社会家庭的人，而那些不积极参与活动的无产阶级者则分布于南部黑奴地带（Southern black belt）、南非矿地（South African mines）、加勒比地区的水果种植园里，他们是奴隶，或者是赚取微薄薪酬的劳动者。

毫无疑问，我们假设的天真的观察者会无知地问道，在选择统一符号时为何要如此强调地点（place）类单词或经济（economic）类单词？当一个人想到用于把一个人与另一个人区别开来的单词有无限多之时，这个疑问就会更加突出。所有卷发的人都可能在卷发的自觉性下联合起来，并与

---

① 多德卡尼斯群岛，是希腊东南部以罗得岛为中心的一群岛屿，与土耳其国境紧邻，自古以来便是欧洲与小亚细亚联系和贸易的交通要道。——译者注

② 君士坦丁堡，现在指伊斯坦布尔金角湾与马尔马拉海之间的地区，公元330年至1453年期间，是东罗马帝国（拜占庭帝国）的首都。——译者注

第二章 民族与阶级：认同符号

直发的人相对抗；干性皮肤的人也可能联合起来对抗油性皮肤的人；但是，在对人类忠诚度的考验中，有关近亲关系（propinquity）、传统和经济地位（economic standing）的词汇在重要性上早已远远超过了生理性词汇（physical words）。

如果有人严格地承担起细致引导相似性和差异性的情感之任务，那么，毫无疑问，筛选十分复杂的类型并对它们进行准确命名就显得非常重要。也许有一定的理由把这个世界上的人划分为两大类：一类人是身材细长、具有精神分裂的性格并且容易患上精神分裂症；另一类人是体态丰满、身躯矮胖、时狂时郁、躁郁不定并容易患上躁狂抑郁症。自从厄斯特·克雷奇默（Ernst Kretschmer）博士创造了这一现代性格分类法，关于是否可以对乔治·华盛顿使用这种性格类型分析法进行分类①以及如果体型瘦长就称为瘦长型、体型肥胖就称为矮胖型是否正确的争论就从未停息过。卡尔·荣格（Carl Jung）博士创造性地提出了外向型（extravert）、内向型（introvert）的人格分类，但是一个人究竟是外向型还是内向型从来都不是由自我决定的。②

目前仅仅是对人际关系中的可能性的概要性考虑，就可能将我们中的部分人从自动忠诚于某些符号的牢笼中解放出来，而这些符号早已经融入我们的人格之中。然而，由于特定国家和阶级差异被如此重视，以至于这些形式主义早已显得次要而从周围国家的立场中移除。不管怎样，我们已经被嵌入历史结构之中，这种历史结构以大量存在的有关人类死亡和杀戮之类的综合性符号为名。为了考察这一现象，我们在某些方面需要利用深度人性研究的成果来指导下一步的研究，这些研究已经充分揭示了认同过程中的动态特征。

我们知道：那些构成我们行为的组成成分，其中一些在有机生物体的早期历史中就已十分突出，而一些由于不适应环境而被改变，这些成分都

---

① 参见 *Physique and Character*, New York, 1925。
② *Psychological Types*, New York, 1924. 关于认同符号主义的相关研究，可以参考 Dow Thompson, *A Mind That Was Different*, Harlow Publishing Co., Oklahoma City, 1931。

在成年人的结构中保留了下来。在严重精神疾病的退化表现期，当晚期的整合开始瓦解而早期的协调开始产生之时，这些成分开始以最直接的方式展现自己。这些成年人可能大小便失禁，无法咀嚼食物，失语（仅能发出哭声和喊叫等最原始的声音）。训练并没有废除在生物心理结构中出现的各种早期表现形式，但是将它们塑造成为各种最常见的方式。然而，这种塑造在恰当的语言、手势、装扮方面从未完全成功过；因为最基本的组成成分束缚了局部的表达，比如社会交往过程中不相关的心理紧张、特殊的行为习惯（peculiar mannerisms）、刻板动作（stereotyped movements）、口头禅（verbal slips）、遗忘、尴尬以及喜悦或抑郁的语调（tones of elation or depression）。我们知道一种人格与另一种人格发生联系要通过一个机制才能起作用，这个机制是由人类关系的历史进行塑造的，并且这种塑造不是相对稳定的。我们所称的文明化过程包括使用合适的方式满足基本要求和在特殊情形下被激活的复杂的驱动结构。只有对人格研究有所了解的学生才能够识别出与普遍行为的细微偏差意味着什么，只有在特定条件下具备检验性格的机会时，他才能够有理由确信自己的解读是正确的。

说一个生物体表现得像一个生物体，具体而言就是指它进行了各种错综复杂的行为。这些行为的基本构成有吸吮、吐出、咬噬、吞咽、击打、抓挠、流泪、推搡、抚摸、摩擦，允许或拒绝生殖器官的进入，注视，等候检查（presenting for inspection），拥抱，从口腔、肠道、尿道和生殖道排出，逃跑，将身体蜷缩或猛地移动。行为是由各种无限复杂的处理激活状态的方式构成的。具备了成熟的人格之后，处于紧急情况时行为的构成是格式化的，这种格式化的行为通过在任何情形下都存在的那些简单作用来制造紧张感，从而使得紧急情况得到顺利解决，在大多数时候这是以间接方式实现的。

我们根据已接受的社会情况的各种形式，也许会抓紧与我们相邻的人的手并露出亲切的微笑；然而被抑制在内心的敌意也可能会通过微妙的沮丧感或是局促感而显露出来，例如一个人在演讲中重复传统语言形式时出现语塞，或者诸如局部皮肤过敏这样的肢体性特征也会将人出卖。在攻击他人的冲动和抑制明显敌意之间达成妥协，诸如此类的多重人格结构的重要性只有在一个独立个人学会如何驾驭他/她暴露反应结构的自由幻想技

第二章　民族与阶级：认同符号

巧之后才会逐渐趋于明显。①

那么，当一个人对另一个人或者是集体的符号产生了情感依赖时，接下来会发生什么呢？当这个符号被视为对情爱（力比多）② 冲动的一种满足方式，而且这种冲动不会以直接和原始的方式进行自我消耗时，情感依恋（emotional attachment）就产生了。准确来说，就是一个被自我塑造成"外在"参照的自我层面的符号使我们获得了对性欲的掌控能力。

在感知到一个物体和我们之间的相似性时，我们会产生与自身言谈领域相关的情绪关系（通过局部认同③）。其所需的先决条件是抑制性神经冲动的出现，它可以对可替代的符号进行重新定位。我们认同他人（这一过程未必伴随着准确的自我认知）是通过判断他们是来自同一个学院，同一个城镇，同一个国家；他们崇拜同样的政治家、科学家或老师；他们拥有同样的技能；他们和我们过去依恋的人是否相似，等等无数种可能性。

与他人有关的情绪联系未必都是积极的，我们并不总是通过接受他人人格类型的某些特征来改造我们自己。当我们发现他人拥有为我们所讨厌的、被认为是脆弱的或是品格不端的特质时，我们可能就会对他做出消极的反应。在这种情况下，我们拒绝他所提供的性格类型，并释放极度破坏性的神经冲动（destructive impulse）。

人们常常因为同一个事物（在特定的观察者看来）产生了相互关联，这个事物可能并不存在一个共同的外化符号（externalized symbol），那些因为这个事物被识别的人也可能并不拥有共同的符号。我可能对一个我看到

---

① 参见我的《精神病理学与政治》（Psychopathology and Politics，Chap. 2 and 3，Chicago，1930）。

② 力比多（libido），即性欲，由弗洛伊德于 1894 年提出。这里的性不是指生殖意义上的性，而是泛指一切身体器官的快感，包括性倒错者和儿童的性生活。弗洛伊德认为力比多包含所谓的本我——精神内部主要的无意识结构——中的本能能量或动力。他指出这些力比多驱力可能与现有的文明行为规范相抵触，这些规范在精神结构当中表现为超我。弗洛伊德认为，力比多是一种本能，是一种力量，是人的心理现象发生的驱动力。——译者注

③ 关于认同机制，参见 S. Freud，Group Psychology and the Analysis of the Ego，Chap. 7，London，1922。

独自走在布洛涅森林（Bois de Boulogne）①的陌生人印象深刻，但是我关于那个陌生人的主观符号可能与我用来作为他的外化符号的他的名字之间没有关系，可能和一个我素不相识的却与他有着局部相似之处的第三者的符号之间也没有关系。这种在他和几个对他不存在外化符号的人之间以及彼此之间的关系，我们称之为**多元认同**（multiple identification）。这种条件对于更为复杂的认同关系而言，是极具潜伏性的。当双方发现彼此并建立了彼此之间的外部符号以及双方之间的共同关系之时，向"**反认同**"（counteridentification）转型的过程就会加速。我们可能会发现在布洛涅森林中的那个孤独的陌生人就是某某博士，他发现了通过放射方法来阻止疾病传播的新理论，我们也许会倾向于接受并且传播他的新方法。无论是政治家的拥护者抑或是某个活跃政客的追随者，他们皆是被"反认同"的纽带所联系起来的。

与政治关联性极强的是**相互认同**（mutual identification），其区分性标志是在参照符号领域内将任何一个超越面对面体验的个人纳入其中。术语"美国人"包括已经过世和离开的人以及那些哪怕距离遥远的人们，因此已经超越了那些认同其含义个体的初级体验。与符号相关的人们之间相互重叠的认同使得这种相互认同成为可能。

一些政治上重要的参照符号已经被悄悄地划入一些特殊领域，如"甘地"（Gandhi），其他一些则很难描述其特征。世界上没有什么特别受限制的方面可被选择作为"美利坚合众国"的参考系；从历史上看，充分的身份认同已经推动形成一个和分离的名义相关的关系，这一点是无法肯定的。"美国人"并非适用于所有处于美利坚合众国这一组织区域的人们，因为一个人会拒绝接纳那些居住在法定管辖区而并未在心理上组织起来倾向于统一符号的人们。

婴儿的早期个人生活和周围环境中的物体没什么必然关联性。但是没有证据证明自我关联性和环境关联性是完全分开的。自我与周围环境之间的不精确关系可以从以精神退化为典型特征的宇宙参与中被重新捕获。从

---

① 巴黎西部的森林公园，位于塞纳河畔讷伊和布洛涅-比扬古之间，面积846公顷。南北最长处3.5公里，东西最宽处2.6公里，属巴黎市政府管辖。——译者注

中浮现出的那些人经常能够叙述出他们感觉与太阳、月亮以及星辰合为一体，仿佛他们已经拥有了天堂和大地，而无法将其加以区分，感觉自己和宇宙不再有任何界限。这样的精神状态可以临时通过毒品、脑震荡（brain concussions）和精神训练（spiritual exercises）来获得。

婴儿与孩童的环境中充斥着大量充满歧义的词汇，在和现实进行充分接触之前，对于决定他们的参照系或区分那些参照系不明确的人而言，这既会带来积极的影响，也会产生消极的影响。作为一个"成年人"，个体继续以幼稚天真的方式，响应这些建构出来的相互关系，这经常会对他们产生一些特殊甚至极好的影响。这些词汇主要包括："法律与秩序""爱国主义""一个绅士和一个士兵""真理""正义""荣誉""好""坏""忠诚""使命""日耳曼人""法兰西""黑人""国家英雄""好公民""国家利益""国王""宪法"；但是，这些词汇在无关紧要的影响之原始集中领域并非是独一无二的。我们所有的词汇加上非语言符号都会被这种早期的结构化网络所捕获，以至于从未揭示过我们符号的内在含义，除非通过自由幻想的技术手段。

任何人在职业生涯的任何阶段，对特定符号的认同都会推动对符号含义的详尽诠释过程。所有原本喜欢的符号在涉及新的符号时常常会再度活跃起来。一个人生经历转型有所延迟的人，成了一个"美国人""捷克人"（Czech）或"立陶宛人"（Lithuanian），抑或成了一名"共产主义者""社会主义者"或"天主教徒"，他就会把这个符号解读为他全部个性的爱与希望。他对符号的阐释将会依赖于通过先天才能和后天培训而在性格上所具有的表达方式。如果他属于那种需要从外部环境获得强烈情感回应的人，而且如果他能用一种简单的方法说出来或写出来，那么他就会在和周围人说话的时候不停地使用修辞语法，并不停地书写诗歌散文。当法国的德雷福斯事件（Dreyfus affair in France）① 唤醒了西奥多·赫茨尔（Theodor

---

① 1894年法国陆军参谋部犹太籍的上尉军官德雷福斯被诬陷犯有叛国罪，被革职并处终身流放，法国右翼势力乘机掀起反犹浪潮。此后不久即真相大白，但法国政府却坚持不愿承认错误，直至1906年德雷福斯才被判无罪。——译者注

Herzl)① 作为犹太人的自我认知时，他以各种演讲、戏剧和文章来表达自己想要恢复国土的想法。对这些符号的阐释也是由一定的模式所决定的，而这些模式是为了赞颂赫茨尔所接触的文化内部的集体身份符号而形成的。因此，对于赫茨尔来说，似乎此时此地的"犹太民族"（Jewish nation）急需一个国家地位。

为了取代婴儿期、童年期和青春期对于模糊参照符号的印象，导致了人类出于对虚荣心的满足而建起了一座座丰碑。民族、阶级、部落和教堂一直被视为集体符号（collective symbols），它们打着个体可能为了至高无上的权力、为了无所不知、为了超越道德（amorality）和安全而放弃自己的低级欲望的旗号。②

对这些符号结构进行测试成了18世纪知识分子们最感兴趣的社会实践之一，因为这一时期地区间的冲突已经扩大到了"民族"之间。当时的一个研究是齐默尔曼（J. G. Zimmerman）以非文学视角写作的《论民族自豪感》③一文，他当时是汉诺威国王的医生。其论著是在"七年战争"开始后的第

---

① 西奥多·赫茨尔（1860—1904），是奥匈帝国的一名犹太裔记者，现代政治上的锡安主义创建人。他学习过法律并取得了奥地利的法律执照，但后来主要从事的是新闻学和文学职业，担任维也纳《新自由日报》的主编。他早年主要是为报纸写杂文花絮，和犹太人无关。后来又写作戏剧。1896年赫茨尔出版了《犹太国》（*The Jewish State*）一书，阐述欧洲的"犹太人问题"不是社会问题或宗教问题，而是民族问题；其解决方法是建立犹太人的自治国家。很多人认为他写这本书的动机是德雷福斯事件。赫茨尔当时为一家奥匈帝国的报纸报道此事件，并目击了德雷福斯案宣判后在巴黎大规模游行并高喊"犹太人该死"的人群。显然这些经历使他认识到和排犹主义对抗是不可能成功的。从此之后，他积极进行锡安主义的宣传。1897年，赫茨尔在瑞士的巴塞尔召开了第一届犹太复国主义大会。在会上，犹太复国主义运动成为一个正式的政治组织，它号召犹太人返回以色列故土，在祖先的家园复兴犹太民族生活。——译者注

② 政治个性的发展程式可以用下列公式来表示：

$$p \} d \} r = P$$

符号 p 代表私人动机，d 代表公共目标的替代，r 代表公共利益的合理化；P 代表政治人；d 和 r 主要源自于与次级群体符号的性格联系。参见我的《精神病理学与政治》（*Psychopathology and Politics*, pp. 261-263, Chicago, 1930）。

③ First Edition, Zurich, 1758. English by Samuel H. Wilcocke, New York. Printed by M. L. and W. A. Davis for H. Caritat, Bookseller and Librarian, 1799. See my "Two Forgotten Studies in Political Psychology", *American Political Science Review*, 19 (1925), pp. 707-717.

第二章　民族与阶级：认同符号

三年问世的，他在书中尖锐地指出，"牛顿总会被叫作年鉴制造商，孟德斯鸠被叫作傻瓜，然而法国人和英国人却都在奋力争取他们对美洲的贸易的控制权"。他文章中的主要内容是利用当时的历史与人种学知识将民族与种族符号主义（tribal symbolism）明确区分开来。他将格陵兰人评价为"是和狗在一个盘子里吃食的人"，并且还认为自己比丹麦的入侵者更高级。"当问到那些在奥瑞勒克（Orinoque）出海口生活的印第安人（Carribee Indians）他们起源于哪个民族之时，他们会说'干吗问这个，我们就只是人啊'。"他再次提到了那个驼子嘲笑和鄙视直背人的印度寓言。"马里亚纳群岛（Ladrones）的居民们坚信，他们的语言是世界上独一无二的，因此，地球上其他民族的人都是哑巴。"他写道："人类的虚荣心曾经填补了巨大的空白，超越了彰显着每个历史悠久的民族之起源的实体纪念碑，将古代的遗物推至最遥远的历史时期，以相应地增加其光辉。"他提到"至今仍未开化的巴拉圭（Paraguay）居民"的例子，"这些居民将月亮称作亲爱的母亲；当他们的母亲发生月食时，他们浩浩荡荡地从茅屋里冲出来，做出最丑恶的哀悼状，他们将一大堆弓箭射向空中，以抵御攻击月亮的狗"。观察到人们喜欢吃他们习惯吃的食物这一现象，齐默尔曼博士尖锐地补充道："在很多情况下，我们对我们国家的爱一点不比驴子对食槽的爱更多。"

　　自然特征的显著特征促进了通过输入对身体特征的特殊意义而对集体符号的高级需求进行详细阐述的尝试。之前认为"劣等种族"（inferior races）具有"丑陋的"特征，比如说斜眼、大鼻子、平鼻子、厚嘴唇。在这方面，日本人随即提出了一个特殊的问题，因为他们展现出了和欧洲人一样的辛勤劳动与战斗能力（fighting ability）；但是他们认为西方人的大眼睛和鹰钩鼻是丑陋的。关于对审美趣味形式的建议之影响进行不断认识，从而引致这样的对相对"美丽"的比较，就显得十分滑稽可笑。肌肤中的色素也是"高等—低等"要求的关注点，但是调查显示，色素几乎不和任何公认的"能力"指标相符合。

　　第一届国际种族会议（the First Universal Congress of Races）的详细目录是由各个身体细节部分所共同构成的，而这些身体细节是由各种民族的人选择来使得他们的高等要求合理化的。这涵盖了一个广泛的范围，包括头发色素、虹膜色素（pigmentation of the iris）、头发横向分段的形式、鼻指数（the nasal index）、颅指数（the cephalic index）、头盖骨形状或脸形的几何变异度、血液中血红蛋白的数量、脉搏速率、肺活量、肌肉力量、尿量、体重、身高、开化的及未开化的妇女的呼吸作用方面的变异、女性生殖器官的形状、乳房的形状、女性臀部的脂肪分布、下颌的突出部分、耳朵的卷绕、声音的深度与承载能力、抗病性、人体组织中的水分含量以及大脑的重量。① 在科学家中，关于躯体的不同和高等地位的普遍观点之间的关系，许多怀疑论十分流行。②

每个认同符号都根据现存的阶级符号文化模式而被加以详尽阐述，因此就会表现出对符号和实践的赞美模式，这些符号和实践与新符号的运用是相适应的。由于长期以来基督教的象征主义主导了我们的西欧文化，正在兴起的国家运动和无产阶级运动已经超乎预想地超越了基督教模式。一个典型事例是1791年秋天的法国立法议会举行第一次会议时的游行示威活动，当时有12个元老去寻找宪法大典（the Book of the Constitution）。

> 他们回来了，一马当先的是档案管理员加缪（the archivist Camus），他双手抱着宪法大典置于胸前，法国的新圣体亦步亦趋。所有的代表人都起立行脱帽礼。加缪低下眼睛，沉浸在沉思之中。③

许多对我们当下认同符号进行著书立说的作家，最近对那些联系非常敏感。值得注意的是，主要的符号是如何被赋予了神圣品质的，集体任务是如何被理想化的，复杂的仪式主义是如何被写进标语横幅中的，

---

① Gustav Spiller edited the *Papers on Inter-racial Problems of the Universal Races Congress*, London, 1911.

② 参见 Jean Finot, *Le prejudge des races*, Paris, 1905; F. H. Hankins, *The Racial Basis of Civilization*, New York, 1926; Franz Boas, *Anthropology and Modern Life*, New York, 1928; Friedrich Hertz, *Race and Civilization*, New York, 1928。一般的智力测试活动的结果主要反映了细微的文化差异。参见 T. R. Garth, *Race Psychology: A Study of Racial Mental Differences*, New York, 1931。

③ A. Mathiez, *Les origines des cultes révolutionnaires*, Paris, 1904, p. 27.

第二章 民族与阶级：认同符号

始终不渝的忠诚誓言是如何立下的（"我宣誓忠于我的旗帜……"），节日（宗教节日）是如何被庆祝的，对雕像、画作和圣殿的崇拜尊敬是如何增长的，官方教义是如何被虔诚地反复执行并坚决地加以捍卫的，博学的评论员是如何详细阐述官方意识形态的细微之处的，以及大众化的策略是如何被开发以影响所有支持共同体的社会阶层并使未开化的人改变其宗教信仰的。①

现代民族主义表现为一个复杂的综合体，包含宗教、文化、国家、民主以及同盟等模式。一旦某一部分围绕着一个特殊的符号进行综合，每种新的构造都会扩散为一种文化复合体（culture complex），一些会引起别开生面的认同行动，其他的则会诱发果断的抵制行动。主张引起"反主张"（counteraffirmation），逻辑论证的结果便是为了确保普遍模式的传播，在细节上则会存在巨大的差异。

因为拥有一门区别性的语言逐渐被看作判断民族符号是否全面发展至关重要的一个细节，语言复兴便和早期历史上发生的大多数民族主义运动密不可分了。采取任何形式对本土语言在学校、大学、法庭、立法机关、讨论会、教堂或者市场等场所进行限制使用都会遭到极度不满。知识分子既扩大了民族的词汇量，也拓展了民族的文学。在芬兰，本土语被塑造成同等于瑞士语的一种文学传播媒介；在波西米亚，捷克语排挤掉了外来的文学语种——德语；在阿尔巴尼亚，民族主义者把粗糙的本土语改造成了文学的媒介物；在希腊，人为制造出来的"纯"希腊语推出之后以失败告终，流行的现代希腊语（demotike）完胜。在马其顿的瓦拉几亚人（Vlachs）②当中，一场伴随着本土语罗马尼亚语复兴的民族运动正在进行

---

① 关于宗教和民族主义的探讨可以参见先前提及的凯尔顿·海耶斯（Carlton J. H. Hayes）、汉斯·科恩（Hans Kohn）和查尔斯·梅里亚姆（Charles E. Merriam）的相关著作。关于宗教与无产阶级主义的探讨，参见维尔纳·桑巴特（Werner Sombart）的著作，也可参考 Waldermar Gurian, *Bolshevism: Theory and Practice*, New York, 1932。

② 瓦拉几亚位于巴尔干半岛东北，摩尔多瓦之南，东濒黑海，介于喀尔巴阡山和多瑙河之间。1324 年当地居民打败匈牙利人后取得独立，建立公国；1411 年，沦为奥斯曼帝国藩属。1859 年和摩尔多瓦合并为多瑙公国。1861 年，称罗马尼亚公国，宗主权仍属土耳其。1878 年俄土战争后根据《柏林条约》取得独立，于 1881 年成为罗马尼亚王国。——译者注

中,而希腊人却没法对此进行镇压。在罗马尼亚,民族主义随着本土语的壮大而在人们之间广为传播。在匈牙利,本土语被改成一种表音文字而把德语排挤成礼貌性的媒介。在挪威,挪威的乡土语言被改造成挪威语并被看作同书面挪威语或丹麦挪威文一致的官方语。类似的过程还发生在冰岛、爱尔兰、立陶宛、波兰、乌克兰、亚美尼亚、威尔士、苏格兰、比利时弗兰德斯（Flemish Belgium）①、法国、加拿大、巴勒斯坦以及其他一些共同体。②

在这一阶层的文化符号中,这些模式被认为是合法正当的,而它们也深深影响着那些代表集体符号的集体努力的普遍目标。对于集体符号的认同,同样涉及对地位符号中大多数的认同,如果不是全部的话,而且根据集体符号的既有位置和被认为与该阶级相适应的模式之间的矛盾,协力合作的目标就被确定了。

从定义的范围上看,小到词汇的细微变化,大到对具有深远意义的事业进行重新定义,人格在其中得以重塑。个体专心致力于在集体事业中展现专业技能。他们也许会成为事业中忠诚的工作人员,在公开场合和私人领域都进行劝告,或者他们会做一些执行中央办公室规定的具体工作,收集信息,募集基金,分发材料,等等。职业革命（professional revolutionary）是全心致力于推进集体符号的扩张最突出的一个例子之一。

从符号发展起来的调适性过程修正了符号与其他在生活中影响人们的符号之间的关系；所指"其他符号"兼具公共和私人的属性,而且它们之间的内在联系可能无比复杂。本地商人可能会被要求强化他们自身

---

① 佛兰德斯是西欧的一个历史地名,泛指古代尼德兰南部地区,位于西欧低地西南部、北海沿岸,包括今比利时的东佛兰德省和西佛兰德省、法国的加来海峡省和北方省、荷兰的泽兰省。——译者注

② 参见 Carl D. Buck, "Language and the Sentiment of Nationality", *American Political Science Review*, 10 (1916), pp. 44 – 69。罗索夫（G. S. H Rossouw）在《民族主义与语言》（University of Chicago, 1922, Ph. D. dissertation）一书中对"南非牛"（Afrikander）的起源进行了追溯,并对其相关研究文献进行了检索。

的民族符号，但是这种重新定义的方法可能会将一个具体的商业政策需求牵涉进一个民族的符号中。但是，在更广义的符号方面，通过对特定的私人需求的合法化，后一种方法更容易被接受。从战略（tactical）和战术（strategical）方面考虑，这一暗示的核心是具有持续性和可以重新界定的。人格向我们展示了它在从一个主体符号角度证明自己私人目的合法性时所拥有的惊人技巧。当这一过程是在无意识的情况下进行的，这个过程被称作"合理化"（rationalization），而当这一过程是在有意识的情况下进行时，则被称为"合法化"（justification）。

如上所述，在意识到认同符号与期望符号之间的关系后，可能增强认同符号和需求符号之间的关系。对于集体符号的认同通常可以修正一个人对于未来世界的看法。期望是人们对于美好未来的推想所产生的。当一个人以首要符号（master symbol）的身份去期望未来时，期望通常是过于乐观的。而对未来过于乐观的期望可能在困境下引发直接的行动。1921年，导致德国"三月行动"的悲剧结果的原因部分就在于当局对当时"左倾"的无产阶级工人的转变持过于乐观的态度。而且最近一次主体符号的转变让人们对未来更容易产生乐观的估计，所以这次转变也是臭名昭著的。转变的经历可以解决人格内部强势倾向系统中产生的激烈冲突。而且这种转变经常引发冲动的行为，来补偿对一直以来直接对抗新融合符号产生的敌意。对未来期望进行重新界定，部分也是因为个体对于一手符号命运的独有关注。历史的全部意义被简单地划分为善和恶、资产阶级和无产阶级、压迫者与被压迫者之间的斗争。它可独立地揭示符号的命运，这个事实给了未来不详的来源。

认同符号、需求符号与期望符号相互影响，并在劳动分工变化的过程中相互影响。乐观主义和奉献主义都可能影响到就业率和出生率，并修正价值等级系统。权力机器（power machinery）的发展可能贬低生产并导致市场扩张。对于开拓市场的强烈需求也许会要求对以民族或国家形式表现出来的主体符号进行重新界定。这些物质与意识形态之间的动态关系一直在重新界定行为、情感和组织的区域。

从上述内容看，任何主体认同符号的传播都是建立在与繁杂事务的联系之上的,这一事实是显而易见的。任何符号在竞争中战胜其他符号都是因为这一符号更能引发良好反应,同时这一符号出现的时间正是人口改组可能性高的时候。普遍的反应活动会在特定人群的物质和符号结构发生改变时进行自我修正。任何传播的过程,一旦开始发生,便会随着持续变化的环境而变化。对历史上符号传播的研究以及实践表明①,许多可以促进传播的条件和对精神分析法的使用已经揭示了心灵内部的重要联系——而这个联系之前一直未被人们所认知。事实上,精神分析法是一个极其丰富的概念,并且这些概念都是人们在下意识中所产生的接受能力所展现的。这种接受能力自发地与主要人格保持一致,构成了互相交叠的矩阵,并通过符号在社会中以特殊的速度和强度辐射开来。

所有的研究都证实了当符号群传递时显示具体顺序的重要性。何时一个国家认同符号变得和军队及官僚机构工作中需要驱逐外国人相关了?何时对外国经理人掌控大局的敏感性加强了?何时操着外国口音不再受欢迎了?何时资助保护土著艺术变成社会需要了?何时"买中国货"和"卖中国货"变得有必要了?何时以政治英雄的名字给孩子取名变成社会潮流了?官员行使职责而接受回报这一行为何时变得不忠了?②

---

① 文化人类学对于我们所讲的传播机制的研究贡献极大。参见 Edward Sapir, *Time Perspective in Aboriginal American Culture*, Memoir 90, pp. 30 ff., Canada, Geological Survey, 1916; Edward Sapir, "Custom", *Encyclopedia of the Social Sciences*; Roland B. Dixon, *Building of Cultures*, pp. 59 ff., New York, 1928; Leslie Spier, "The Sun Dance of the Plains Indians: Its Development and Diffusion", *Anthropological Papers of the American Museum of Natural History*, Vol. 16, Part 7, especially pp. 501 ff., New York, 1921; Paul Radin, "A Sketch of the Peyote Cult of the Winnebago: A Study in Borrowing", *Journal of Religious Psychology*, 7 (1914), pp. 1–22。

② 参见罗伯特·米歇尔斯(Roberto Michels)和卡尔顿·海耶斯(Carlton J. H. Hayes)对历史上的爱国主义进行的研究;查尔斯·梅里亚姆主编的"公民的培育"丛书;Charles A. Beard and G. H. E. Smith, *The Idea of National Interest*; *An Analytical Study in American Foreign Policy*, New York, 1934。

第二章 民族与阶级：认同符号

近来，社会科学已经自18世纪末期开始承担了遵从并解释民族主义的迅速传播之责任。① 领头羊是在生产行业方面，出现了现代技术的迅速运用，深刻改变了许多共同体成员的生活状况。察觉到新的利润点，自我选择的企业家引领潮流，率先改变了传统的生活方式，这和有利于地产集团的符号以及实践相冲突。他们发现自己位于决策制定成为限制性特权的组织区域中，需要方式方法来有效巩固自己的支配地位，从而积极响应抗议与计划符号，这些符号是由专业语言表达者传播的。渐渐地，在全人类的名义下，统治精英的意识形态开始被质疑。在大规模行动中，民主的语言有助于唤起"社会地位低下的"人民的仇恨，最终改变精英招募的方法和合法正当的语言。资产阶级政党的成员控制着政府，比如说法国，他们将早期的反国家取向转换为支持国家和支持政府的意识形态。自此以后，民族主义就变成了从内部瓦解无产阶级的挑战工具，并在世界权力平衡体系中逐渐强化了国家的实力。在资产阶级力量特别脆弱的地方，传统社会形态需要来自人民群众的军事支持以保卫自己不受侵略，传统精英会尽可能利用手中的天时地利人和以及受传统束缚的符号主义。在普鲁士，资产阶级从未成功地从君主政体及封建政治中捕获民族主义的语言来重整旗鼓以驱逐入侵的法国人。

在仅限于本地企业的相互竞争中，仅仅是本地差异被强调；因此，只有等到市场扩大，企业家所关注的强大目标成为可能后，有效的民族主义才有可能出现，而这些企业家往往都住在大城市的酒店里。

---

① 除了上面援引的参考文献之外，还可以参考 Friedrich Hertz, "Wesen und Werden der Nation", *Nation und Nationalität*, Erg.-Bd., *fahrbuch für Soziologie*, Karlsruhe, 1927; H. O. Ziegler, *Die Moderne Nation*, Ein Beigrag zur politischen Soziologie, Tübingen, 1931; R. Johannet, *Le principle des nationalités*, Paris, 1923; *Verhandlungen des zweiten deutschen Soziologentages vom 20. bis 22. Oktober, 1912, in Berlin*, Tübingern, 1913; Otto Bauer, *Die Nationalitätenfrage und die Sozialdemokratie*, Vienna, 1924; Karl Renner, *Der Kampf der österreichischen Nationen um den Staat*, 2 vols., Vienna, 1902; Karl Renner, *Der nationale Streit um die Aemter und die Sozialdemokratie*, Vienna, 1908; Koppel S. Pinson, *Bibliographical Introduction to Nationalism*（announced）；以及哈利·埃尔默·巴恩斯（Harry Elmer Barnes）的各种著作。

主要市场中心的上层资产阶级比较容易接受经过详细阐述的民族主义符号，这些符号都经过了演说者、记者、诗人、小说家、评论家和组织主义者的发展。资本主义国家政策之次要中心和偏远地区的意识形态合并通过文学传播手段从主导中心扩展开来，而次要手段是新闻出版社的不断刺激。资本主义企业的扩张有利于促进某些商品的市场区域的扩张并为其增添活力，比如说纺织产品和钢铁产品。结果是便利了世界市场区域的扩张，反过来以本地反对外国竞争的形式形成了许多辩证的进程。这些敏锐的地方主义反应缔造了有利于处理新地方民族主义表达的群体。我们注意到，对整个欧洲的地方认同之发现在19世纪及其以后缓慢进行着。"一战"接近尾声的时候，国家组织区域的增加是该过程所遗留的剩余物之一。

　　在传统组织区域中出现的一个新精英以无产阶级的名义挑战其他地方的统治精英之官方符号。面对新威胁时，行动上的团结一致在这些各类精英中会显得具有优势，但是保卫外国经济输出和让共同体统一在民族主义符号周围之重要性依旧在激化国际资本主义冲突；对危机的强烈怀疑也是一种普遍的趋势。①

　　对金钱优势的计算是一个非常"理性"的过程；但是允许这个理性过程进行的社会模式必须有一个共识来加以维系。因此理性和传统之间的张力在资本主义社会达到极致，这就需要共识来加以维系，但是却也增加了对每个已获得的符号与实践的理性分析需求。资本主义的理性主义已经令它特别依赖积极价值观、道德需要以及来自先前文化遗产的统一目标符号。在伟大社会（the Great Society）中，原始民间文化的残余（Gemein-

---

① 关于民族主义的经济方面特征的描述可以参见 Waldemar Mitscherlich, *Nationalismus: Die Geschichte einer Idee*, Leipzig, 1929; R. G. Hawtrey, *Economic Aspects of Sovereignty*, London, 1930; Walter Sulzbach, *Nationales Gemeinschaftsgefühl und wirtschaftliches Interesse*, Leipzig, 1929; József Eötvös, *Der Einfluss der herrschenden Ideen des 19 fahrhunderts auf den staat*, (from Hungarian), Leipzig, 1854; 以及布哈林、列宁和其他历史唯物主义者的专著。

schaft)① 也已经成为通过充分利用经过利益计算的金钱优势原则的一种负担。② 更老的宗教符号和实践的力量逐渐遭到削弱,压力由此而生,导致从物质环境中的挑战里产生的不安全感程度逐渐增加。民族主义和无产阶级主义就逐渐被幸存下来的宗教模式替代物所还原,响应了个性在移动世界中再稳定(restabilize)的需要。

后来世界革命模式的出现强化了战后世界地域主义(parochialism)的吸引力。③ 老的中间阶级的成员以阶级或世界符号为代价复活了民族符号,并对抑制共同体中的"异类"和"激进"的元素而计划进行的活动提供了血液、金钱和赞扬。德国国家社会主义(German Nationalism Socialism)依靠的是老的中间阶级。如果无产阶级战略家能够设计出瓦解中间阶级的忠诚度的方法和手段,除了延长了的或不成功的战争而引发的道德败坏以外,那么无产阶级的斗争也许在经济贫困的演进过程中就能取得最终胜利。在本书中,后面需要进一步探讨的主题之一就是控制中间阶级对竞争性认同符号(rival symbols of identification)的心理回应。

---

① Gemeinschaft,德语,可译为"礼俗社会",与"法理社会"(Gesellschaft)相对。这是一个社会学概念中的社会结构分类的定义。在19世纪末,由德国的社会学家裴迪南·腾尼斯(Ferdinand Tönnies)提出。他认为城市的变迁代表社会正由一个互动频繁的共同体形态(礼俗社会)急剧转型为冷漠的大都市(法理社会)。礼俗社会是一种典型的乡村生活共同体。其中,人们大多拥有相似的背景与生活经验,几乎彼此熟识而又亲密,若是在较大的社会团体中,也会互相扶持保持机械团体。人们以私人的方式互动,隐私较少。礼俗社会的道德控制是通过道德劝说、闲话、表情手势等非正式手段来维持的。之所以有效是因为人们很在乎别人对自己的看法。但在礼俗社群中,社会的变迁很有限;也许会和祖辈时代类似。法理社会是现代都市生活的典型,人们彼此之间都会很陌生,并且感到没有什么共同点。人际关系受到人们各个互动情境中的角色的主导,社会价值观及对成员所应尽的义务没有一个共识。因此社会控制就更依赖于正式的如法律等手段,社会变迁会非常的重要与明显。——译者注

② 关于礼俗社会与法理社会关系的描述,最早是由斐迪南·腾尼斯提出的,更为详细的阐述可以参见 Hans Freyer, *Soziologie als Wirklichkeitswissenschaft*, Leipzig and Berlin, 1930, pp. 230–252。

③ 参见 Helen Martin, *Nationalism and Children's Books*, University of Chicago Ph. D. dissertation, 1934, 这本书使用了一种严格的技术(rigorous technique)来研究儿童读物在全世界传播的影响因素。

第三章 权力的动态平衡：暴力期望

本章的目的是对暴力期望（the expectation of violence）在世界政治中的重要性进行分析。基于对人类的认同、需求和期望反应强烈的判断，本书做出了人类会通过战争解决分歧的假设，并且这一假设会引发物质环境的明显变化。根据对集体斗争的相对状态预测的变化，我们对于殖民地、船只和条约修正的需求，不断进行更改；随着自然资源和技术方面所发生的实际变化，对于作战效能（fighting effectiveness）的预测也将不断发生变化；对于这个或者那个集体符号的认同，部分地受到该符号在地位斗争中获胜预期的影响。为了仔细关注成功解决冲突的方法，组织区域内的任何一个精英都会受到双重关系的束缚。那些挑战该区域内的精英的人们可能会进行请愿、激烈的辩论、示威游行，或者他们也可能诉诸消极和积极胁迫等公开的形式。特定的精英相对地免受国内攻击的情况是时常出现的，尽管近年来起义、叛乱和内战频仍，认为冲突可以不用暴力方式加以解决的假设却流传甚广。但这一假设对于国家间的关系却不甚适用，即便战争作为一个政策工具（instrument of policy）已经被正式放弃了，实际上流行的预测是这些声明根本无法阻止在冲突过程中使用暴力。

世界大战联盟的残存使英国、法国、美国、日本、意大利和比利时与德国和某些继承国在许多问题上仍有争斗。奥匈帝国后来分崩离析，人们将怀疑的眼光投向昔日权力的拥有者奥地利和匈牙利。法国和意大利的对抗使另一对敌对关系严重恶化。英国对法国在欧洲大陆的霸权保持警惕，对德国复兴提供了充分的支持。苏联的共产主义联盟与资本主义世界（尤其是英国、法国和美国）分庭抗礼。帝国主义国家（英国、法国、日本、荷兰和意大利）的共同点是对拥有外国文化的分散居住的民族仍然保留着控制。日本与俄国、中国和美国则在太平洋地区进行竞争。美国倾向于在太平洋地区主导一个包括加拿大、澳大利亚和新西兰的反日联盟（anti-Japanese bloc），因此与英国的关系愈发复杂。美洲的西班牙语国家和西班牙都对北美心存疑虑，美国的债务人数量巨大且各不相同，难以在世界经济政策的各方面找到共同利益。有许多相对消极的、暂时自我满足的国家（满足现状的国家），他们的前途就是仅仅抓住他们当下所拥有的东西，也有一些积极的、受剥削的国家，他们的目标就是实现物质上和道德上的复兴。各种不同组合的产生，取决于在具体情境下讨论的价值的本质。① 我们前面把当时的世界格局视为资本主义可能朝向社会主义的转变，所以把注意力放在了长期转变的过程上，而不是单个的、具体的组织区域内的事件上。

暴力的期望对其他符号形态的分布和对环境的直接适应性产生了深远影响。暴力冲突的期望所支持的政治过程可以这样理解（一种均衡性分析）：参与者往往把自己划分为两个敌对的阵营（除了很少的一部分中立者，它们被一般的动态平衡过程所处的有利地位所保护，比如现代的荷兰）。而这两种分化的关键支点就是最强大的对手。简而言之，这个过程就是：

A 想要和 C 联合来对抗 B；
B 想要和 C 联合来对抗 A；
A 或 B 联合 C 没有成功，转而想联合 D 者 E（依此类推其他参与

---

① 关于战前和战后联盟的详细描述参见 Rudolf Kjellén, *Die Grossmachte vor und nach dem Weltkriege*, Edited by Karl Haushofer, Second Edition, Leipzig, 1930; Valentine de Balla, *The New Balance of Power in Europe*, Baltimore, 1932; William L. Langer, *European Alliances and Alignments*, New York, 1931; *Histoire diplomatique de l' Europe, 1871 – 1914*, Edited by Henri Hauser, Paris, 1929; H. M. Vinacke, *A History of the Far East in Modern Times*, New York, 1928; P. J. Treat, *The Far East*, New York, 1928; George H. Blakeslee, *The Pacific Area*, Boston, World Peace Foundation, 1929; Francis Miller and Helen Hill, *The Giant of the Western World*, New York, 1930; W. Y. Elliott, *The New British Empire*, New York and London, 1932; Richard Henning, *Geopolitik*, Leipzig, 1928; John Strachey, *The Coming Struggle for Power*, New York, 1933。

者的情况)。

我们会注意到这个过程的结果之一就是会出现冲突的普遍化趋势，直到所有处于相似地位的各方达到一种与其地位参照相当的状态。

这个动态平衡过程的另外一个特征就是 C 可能会向 A 提出要价来对抗 B，或者对 B 提出要价来对抗 A，当要价太过分时，A 和 B 就可能会对它们之间的关系进行重新界定，并且联合反对 C、E 和 F。这个复杂程序的出现是根据对具有相对优势的期望的重新定义，因追求需求的实现而产生的对以最初的形式表现出来的需求进行调整的结果。因此这一平衡过程中参与者之间的关系处于一种基本不稳定的状态，所以准确来说，是权力的**动态平衡**（balancing）而不是权力的**静态平衡**（balance）。

当前面提及的参与者在世界政治中结成集团行动的影响不复存在时，这种基本不稳定的状态就显得尤为突出。在每个群体中，所有组成部分间都会存在一个动态平衡的过程。在 C 国内部，在任何一个既定的时间，a、b 或 c 都可能占据主导地位。A 国可能通过帮助 b、d 和 e 结成的联盟从 a、b 和 c 的手上夺取控制权，从而以较低的价格达成与 C 国的合作。确实，如果 A 国重新定位其需求，使 C 更可能接受而与之结盟，这种情况下 A 国可能更容易做出这样的调整。两国结盟也可能是通过 A 国占主导地位的集团放弃 a、b 和 c 而转向与其他集团进行合作而实现。在最终的"微观"（microscopic）的分析下，动态平衡过程中的竞争者可能被认为是以作为个体存在的人们的名义而表现出来的需求符号，也可能是通过援引集体名义（invoke collective names）的人们而表现出来的需求符号。这就是说一个人的职业生涯（career line）可以包括以主要的参照符号（primary reference symbols）"约翰·琼斯"的名义而提出的需求，以及以次要的参照符号（secondary reference symbols）"约翰·琼斯，天主教徒；工人；南方人；民主党人，等等"的名义而提出的需求。约翰·琼斯人格的许多方面在与其他方面竞争，而且每个起作用的方面对于政治分析而言都很重要。个体不是政治学分析的一个终极类别，尽管最终参照的事件总是个体的。

第三章 权力的动态平衡：暴力期望

当我们把世界政治作为一个整体来看时，我们最好以粗略的概要方式来处理政治分析过程。通常这足以广泛地而不是深入地描述主要的关系特征。因此我们可能把保护农产品的责任需求与"农民"这个类别而不是"制造商"联系起来，而且也不会问任何关于类似于"期望"类别问题。如果我们把研究向前推进一步，我们现在就应该需要对代表性案例进行深度人格研究后所得到的那些数据的支持。

前面的分析是在**地缘普遍化**（geographical universalization）的原则上加入了**功能性普遍化**（functional universalization）这一原则，作为动态平衡过程实现的一个特征。人际关系中的所有相同点和不同点在冲突的联盟中往往都可以找到。

回到动态平衡过程的空间方面，我们可能谈到地缘分化（geographical differentiation）的趋势是分化为两个大的区域，逐步稳定发展为开放的和封闭的分布区域（an encircling and an encircled distribution）。由于动态平衡关系的多样性，实际的分化过程很少完全等同于这种开放—封闭模式（encircling–encircled pattern）。近期最好的例子是 1917 年末，环绕"一战"的轴心国（Central Powers）周边的几乎都是敌国，而且当时世界上大部分国家都卷入了这场激烈而尖锐的冲突之中。

空间区域上开放和封闭格局的基本形成标志着危机的最大化，危机的解决通常朝着两个方向发展：一方被另一方打败；掌握不同组织区域的群体被国内精英对手所击败，常常是在不相邻的区域，而且能够吸引国外不相邻的区域。上述第二个革命的过程是由那些获得城市贫困居民支持的人们所发动的，这些人试图运用能够获取国外相似居民支持的符号主义。①

---

① 除了第一章提及的关于势力均衡的文献，还可以参考 Ernest Nys, "La théorie de l'équilibre européen", *Revue de droit internationale et de législation compare*, 25 (1893), pp. 34–57; Alexandre de Stieglitz, *De l'équilibre politique du légistimisme et du principe des nationalités*, 3 Vols., Paris, 1894, Part 1; Léonce Donnadieu, *La théorie de l'équilibre*, Paris, 1900; Wolfgang Windelband, *Die auswärtige Politik der Grossmächte in der Neuzeit, 1494–1919*, Second Edition, Stuttgart, 1925; Olaf Hoijer, *La sécurité internationale et ses modes de realization*, 4 Vols., Paris, 1930, Vol. 1; Frederick L. Schuman, *War and Diplomacy in the French Republic*, New York and London, 1931, Chaps. 14–15。最难的问题之一是如何评价不同的势力均衡理论对于集体和个体行动的影响。

如果特定的条件被满足，权力的动态平衡过程就能够维系和平，尽管也有导向暴力的可能性。很多势力均衡理论被提出来，希望可以在那些即将爆发暴力冲突的地区维护和平。现在的观点是这个过程（含该过程的各种理论）可以维护和平，而前提条件则是：

（1）如果可以准确地衡量权力（作战效能）的各种不同形式；
（2）如果各种不同形式的作战效能是可以转换的而且在动态平衡过程的参与者之间是可以分配的；
（3）如果各种不同形式的权力在其发展的初级阶段都是可见的；
（4）如果预测过程是可以被感知的（sentimentalized）。

这四个条件可以总结为可衡量性（measurability）、可转换性（convertibility）、可见性（visibility）和可感知性（sentimentibility）。第一个可衡量性的要求是难以实现的；毋庸赘言，对社会变迁的所有形式在作战效能上的影响进行评估是极其复杂的。在历史上，当权者（those in responsible positions）在这方面曾犯过不能容忍的判断错误，尤其是当技术飞速发展的时候。对于现代工业重要性的严重低估导致了失败的结果，如日俄战争和法兰西—普鲁士战争（Franco-Prussian War）。我们通常对于特定暴力工具的相对效果（relative effectiveness）抱持怀疑的态度；看看如下的这些争论，飞机对战舰，战舰对巡洋舰，巡洋舰对潜艇，训练有素的机械化部队对大批敌军，以及化学战的整体前景。① 看看下表，就可以发现对把和平工厂变成战争工厂的结果进行评估到底有多难了。②

---

① 关于其中的一些争论可以参见：*What Would Be the Character of a New War? Enquiry Organized by the Inter-parliamentary Union*, London, 1931; B. H. Liddell-Hart, *The Remaking of Modern Armies*, Boston, 1928; Neon, *The Great Delusion*, New York, 1927; Victor Lefebure, *Scientific Dis, armament*, New York, 1931; Salvador de Madariaga, *Disarmament*, New York, 1929; K. L. von Oertzen, Editor, *Rüstung und Abrüstung*, Berlin, 1931, 尤其是第三部分。最后一个是 *von Löbells fahresberichte über das Heer-und Kriegswesen*, Vol. 45。

② 援引自 Ralph H. Stimson, *The Control of the Manufacture of Armament*, University of Illinois doctoral dissertation, 1931, p. 410。

第三章　权力的动态平衡：暴力期望

和平产品	战争产品
文件和锯子	军队外科器具
理发用品	军队、牙科和外科工具
黄铜制品	火炮弹药
拖拉机	坦克
橡胶产品	防毒面具
钟表弹簧	定时引信
地毯	水陆两用军车（army duck）和军用毛毯
家具	弹药箱
女人的腰（ladies waists）	信号旗
钓鱼线	信号队用品
齿轮	瞄准器
玩具和小玩意	包装箱
珠宝	军用印章
黑糖蜜酒	无烟粉
啤酒桶	记号标
洗衣机	装弹器
滑板	炸弹
收银机	手枪
银器	手术用具
婴儿车	热气球筐
罐头	头盔
金属冲压件	手榴弹

58

如果考虑到心理因素或者说不可考虑（imponderable）的因素，那么在估算关键细节（estimating material details）中的不确定性就更大了。不仅仅是世界大战前夜社会主义的惨败消除了西欧潜在的恐慌（下次的传说就可能就是一个新故事了）；至少士气可能更快地衰落，因为他们下定决心要把国际战争转变成国内战争。

预见未来政治联盟性质的难度使得所有的推测都变得更加不确定。法国应该基于他们将和英国在下次战争中进行合作的猜想而推行发展海军的政策吗？如果不考虑最终的目的，德国应该把重新发展军备与西进或东进政策联系起来吗？美国在未来的计划中是否应该考虑把保护菲律宾纳入其中呢？

有些任务与准确地将社会变迁解读为作战效能的术语相关联，我们可以自由地考虑，如果找到一个交换媒介，可以用于重新调整关于这些变迁的政治需求。如果动态平衡的过程要和谐地发挥作用，那么任何参与者在一开始受到当地劣势的影响时就应当立即得到补偿。欧洲曾经想要利用土地（acre）作为交换的媒介，因为在农业条件下，每一英亩土地所能提供的人力和物质资源都是大致等同的，当然也存在一些例外的情况，如沙漠、废弃的土地、矿藏和港口。然而，这个标准并不令人感到满意，现代工业的扩张与这些困难的增多有关，这个世界到今天也没有一个管理者对这些有用的交换媒介进行重新调整，这些调整是在相对作战效能转换后发生的。

任何交换媒介在情感上都必须是中立的，每个单位（unit）都必须与其他单位处于平等的地位。由于一亩地的概念已经被广泛接受了，重新定义一亩的概念就会遭到人们的反对；因此民族主义的成长就会介入之前的管理动态平衡过程的方法。一个客观的单位例如一个金币，在情感中立的立场上提供了一些优势，但是估计社会变化的任务，首先在反对条款（fighting terms）上，其次在金钱条款（pecuniary terms）上，都是十分复杂的。而且如果不确定的数目很大，那么迁移问题（transfer problem）就会以我们这代人所熟悉的为处理补偿（reparations）而做出努力的方式出现。

如果作战效能的变化可以被测量而且是可以转换的，那么动态平衡的过程中仍然会出现困难，除非变化是可见的。物质环境的改变并不必然促成对其影响的立即了解，而且一个地区意识形态的改变并不必然修正其他地区的意识形态。物质和物质的关系、物质和意识形态的关系、意识形态和意识形态的关系都是多样且复杂的。由于通常对什么是重要的判断持有普遍共识，技术上的变化可能不被觉察或者未经评估而消失。而且有些变化，例如关于爱国情感、阶级意识或者是对未来的乐观态度都是看不见的。"可见性"是明显变化的功能，也是对于评估者反应的功能。

除非动态平衡的过程在变迁和其普遍化过程中同时进行，这样一种方式保持了斗争效果的现状，尤其是参与者将在特定时间享有一定的优势，虽然可能并不多。这将在客观上增加用战争成功地改变自己地位的可能性，而且如果战争本身被当作主要的价值，那么战争就可能会发生。战争

第三章 权力的动态平衡：暴力期望

在我们的文化中是非常慎重的，而且其本身就被当作一种价值。任何解决冲突的替代模式都必须成为一种可以被感知的符号。积极的影响在"思考"（counting）的过程中聚集起来，为了使用布莱斯福德（H. N. Brailsford）所说的幸福短语（happy phrase）。①

可测量性、可转换性、可见性和可感知性都只能在世界政治中大致地实现。关于可能和现实之间的差异最具结论性的指标就是诉诸暴力本身。在动态平衡的过程中缺少一个补充性的指标，就是参与者联盟的稳定性。反对查理五世、菲利普二世、路易十四和拿破仑一世的同盟本身就是很好的例子，说明社会变化与斗争影响的普遍化之间逐渐累积的不适应性，从而保持世界动态平衡过程中所有参与者的相对地位。

这就是我们文中所提及的研究可能会在特定时间因为利益而指向对世界武装力量公开分配的分析。任何稳定性都可能会被怀疑是动态平衡过程失败的标志；可能从这个观点提出组织物质的行为将在世界政治过程中互动，降低某些情况下的差异适应。对这个建议进行调查研究也不是什么全新的事。每一个学习世界政治的学生都会对在特定时间段内武装力量的移动给予关注，试图寻找国家动态平衡的线索。战后德国的军事部署已经基本暗示了其东西走向；法国在不同地区集中进行军事部署——在东边的边界上精心部署了防御工事，并在重要地方保持了军队的驻扎，以对德国和意大利做出回应；英国和美国海军的集中部署和演习明显是针对当下的平衡状态。这些指标不能孤立来看，必须结合整体格局中其他物质和意识形态的细节，它们揭示出整体中不同部分关系的本质。②

假如我们仔细地对动态平衡过程中出现的不安全感的本质进行分析，这种不安全感与整体其他方面是一种互动关系，影响到世界政治的平稳运行。这使得对集体生活的意识形态方面进行形式分析就显得十分必要。对人格而言，符号在特定时间的意义取决于其在整体的人格结构中的相对地位；因此，对人格而言，符号在既定共同体内的含义取决于这个符号与相关的所有人格结构之间的关系。

---

① 参见其 *War of Steel and Gold*, Third Edition, New York, 1915。
② 后面的章节将会对这一研究进行明确的讨论。

一个方便的结构分析原则是运用三分法对处于事业线中特定交叉部分的个性（由三部分组成）进行分析。① 精神分析法为了分类的方便，基于生物需求、社会获取的禁止和强制以及现实的测试使用了三分法进行分析。只有极少的婴儿的原始生物冲动可以直接得到满足，这主要是因为该婴儿生于其中的社会中的那些特定社会秩序的典型特征所实施的限制。当这些限制在外部世界中不再成为阻碍，而是在获得性行为修正的基础上被遵守，个体已经达到了人格结构，也就是技术上的"超我"。对外部关系的认知和根据当下现实的象征化对冲动进行修正，就是称之为"自我"的人格的第三部分的独特功能。"超我"所不能接受的冲动及其修正则叫作"本我"。"本我""超我"和"自我"这三个术语大致等同于冲动、道德和理性，尽管在实际使用中有些扭曲。通常这三个主要的人格结构都不是相互独立的，"超我"和"自我"不是与"本我"的冲动截然分裂的，但是都被认为是在原始冲动中的复杂化，这一冲动产生于这些动力本身相互关联及与外部关联的整个过程。"本我"和"超我"方面的反应是在无意识的条件下进行的，全部唤醒人格的原始元素的本质只能通过使用整体反应架构的独特方式获得。② 那些出现在关注焦点的记忆和想象与之没有相关的刺激，都包含在人格的自我结构中；当冲动本身能够在唤醒注意力的阶段直接对事件进行修正时，强烈的不安全感就会产生。

符号往往是在人格内部进行组织的，因此他们大多数都与"本我""超我"和"自我"有关，尽管从我们讨论过的内容中看是很清楚的，这三种联系都是不相互排斥的。符号"列宁"在一种人格中可能主要和"自我"有关，它和与列宁有关的历史现实的不能感知的特征相联系。在另一种人格中，符号"列宁"则可能从"超我"冲动中释放出来，被重新解读

---

① 参见我的讨论，"The Triple-appeal Principle: A Contribution of Psycho-analysis to Political and Social Science", *American Journal of Sociology*, 37 (1932), pp. 23 – 538。

② 精神分析学家用自由联想技术（free association techniques）来推进这一过程。所谓自由联想技术，就是提供一个刺激，让学生以不同的方式去自由反应，学生可由其学过的知识或所经历过的经验中，运用联想的技巧，去寻找并建立事情间新而富有意义的联结关系。运用自由联想技术可以激发儿童想象力，使其脑筋灵活，是增进创造性思考的好方法。——译者注

第三章 权力的动态平衡：暴力期望

为伟大革命者的举动。在最后一种人格中，对于"列宁"的憎恶可能预示吸引的力量，"本我"的反对权威的趋势与"超我"相冲突，迫使后者动用所有的资源来维持控制地位，并与其他符号保持一致。

当我们希望对在特定共同体中生活的人们的人格符号进行特征描述时，使用特定的术语就有助于减少误解。对群体中大多数人格的"超我"都是非常有吸引力的文化模式，我们称之为"**习俗**"（mores）；对于"**本我**"具有吸引力的文化模式就是"**反习俗**"（counter-mores）；对于"**自我**"具有吸引力的文化模式就是"**权宜之计**"（expediencies）。这种分类法可以确保习俗在特定共同体中不被普遍植根于每个人的"超我"部分中。

一个共同体的习俗可能包括客观物质和符号，如大主教、将军、国王、警察、教堂、制服、仪式和对"理想"的口头警告（verbal admonitions to the "ideal"）；而反习俗则可能包括革命者、妓女、罪犯、色情和反动言论（subversive talk）；而"权宜之计"则可能是音乐或者技术和争论的问题。研究一个共同体的符号和实践是可能的，也是有利的，可以发现它们对于典型人格的含义。关联关系的目录由以下部分组成：人和人、人和组织、人和事件、人和政策、人和实践、人和教条、人和神秘以及人和传奇。

如果对典型事业线的抽样可以满意地完成，那么在任何特定时期流行的符号和实践都可以做如下分类：

权宜之计对权宜之计（比如，对于陆军和海关军备的相对效益的分歧）

权宜之计对习俗（比如，生物进化理论对圣经教条主义）

权宜之计对反习俗（比如，为了生产效率而减少酗酒）

习俗对反习俗（比如，权威主义对反权威主义运动）

在缓慢的社会变革时期，人类冲动（human impulses）通过这些表达形式来保持平衡。在急速的社会变革时期，重新调整的方向和强度是可以根据如下原则来预测的：延长的自我和超我的满足（即权宜之计和习俗）能够促成满足本我（反习俗）的重新定义，而延长的自我和本我的满足则促成了满足超我的重新定义。一般而言，这个公式的含义就是，尽管占主要地位的是威权模式产生的不安全感,这种不安全感有利于重新施加新的控制,或者对传统控制进行重新认证;以及加强的纪律产生的不安全感,这种不安全感有助于派生性符号和实践(deviation symbols and practices)的传播。

关于特定人群周边环境的变迁,可以从在现实中寻找可靠的日常事务的视角,进行分析。这一计划对于理解与动态权力平衡相关的重新调整有何影响?环境的变迁如何冲击了那些认为国际和阶层间差异可以通过诉诸暴力的方式加以解决的那些人的职业历程?把我们自己限制在国家间的关系之内,我们的普遍期望是动态平衡过程产生与保持抑制相关联的不安全感,而且导致的紧张状态对于进行重新定义更加有利,这一重新定义的方向更倾向于满足受到抑制的冲动。

对于人格任何部分的损失的威胁往往会重新产生与之前个性系统的威胁相关的焦虑。因此,我们就会假设暴力可能被卷入由民族和阶级符号所象征的人类之间的分歧,这一假设向那些认同这些符号的人们揭示了不断遭受损失的威胁。所有被精神分析方法研究过的人格都揭示了早期焦虑与禁止自由使用身体是相关的。其他焦虑的原因可以被提及,但是对于与损失主体一部分的威胁有关的焦虑,也就是"阉割"(castration)焦虑①是尤为迫切的,而且使它们复原的情况也使适应现实的调整更复杂。承认危险是和以差异可以用暴力解决的名义有关的集团是相关联的。很多人格都可以用客观性来评价这些情况,来估算冲突的可能性。但是行为往往更多地或者更少地受更早的和更少的人格因素的修正的影响。与客观损失有关的情况特别容易引起隐性的和不完全解决的冲突。虽然可能有人认为职业士兵对于在适应斗争效果突然的变化中对于不相关的焦虑反应更加不受影响,但是一些个案的研究表明尽管这些人有高度的纪律性,但也可能受到在婴儿或者童年时期的不想参与的原始留存的影响。所有适用于他们的这些都适用于比人更强大的力量,他们关注势力均衡的游戏,但是他们在显

---

① 在精神分析理论中,阉割焦虑(castration anxiety)是指男孩子在他们心理发育的某个阶段据说普遍感到害怕阉割;它来源于恋母情结,害怕父亲因孩子对母亲的性的感觉而进行报复,对与之竞争的父亲怀有敌意。——译者注

第三章 权力的动态平衡：暴力期望

示的解释前都是业余。

毫无疑问，在我们与日本官方关系紧张的时期，我们可以通过分析一位美国政府官员的行为表现来证明我们在这里所讲的主要观点。关于"日本"符号的不祥含义表现在一系列他所讲述的梦和噩梦中。其中一个噩梦就是他裹着美国国旗在狂奔，想要逃脱拿着来复枪追他的日本军官。他从梦中惊醒，浑身是汗，发现自己躺在床下，腿上裹着床单。就是在这些对噩梦和其他幻想的联想中，日本人的形象就不断地被定型。但是最后出现的是满面愁容的日本人，拿着卡通的小刀，和他在童年时代被威胁如果继续横插一脚就会被切掉性器官的情形联系起来。

这个从历史中抽象出来的形象并不是为表达这样的印象，即所有的美国政府官员都会对与日本打仗有这样的焦虑。对任何成年人来说，任何符号形态的确切意义只在于采用特定方法进行延长式学习（prolonged study），概括特定情况下的特定安排取决于将这些方法应用在代表上述形势的人格中。成年人在过去不安全感影响下的人格中出现行为复杂化，所有在这个阶段表现出的现象，都能让我们对人格的本质联系看得更加清楚。

把暴力假设建立在国际和阶级关系的基础上，集体主义符号在社会十分倾向于鼓励所有焦虑反应的情况下成为关注的焦点。这些符号的意义在于它们具有表现全部已显现的人性的功能，相比于那些和政治形势有直接联系的符号，它们在深入而较早的资料研究中必然占据着重要地位。

受到反对主张（counterassertion）直接行为的干预，由战败威胁导致的不安全感可能会被减轻。但在一个机会有限的世界里，由这种情况引起的无穷的反侵略（counteraggression）冲动一定会屈服于连续的遏制行动。意气用事的反对主张很少得以实现，所以无法采取转移潜在的焦虑的最直接手段。持续遏制敌意的必要性，或者间接表达这一举措的必要性，意味着对焦虑的衡量依然和参照符号（secondary symbols）存在着联系。处理政治符号下累积的不安全感而不直接牵涉到政治符号的方法有很多。因此通过将敌意转移到妻子、秘书或者司机的身上，或者解禁和宣传纵欲、酗酒或搏击，可以有效地消除国外阴谋集团散发谣言引起的焦虑。这一释放过程有不计其数的途径；这些行为可以被分为：目标定位（object orientations）、反省性思维（reflective thinking）、孤独性（autism）（情绪和无意义的想象）和身体反应（somatic reactions）（头痛和对其他功能要素具有重要作用的身体变化）。尽管有大量可供选择的不安全感消除方案，一些形势串谋起来把世界政治符号和焦虑反应联系起来。暴力期望支持了关注平衡过程中包括各种关键参与者行为的沟通组织。它们的名字有效地取代了其他所有组织，并不断成为人群中的焦点，根据报道，它们和许多直接揭示地方性符号（local symbols）可能失去独立、物质要求和威望的大事件有关。既定利益的出现和出版社以及其他地方的传播符号（transmitting symbols）特殊功能有关；同时，许多既定利益都直接从强调世界局势的威胁中索取了好处。

尽管人格由于政治方面的原因出现了不安全感，但通过非政治性的行动可以消除这种不安全感，许多应对不安全感的反应和政治直接相关。我们已经看到在一个充满各种制约的世界中，对有力的反对主张的压制如何维系了源于动态平衡过程中的不安全感。一些直接表达反对国外环境的斗争被动员也被否认，它们甚至被引导着反对自身。这是我们最重要的内心动态之一，它表现出来的极端形态是自杀。

自我受外部危险和抑制反侵略（aggression）支配的主要直接结果之一，就是产生关于自我和世界关系的成见。这体现了周围环境中的符号对性欲（情感上的兴趣）带有偏见的逃避。这种以自我为中心的符号呈现出增长式的扩张（absorption），重新唤醒了早期对于人格更加原始、更无自律可言的看法。结果是导致了自我满足的自恋幻想。人性的相互作用可能产生披露他人、鼓吹高尚道德价值和集体主义万能的符号；或者在没有对自治进行精心计划的情况下，一旦他人在言论或印刷中提及这些符号，他可能会积极地回应他们。在这种条件下，人格的每一个细节似乎都被卷入整个集体主义符号和国家、阶级和种族"荣誉"的命运里，于是集体符号下恭敬尊重的行为被赋予了特定的价值。

加强自我关注的结果之一在于它在不知不觉中被别人利用，产生强调尊重自身符号的过度需求；世界范围内对这些需求的默许都以失败告终，这反而产生了导致人格之中的压力复杂化的矛盾。如今它已成为随着微小变化调整模式的平衡过程的核心，然而在自我反思的层面上，它并没有责备那些受自我利益驱使而改变立场的参与者，而是无法轻易解决更深层的心理问题。由于对尊重具有无意识需求，它趋向于将感伤的过度评价放入纯粹的合作关系中，其在伙伴国（partners）间导致的变化刺激了那些过高评价的部分人的怨恨。由于对于被剥夺进行充分回应（因情感退缩而被剥夺）的怨恨，对于被诱导而犯错误（因为错误地评价他人而导致以失去独立性为代价的自恋创伤，而且还依赖于别人的回应）的怨恨，"被抛弃的"伙伴国寻求复仇的行为就变得非常典型。

这些就是有助于解释为何大英帝国能够在欧洲大陆长期享有伟大的"伪善"（hypocrisy）声誉的强化心理机制；统治精英们已经占据了关系总体平衡过程的职位，这让他们能够像他们之前分析形势内涵一样到处改变观点。正如洛德·格雷（Grey Lord）评论所说，英国在欧洲范围内受到强烈的抵制（1870年之前），其中"大部分的原因在于我们总是插一脚却从不站在某一立场的观点"①。意大利的轴心国地位同样也将使他们陷入积极适应欧洲平衡的状态，因而积累了不少"不可靠"（untrustworthiness）的名声。

压抑产生的一些压力可以通过"投射"（projection）这一初级活动被缓解；人格本身的部分自信（hyperassertiveness）被输入其他群体。正如许多解决不安全感的基本方法，投射并未取得彻底成功；经过翻天覆地的改造，存在威胁因素的环境按照它的顺序在人格中创造了不安全感的来源。即使没有虚伪在作祟，与环境相联系的感知过程服从于无意识心理结构的调整；那些证实威胁承担罪名的细节被赋予了特别的重视。② 各种想象都遭受打击，过去和现在被重建成对抗集体主义符号品德的一部分。

在一个阶级或国家中，任何经过挑选的人格中的自我符号都是一个高度复杂的结构，它包括了各种程度不同的区别。同兄弟姐妹、邻居朋友和同事有关的自我感情比那些关于像民族、阶级这些参照事物的自我感情更加充满了细微差别。既然大量经过认识的考验，结伴能力和知识倾向是可以习得的，那么在和伙伴国的交往中人格必然受到许多反省性思考（reflec-

---

① 参见其 *Twenty-five Years*, 2, New York, 1925, p. 37。
② 关于无意识反应构造的分析进一步证实和深化了洛厄尔（A. L. Lowell）主席的许多观察。参见其著作 *Public Opinion in War and Peace*, Cambridge, Mass, 1923。

tive considerations）的控制。

在大多数情况下，经过精心组织，我们中的一部分国家、阶级、种族符号被模糊地统称为"我们"的自我符号。这几乎没有经过任何知识的修正。考虑到"我们"这一符号包含了未发现自我的品质，它可以被适当称为**早期自我**（Rudimentary）的感情或符号。对这些参照事物含糊的表述，以及残留的对早期情感依恋的厌恶，共同最小化了"事实批评"。其导致的对判断的无能为力被平静地公之于众，还伴随着在极端敌意和间接象征的错误之间摇摆。博加德斯（E. S. Bogardus）关于加利福尼亚人对待各类民族和种族的态度的研究表明，并不是日本人最憎恨民族符号，而是土耳其人，这是以前的研究主题没有涉及的。① 比利时的信息缺失使它更易于建立一个大型的比利时理想化社会，而不是英国人或德国人建立了理想化社会。

这里应该明确地声明，能很好融入当前人际关系的人们可能在未来发展得不好，相对的，这些在直接形势下没有处理好人际关系的人可能已经掌握了用于应对未来事务的特殊知识。事实上，遥远事物符号的主要功能之一，比如民族和阶级，是为了减少面对面的关系可能发生灾难性破裂而造成的紧张结果。对生物学意义上的父亲（physical father）的憎恨会被君主符号所掩盖，从而让人们继续以美好的视角看待早期憎恨所主要指向的那些人。

透过这个分析，我们就可以知道和政治有关的早期自我符号可能在和人格其他方面的松散联系中发挥作用，并像所有部分发生分裂的系统一样，可能支配在诱发蓄意行为的形势下的行为形成过程。

在世界范围内道德相对缺失的情况下，对世界政治早期自我符号的让步和空想过程受到虚弱的超我形成过程的欢迎。诉诸暴力是世界政治终极需求的假设意味着道德衰弱是人类关系范畴中不可避免的现象。由于世界文化具有不完全的本质，因而冲动的基本形式应该是被准许的。

从严格意义上说，将早期自我符号当作个体病态的表现是不合法的。

---

① 参见博加德斯于1925年在《应用社会学》（*Journal of Applied Sociology*）杂志上发表的《社会距离》（"Social Distance"）一文。

将一个病态社会和完全健康的人放在对立面也不是正确的做法。病理学既不是拿社会性对照个体性，也不是拿个体性来对照社会性；病理学是形态完整的。如果还是要使用这个词，它就可以界定为能够破坏某些"正常的"或"超常的"模式的事件。

我们已经了解了，世界政治中暴力期望的主要产物就是在权力平衡过程中和"我们"符号有关的危险因素引起抑制反侵略趋势而产生的不安全感。这种对文化和人格所具有的现实测试、小心谨慎、自我控制特征的延迟式放纵，有助于推进对放纵的、无情的、草率的以及自发的文化和人格模式进行重新界定。

第四章 战争危机：安全需求

关于采取暴力手段能最终解决民族和阶级之间的利益冲突的期望意味着，社会变迁的每一个细节都倾向于根据其对战斗效能的影响进行评价，将参与者分割为两大对立的阵营，在地缘上将人们的态度划分为敌对的和友好的态度，并且在重新安排当下政治联盟的过程中产生影响广泛的情绪上的不安全感。在人格压抑和文化压迫下长期积累的社会紧张感，为某些潜力的瞬间释放创造了有利的条件，事实上也刺激了批判环境中的不和谐因素的学说的出版。人们在化解不安全感的过程中也产生了新的危险，即将自己推向了另一种不安全感的边缘。因此可以看出，安全保障是目前最亟待解决的问题。

一旦诉诸暴力的期望在社会上盛行，不论是国内战争还是国际战争，不论是必要的"战争"还是出于权宜之计的"战争"，都会成为体现我们文明进程的特点之一。所谓"和平"，是指危机之间的潜伏期（a latent period between crises）①，这个时期是为下一个可能出现的危机进行重要资源调整的时期。国际社会上存在着一种扭曲的认识，即认为在如羔羊般温顺的民众中潜伏着一个全副武装、处于沉睡状态的屠杀者，会对所谓的世界"秩序"构成严重的威胁。普通士兵常常因为敌人的突然行动而惊恐，但对于精英类的出色的士兵来说，他们则是因为预计将要发生的事情没有发生而感到恐慌。心理学上有个让人难以理解的说法：人会对他们极力否

---

① 普莱恩女士（Miss C. E Playne）写道："接受1914年战争的精神实际上是自杀式的……国外充满着这样一种情感，认为没有激情的生命不再是站得住脚的；右翼和左翼爆发式的武力变得太有威胁性、太危险、难以控制且几乎不可能抑制了。" *Society at War*, Boston and New York, 1931, p. 21.

第四章 战争危机：安全需求

认但内心希望发生的事情而感到震惊。我们会觉得看似在哀悼亡夫的寡妇可能内心里并不真诚，这种洞察力和其他大量的日常生活经验一样，比所谓的常识更具有普遍适用性。死亡和战争带来的过度恐慌被这些事件本身不被认可的强烈吸引力所掩盖，这也可以解释在阶级斗争中采取暴力手段的可能性会被统治阶级极力忽略或者否认；尽管许多年来每次"革命"爆发前夕都是声势隆隆而最终只是一声炸雷，但不可否认"革命"一旦发生必定会是"震撼世界的十天"。

我们当前的任务是思考利用安全需求动员整个社会走向战争的运作过程，并建立需求符号与认同符号、期望符号以及同物质环境的某些方面之间的联系。在这一章中，我们将直接把重点放在国际战争和民族战争而非阶级斗争中所表达出来的安全需求，但有时我们也会提及阶级斗争的具体影响。

战争的显著特征是针对共同体之外的人们采取暴力行动，并且这种暴力行动是以共同体的名义发动并被共同体成员所普遍认同的。所谓"共同体"是指由居住在同一特定领土上的人群所构成的团体，它和"集合体"（aggregate）的差别在于共同体中的人受到反认同的约束。通常我们用"共同体"来指一群定居在一起并且拥有共同文化的人；有时也会为维系文化构成中的最少的反应元素而努力，这是因为足够的统一符号和实践不可避免地会对人格的塑造产生持续而强势的影响。① 我们选择使用"战争"一词，然而不是所有的暴力行为都可以轻易地被归入战争的概念里；战争应该是那些有理由的、被接受的、符合反认同的、人们从中无法获利的连续暴力行为，如此区别才不致使众多边缘性案件（marginal cases）的记录因为概念陷入僵局。这里有一个问题，家族之间由于占用相邻土地而发生的纠纷是否应该包括在"战争"内，比如著名的哈特菲尔德（Hatfields）和麦考伊（McCoys）之间的纠纷，他们以肯塔基州和西弗吉尼亚州之间的一条支流作为土地的分界线。② 在一个狭小的地域范围内发生且最终没有和解的冲突不是"法律

---

① 这里暗指"共同体"一词的使用在特定的情况下更加复杂，详见斐迪南·腾尼斯、麦基弗（R. M. MacIver）、玛丽·芙丽特（Mary P. Follet）和林德曼（E. C. Lindeman）的著作。

② 详见我在《社会科学百科全书》（*Encyclopaedia of the Social Science*）中对"封地"（Feuds）的论述。

的"战争而是"政治的"战争，这符合我们对战争的定义。不考虑国际法上关于"冲突"一词的讨论，地区冲突已不再限制在既定的组织区域内部，可以视作我们术语上所说的战争。

这些证据似乎表明，上述定义的战争模式普遍适用于所有的文化，霍布豪斯（Hobhouse）、惠勒（Wheeler）和金斯伯格（Ginsburg）在几年前做了一份针对民族学文献的详细调查，并发表了九个"没有战争"的案例。① 这些案例主要发生在一些发展程度较低的狩猎民族和农业民族中。现在看来，这些案例十分合理地解释了在一些特殊的情况下可以实现放弃战争选择的模式；即使在拥有压倒性优势的部落的直接压迫下，力量微弱的部落也可以继续生存下来，占据优势的部落因为某些原因没有消灭弱小部落。在尼格利陀人（Negritos）②中，战争似乎并不存在；他们是一个游牧民族，组织松散，完全没有任何可以打败组织精良的邻居——马来（Malay）部落的希望。然而后来却发现，在安达曼岛上单独生活的尼格利陀人，他们也会发生和别处一样的战争。据说格陵兰岛上的爱斯基摩人之间不存在像蚂蚁般有组织的暴力，但白令海峡附近的爱斯基摩人却会恶狠狠地彼此攻击乃至攻击相邻的部落群体。③

---

① *The Material Culture and Social Institution of the Simpler Peoples*, London, 1915.

② 尼格利陀人，又称矮黑人，是东南亚的半游牧民族。零星分布于菲律宾、马来半岛、泰国和安达曼群岛，是目前被了解最少的人类族群之一。他们可能是东南亚（包含新几内亚）的原住民。矮黑人和其他人种比较起来有最纯的粒线体DNA基因库，因此他们的粒线体DNA被拿来当作研究遗传漂变的基础。尼格利陀人与非洲的俾格米人在外观上相似，有着矮小身材和深色皮肤；但是，遗传检验研究的结果显示尼格利陀人与非洲人关系疏远，并且在早期便从亚洲人中分离出来；学者对这个结果有两种假说：一是尼格利陀人是早期"出非洲说"的残留后代，二是他们是其中一支最早现代人类的后代。一般认为，尼格利陀人外表与非洲人相似是由于对相似环境的适应，而不是血缘上的关系。——译者注

③ 哈利·霍耶尔（Harry Hoijer）在其于芝加哥大学完成的硕士论文中已经对证据进行了梳理，其指导教授是费伊-库珀·科尔（Fay-Cooper Cole），这一研究成果是战争起因调查的组成部分之一。也可参见 S. Rudolf Steinmetz, *Sociologie des Krieges*, Leipzig, 1929, pp. 22-31; Pitirim Sorokin, *Contemporary Sociological Theories*, Chap. 6, New York and London, 1928; Maurice R. Davie, *The Evolution of War: A Study of Its Role in Early Societies*, New Heaven, 1929. 关于后者的方法论批判，参见埃尔斯沃思·法里斯（Ellsworth Faris）在《美国社会学杂志》[*American Journal of Sociology*, 35 (1930), pp. 1114-1116] 发表的书评。

第四章 战争危机：安全需求

如果我们遵循目前对战争的定义，它的内涵将十分狭窄，像有一天许多医生都将多种病痛诊断为"发烧"一样，没有区别。因此确定经历过战争的人所采取的生活模式的相对作用就很重要。大量的比较研究，最终取决于对战争起源和发展与个体和文化之间关系的具体分析。

当然，我们还需要区分两种文化中的"战争"，在第一种文化中，所有年轻人都应该在村际（intervillage）侵略中杀人，并将其作为展示成熟的手段；而在另一种文化中，每一个人虽然都被要求一生不杀害异乡人，但总是可能存在不考虑亲属关系进行大屠杀的号召。

每次袭击一两个人直到夺走多数人的生命，这与各种资源的急剧枯竭的过程有其共通之处。根据我们的文化，我们可以将战争比作一个企业，它将大多数人变为积极的战士，它的供货服务主要依赖于平民这一广泛性组织。

另一个对比则是关于为社会一致接受的战争和充满了强迫和后悔、纠纷和冲突的战争。有些战争被少数训练有素的专家所操控，有些则牵涉到**全体防御**（levée en masse）。[①]

在一些文化中，战争模式被运用于解决财产纠纷、遭受侮辱性的手势或者部落酋长女儿被绑架这一类的事情；而其他地方的煽动性事件的发生则与改变宗教信仰的运动有关。[②]

---

① 参见 L. Straudenbach, *Psyche und Organisation des "Volkskrieges"*, 1916。

② 以下关于为"荣誉"而战的解释来自齐默尔曼博士关于民族自豪的论文（*Essay on National Pride*, New York, 1799）：1458年，同盟国受康斯坦斯城的邀请加入交战方；然而，不幸的是，在战争就要发生转机之时，一个卢塞恩人和一个康斯坦斯的市民打赌，卢塞恩人的赌注是伯尔尼（Bern）的硬币，称之为"Plappert"；另一方用"Kuhplappert"（指一块牛粪）来嘲弄对方。卢塞恩州的人们很快就推动整个联盟加入其战斗以表示其受到的伤害。国家力量公开侮辱了受人尊敬的卢塞恩，这一行动得到了昂德沃德（Underwald）的支持，拉开了图尔高（Thurgaw）侵略战的序幕。他们占领了斐尔德（Weinfeld），因为这块地的所有者与侵略者之间关系密切，对两千弗洛林居民做出了巨大贡献。同盟国也在为战争做准备；伯恩州的势力已经在行进之中，直到康斯坦斯城向瑞士赠送了象征忏悔的礼物——价值3000莱茵弗罗林币的礼物，以表示其同情之时，他们才放下其武装力量（第十篇）。

审视我们自己的文化，并且将我们关于有组织暴力的研究范围限制在国内领域，我们就可以将战争危机分为不安全感的危机、恼怒的危机与愤怒的危机这三种类型。每一种危机都充斥着冲动，并且包含以暴力形式来释放冲动的可能性，然而对于这一情境的不同态度会导致不同的结果。一些危机的发生是因为参与者或参加者组成的群体坚信他们自己在资源分配上应该享受充分的平等；在暴力期望盛行时，这种不安全感的危机与资源的动态平衡过程是分不开的。世界大战便是如此。世界政治上发生的一些和平衡资源毫无关系的危机事件，则主要包含着其他具体的涵义。有时，一个弱小但声称代表统治下的公民的人也会对统治进行干扰，这就会引起强权的怨恨；其逐渐累积的愤怒，会在战争来临前在一场形势严峻的危机中被激化到极点，比如大英帝国和布尔共和国之间的关系。有时强权会掀起反对另一个权力假想暴行的行动；即使实际上并没有受到来自其他权力的直接损害，但是足够的敌意可能会使一个不起眼的小事件激化为愤怒的危机。比如西班牙和美国的战争危机。①

因为将不安全感危机视为调整不同参与者的战斗效能的一种延迟的反应，分析基础就得以确立起来。在动态平衡过程中造成的不确定性产生了压倒一切的安全需求。更多的特殊需求在世界政治上总是屡见不鲜；在安全需求日渐普遍的情况下，对于它们的重新定义总是在持续不断的进行中。

一般来说，需求与自我认知和计算、超我和本我呈现出极大的不同。根据期望和目标受限程度的关系，自我价值会发生改变。通常认为技术的快速发展降低了智利硝酸盐矿床的价值，而反过来对海外交流、南美友谊以及具体隶属机构网络（a network of affiliated details）具有重大的意义。②

---

① 详见 Walter Millis, *The Martial Spirit: A Study of Our War with Spain*, Boston, 1923; Marcus M Wilkerson, *Public Opinion and the Spanish-American War, A Study in War Propaganda*, Boston, 1923。

② 这里不考虑技术变革和符号重估之间的辩证关系；我们暂时只考虑符号之间的辩证关系。

第四章 战争危机：安全需求

技术革新改变了热带殖民地超无畏的重要性；当前对特殊需求的期望正不断发生变化。

现在也有一些需求符号并不是完全出于简单的权宜之计的考虑；这些符号根据习俗而被感伤化了。神圣之地和首都城市都属于这一类。由于希腊东正教、罗马天主教和亚美尼亚基督教都将巴勒斯坦视为重要之地，几个世纪以来巴勒斯坦一直处在风暴中心；这里还有犹太人的哭墙，以及为阿拉伯人所高度尊崇的奥马尔清真寺。即使当统治精英们对国内的扰乱并不担忧，他们有时仍然会将潜在的盟友当作异教徒，并且暂时地或最终都不接受他们。

尽管他们深受习俗象征主义的束缚，但是某些政治需求仍然深受反习俗或本我价值观的影响。敌对行为主要发生在国内事务上，偏向于统治精英的符号和实践，并求助于外国文明的符号。

动态平衡过程中所产生的不安全感将会被环境放大，在几乎所有的情况中，至少有两个貌似合理的定位可以理性地加以强烈要求。过程的本质可以权宜地连续进入"敌人"的阵营，这与维系各方面的接触是相关的。外交政策的历史表明，一群拉帮结派的大使、部长、永久的外交大臣、陆军和海军以及有影响力的记者和公众人物总是在政策代言人资格上进行持续争吵。这个难题在东德和西德曾反复出现，在相关特别人士的竭力斡旋下暂时在一段时期内得以平息下来。只要自我能够在问题双方发挥好的引导作用，那就可以实现超我和本我；这是经验丰富的人判断情绪变化的根源，在特殊情况下的结果则是由占主导地位的个性结构所单独决定的。

一场战争危机往往孕育于对世界政治符号有影响力的冲动，并通过协调一致的行动爆炸性地释放出来。不安全感的危机，正如前面所说的，会在抑制"反主张"的平衡过程中呈现出来。对个性结构中理性和超我的长期放纵（以及相对应的文化模式）为推进对受压抑的冲动和模式这种情境进行突然的重新定义，做好了准备；这可以视为向代表安全的行为的一种飞跃。战争模式的重新生效为释放受到阻碍的进攻提供了假定的机会。①

由于世界存在即将到来的严重危险，战争危机继续蔓延。诸如"德国人""法国人"或者"战争"之类的符号显示出极强的包容性；在危急情况的发展阶段，符号以各种方式发挥着作用："会发生战争吗？""有办法解决吗？""德国人正在进行战争动员吗？""这场战争可以被阻止吗？""这场战争是不可避免的么？""战争有可能本土化。""还会进行一场战争吗？""维也纳正在进行情绪安抚。""危机是可以避免的。"所有关于国家、民族和阶级的符号都被要求把关注焦点放在公共领域；人们兴奋地对各种事变进行详尽的说明，所有代表集体荣誉、利益和安全考虑而要求进行坚决抗议的坚定呼声比比皆是。

随着形势的加剧，战争符号中关于杀戮的内涵越来越丰富，初始的焦虑感也在相关人员的体内蠢蠢欲动。即便是在集体主义名称的掩盖下，如"德国人"对抗"法国人"，战争和个人即将到来的命运的关系更加显著；"战争"往往会利用强烈的焦虑，由于担忧可能发生最后的削弱（emascu-

---

① 一般而言，战争危机是特定人群集合的结果。古斯塔夫·勒庞（Le Bon, Gustave, *Psychologic des foules*, Paris, 1895）将一切集体行动称为"群体"（crowd）。勒庞之后的许多著作拒绝承认这种表达的普遍性。我们使用这一词汇主要是用于描述人群被引导兴奋地关注公共焦点。一部分人群充满表现力（一些电影观众），另外一些人群则用行动表达政治需求。公众（public）是极度关注用行动表达待满足的需求的群体；政治群体则是无可争议地被行动需求所塑造的人群。参见我的"The Measurement of Public Opinion", *American political Science Review*, 25（1931）, pp. 311 – 326。在通览群体行为的案例时，需要考虑整个文本上下文的关系。一些主要是反对社会旧秩序（激烈抗议性侵犯的人群）；另外一些则是反对已建立的秩序（革命风暴）。将整个结构看成一个整体，研究发现和统治模式有不同联系的人群，他们的频率、方向、重要程度可用于确定文化状况。我们先前的研究认为其动态联系是个性和文化解放的职责；不安全危机是抑制斗争冲动之后的特例。对于大环境下的人群的重要性的强调如特奥多尔·盖革（Theodor Geiger）的作品 *Die Masse und ihre Aktion*, Stuttgast, 1926；但盖革的个别结论与我们的不同。在群体心理研究领域，下面的人不得不提：Scipio Sighele, Pasquale Rossi, Emile Durkheim, Franz Eulenburg, Willy Hellpach, B. Krăkovič, S. Frend, William McDougall, W. Trotter, E. D. Martin, F. Schneersohn, W. Vleguels, G. Flügge, S. Sieber, F. Kraus, Robert E. Park, Georg Stieler, N. K. Michailovsky（in Russian; cited by Hecker, *Russian Sociology*, New York, 1916）；批判性的总结，参见 Fausto Squillace, *Die Soziologischen Theorien*, Leipzig, 1911；自传参见 L. H. Ad. Geck, *Sozialpsychologie in Ausland*, Berlin and Boon, 1928；还有金博尔·扬（Kimball Young）和其他人的文章。

lation）以及相关人员自身原来焦虑感的苏醒，导致了新的焦虑感的产生，也即死亡本身。解决这些焦虑的斗争为毁灭提供了机会。

由于以牺牲"他们"为代价来实现对"我们"符号的坚持，战争符号带来的不安全感就被局部消除了。资料中声称对安全以及"我们"所受尊重的威胁不能被再度容忍，这些无休止的挑衅行为必须停止。近几年的持续性警报必须结束；我们的安全必须得到保护。我们的仁慈被阴谋家设计利用了。沙文主义①便是主张蛮横的最极端的一种表现形式，它反映了一个国家剧烈膨胀刺激下的无限需求。②

沙文主义通过吹嘘、胁迫、宣传与奉承等方式激起对共同体符号的关注的冲动，当然还有一些被认为是必不可少的行动过程。通过这样的显性手段吸引人群更多的反应，从而为采取必要的统一行动提供更连贯的有组织的言论、人员和行动支持。

暴力假设将人们的注意力集中于那些对民族和阶级的未来产生影响的具体事件上。这些吸引人们注意力的突发事件，在某些方面挑战了"我们"和"他们"处于相同地位上的表达符号。这些符号与当前共同体内部的安全相关，其竞争地位大大提高了。其反应程度（即"紧张程度"）由于生活成本和就业率（加上其他许多重要因素）在近期的改变变得或高或低；世界政治符号在引起人们的关注方面的主要优势，极大地增加了个体不安全感被这些公共事务符号所掩盖的可能性。

当关注焦点完全集中在对挑衅事件的解释上，借助于用符号表达的"我们"的主张，为消除对人格方面的攻击直接引起的不安全感创造了机会。这些咬文嚼字者——记者和漫画家为反侵略战争的表述提供了大量的符号素

---

① 沙文主义（Chauvinism），原指极端的、不合理的、过分的爱国主义，因此也是一种极端民族主义。"沙文主义"一词最早出现在法国的一部戏剧《三色帽徽》中，以讽刺的口吻描写沙文的这种情绪；后来这个词被广泛应用，如"大国沙文主义""民族沙文主义"等。如今的含义也囊括其他领域，主要指盲目热爱自己所处的团体，并经常对其他团体怀有恶意与仇恨，是一种有偏见的情绪。——译者注

② 参见我在《社会科学百科全书》（*Encyclopaedia of the Social Sciences*）中对于"沙文主义"的讨论。

材,这些表述往往可以缓解对集体符号的局部破坏所导致的焦虑感。① 但如果挑衅行为被描述为连续不断的,这些措辞激烈的表述将不足以缓解人们的焦虑感;游行示威和其他的行动将会开始出现;这些行为会被国外解释为挑衅行为,这反过来会制造更多的"挑衅"言论和行为。领事馆会被团团围住;游客会在大街上受到粗暴的对待;外国戏剧会被人们轰下台;学生开始不愿意学习外语;人们开始非正式地抵制外国货;中立人士会被怀疑为遭受人们憎恨的外国集团的成员而被殴打。所谓的挑衅行为的范围将逐渐扩大:出于某个不可知原因而被炸毁的大桥会被捏造成是外国人所为;一名外国服务生辞掉了工作,被报道为后备军正在集结,准备进行颜色革命;一个外国演讲者对暴力在政治中的重要性的评论会被当作他的国家正在筹划一场战争;外国的亲朋好友取消了他们的旅游计划会被怀疑为他们已经得知战争即将来临;而在国外发生的强奸事件则被认为是其国家堕落的鲜明例子。②

垄断对政治符号本身的关注将会促成对事实真相进行扭曲的评价。在次要交往的世界里,"我们"这一符号成为人性的基本要求。相关方面的知识越少,对正确行为进行充分界定的可能性就越小;在这些情况下出现了重新激活原来对待世界的模式的趋势,并且推动了对自恋、迫害以及其他没有被批判的符号的详细阐释。

我们已经指明,在危机过程中,符号与符号之间、公开的行为与公开的行为之间的关系错综复杂而且相互影响。对于危机的比较分析能否让我们揭开发展状况的特征并从中预测它在战争中的可能结果,这一点十分有趣。有些疾病在早期可以被视作"良性的"(benign),其他的则是"恶性的"(malignant),这样的类比至少刺激了我们重新关注并审视世界政治中的危机情境的每一个细节。

这一类的初步探索是由斯凯勒·福斯特(Schuyler Foster)推动进行的,他筛选了从1914年到我们对德宣战这段时间里的美国报纸③,从中比

---

① 参见 Randolph S. Bourne, "The War and the Intellectuals", *Untimely Papers*, New York, 1919, pp. 22–46。
② 参见 Georges Démartial, *Le mythe des guerres de légitime défense*, Paris, 1931。
③ 1932年芝加哥大学博士论文(University of Chicago doctoral dissertation),其中一篇是关于战争起因的调查研究。

第四章 战争危机：安全需求

较了战争新闻报道的空间分布情况。这可以作为研究一个大型的中立国如何在各强国角逐的情况下加入战争的典型案例，战争中的参加者在一系列危机浪潮中从中立走向侵略；这样的危机是不计其数的，但它们在特点上存在着极大差异性，这可能和我们所追求的"恶性"标志是有关系的。这些危机一个个接连发生，有迹象表明战争中的自我关注越来越多。早期欧洲对待战争就如旁观者看待他邻居所遭遇的灾难一样。后来，正如新闻反映的那样，关注焦点被纳入面对危机做出自我反应（self-reaction）的机制中。在这方面，新闻媒体已经对我们的外交，我们的作战准备、战争观点和国家利益进行过大量的报道。

一般来说，关注焦点在于哪个国家会最终成为敌人。最初交战国立足于**全局**（en bloc），并且强调战争通常只是"欧洲大家庭内部的争吵"而已。随着战争的爆发越来越频繁，所有的细节逐渐清晰起来，德国作为战争对象在不断地被引用。

用于描述共同需求的术语从"合法的"语言转为"理想的"语言。简言之，关于道德的、普遍安全的、普遍需求的词汇被频频使用。其他行动则被解释为是对自身符号的攻击，反而要求得到普遍符号的支持，因为这种差异而需要进行调解的需求就变少了，但战争需求却从零上升到相当高的比例。①

而拉夫·斯泰森（Ralph H. Stemson）对于危机的研究则认为②，美国和另一个国家发生战争次数的增加程度，可以被视为反映"战争恐慌"（war scare）的一个具体指标。这个指标在对**纽约时报指数**（*New York Times* Index）的编辑中可以体现出来，即对标题的选定——如"美日关系"以及使用"战争"一词的次数加以统计。根据定义，还有"敌意""破裂"或"冲突"等词。这一反映"战争恐慌"的指标可以和同一来源的海军宣传（navy publicity）指标相比较。其中关于 1913 年到 1922 年期

---

① 参见瓦纳·布朗（Werner Braun）对危机的详细法律分析，*Démarche, Ultimatum, Sommation*, Berlin, 1930。

② *The Control of the Manufacture of Armament*, University of Illinois doctoral dissertation, 1931.

间的研究表明一种趋势,当战争恐慌达到顶峰时,也促使对海军的宣传达到了顶峰;1926 年到 1927 年间也呈现出这一趋势,但在 1923 年到 1925 年以及 1927 年到 1929 年间则不然,在这两个阶段里战争恐慌和海军宣传同时达到顶峰,或者呈现出负相关关系。

有研究者通过统计海军舰队吨位的合理数目找出战争和军备宣传之间的关系,从而建立起主观的表现和明显的环境变化之间的联系。从《布拉西海军和海运年鉴》(*Brassey's Naval and Shipping Annual*)得到的数据被用来衡量每支海军吨位的比例与吨位构造的比例。结果显示联系战争和军备宣传的峰值,日本海军和美国海军吨位之间似乎没什么关系;然而战争中日本和美国政府更新船舰吨位的比例却存在着某种关系。研究发现,除了 1916 年到 1917 年以外,日本对美国造成的战争恐慌随着日本和美国海军吨位构造比例的上升而增强。这种分析手段揭示了在特定时期内,公共环境变化的本质和期望以及认同和需求带来的沉积式变化;战争危机和公共环境的限制性变化形成了动态联系。它的基础有待于对这些相互关联的进一步研究,尤其是要探究意识形态的重新定位已经发展到一定阶段后所受到的明显冲击。

斯泰森发现了军火公司(比如伯利恒钢铁公司,Bethlehem Steel Corporation)均衡储备的价格(the price of balanced armament firm stocks)和上升的海军宣传之间的紧密联系,而对英美海军联盟(Navy League)的细致研究则揭露了它们和军火公司连锁式的人员联系,并在一定程度上说明了如何通过一种特殊媒介实现物质和意识形态。19 个美国海军联盟建立者和战时物资生产关系最紧密,报告中列出了伯利恒钢铁公司、卡内基钢铁公司(Carnegie Steel Group)、科洛内尔·罗伯特·汤普森国际镍公司(Colonel Robert Thompson's International Nickel Company)。①

---

① 参见 *Hearings before a Sub-committee of the Committee on Naval Affairs*, United States Senate, 71st Congress, 1st Session, pursuant to Senate Resolution 114, Resolution to investigate alleged activities of Mr. William B. Shearer on behalf of certain shipbuilding companies at the Geneva Naval Conference and a meeting of the Preparatory Commission, September 20, 21, 23, 24, 25, 26, 30, October 1, 1929, January 11, 1930, Printed for use of Committee on Naval Affairs, Washington, 1930。

第四章 战争危机：安全需求

此外，研究中的一条结论阐明了解决危机难题的可行方法。对从1931年11月持续到1932年4月的远东危机（Far East Crisis）的研究揭示了这一阶段的关注焦点、态度表达和军事活动变化之间的密切联系。① 在危机发生的初始阶段，危机的起点会吸引众多的关注；换句话说，自我（对美国而言）的膨胀预示着从旁观者到参与者的角色转变，而这一转变过程中，政府官员一方态度的明显变化，抵消了美国国际地位变化带来的影响。

通过统计在每周"纽约时报指数"中"中国""日本""关系"等特定词汇的出现次数，可以得知当时社会的关注焦点所在。② 这些文章显示在11月到12月间，社会关注度在逐渐提升，在1月份略有下降，在2月份的第一个星期里达到顶峰。

每月《陆海军日志》（Army and Naval Journal）中的"航船时间表"主要用于描述战舰的活动。70%—90%的美国船舰通常被要求随叫随到。在1931年最后三个月里，当紧张感急剧上升时，关注度曲线快速上升，却没有特别重要的船舰行动被记录下来。1月份见证了太平洋上战争转变的迹象，而在2月份，关注度高峰出现在曲线上，亚洲海岸上的船舰的数目和规模都达到了最大。战舰活动在3月份的大幅减少则和关注度曲线数值的急剧下降相一致。在这一案例中，随着紧张感的积累，军队开始进行公开行动，显得他们好像正在化解紧张感一样。

假设自我意识的增长预示着的从旁观者向参与者的角色发生具体转变，那么可以考虑将《纽约时报》归于"中立"，这将公平地遵守并记录事实，从对美国利益的轻描淡写到对美国和其他力量发生战争的暗示，没有一处"不中立"之处。不中立的条款在1月和3月急剧增长，由于不中立评价的增加和公开船舰行动之间的联系发生滞后，因而关注度的增长和不中立评价之间的联系也产生了滞后。

---

① 研讨会资料（Paul E. Treusch, University of Chicago, 1932）。
② 作为对条款计算和空间计算关系的一种检测，实际的距离是测量到最近的厘米；二者的相互关系是如此之高以至于空间距离的测量可以直接忽略不计，而不至于造成破坏性的结果。

通过将关注焦点严格限制在危机过程的紧张阶段内，我们可以俯瞰正在形成中的内部危机情境的每一个细节，这一情境可能会有较高的预测价值。其中一个想法是将危机视作为适应各种社会变化而完善战斗力的迟滞反应。按照这一观点，战争危机是为了努力使扭曲的社会平衡即"不均衡"重新变得均衡。或许我们可以通过对国内危机结构的细节提取获得结果，这些细节在危机出现之前就开始有规律地成倍出现，有可能表现在人际关系中公开活动的变化，从而预示着即将出现的和政治符号联系紧密的意识形态的重新调整。当然，随着新的群体（constellations）、新的紧急情况不断出现，这种均衡性分析法也有可能不适用于处理我们的难题。我们会对众多的指标感到困惑，在众多的假设下我们最终得到的可能是一个凭空捏造的奇怪发现。但是在过去历史事件影响下形成的严格秩序将预示出未来的规律，过去的规律虽然只是增加了一些模式突然消失的可能性，但为未来的历史增加了一个"跳跃式发展"的例子。

在均衡性分析观点的指导下，斯拉夫科·塞克罗维（Slavko Secerov）给出了最好的方法①，他在战争一结束就公开发表了这一学说。他将均衡性分析作为普遍命题的起点，认为只要社会消费能力增长和它的生产能力相匹配，除非人口自然增长率由于"生物物种特性"跟不上生产的需要而受到影响，否则就不会对经济的均衡发展造成干扰。农业生产被工业生产替代，工业生产的产品很快就成了某个区域内的主导需求。补充一点，这个区域还包括了生产农业产品和需要借助国家之力来恢复经济均衡的可用土地。

为了重建经济，使经济发展恢复均衡，需要减少消费或降低生活水平，从而相应地做到以下四点：增加农业产品的生产，减缓人口的增长，寻找更多的土地以生产必需的农业产品，为工业产品提供市场。如今这四个可行方法，两个在战前是行之有效的，因为这时消费率较低，人口的自然增长也受到冲击。但经济的均衡会由于战争迅速

---

① Slavko Secerov, *Economic Phenomena before and after War: A Statistical Theory of Modern Wars*, London, 1919.

第四章 战争危机：安全需求

重建起来。战争在导致人口减少（通过杀戮和疾病）的同时，在更大程度上降低了消费和生活水平，并相应地提高了国内农业产品和部分工业产品的生产，而且通过在战争中取胜还可能得到更多领土，除此之外战争还破坏或限制了资本家的招工计划。①

在战争前夕，人员被广泛调动起来，出现了以下的现象：人口增长率下降；人均消费水平提高，预示战前出现轻微的消费压力；农业生产和工业产品生产不协调；初级产品的价格骤然上升。战后社会的趋势可以说是消费减少，生活水平降低；人口自然增长率上升，农业和工业生产协调。该研究收集的证据中，战争"侵略者"比"被侵略者"在战前的发展更不均衡的证据更加显著。

虽然这部内容丰富的专题著作受到了众多批评，但它清晰阐述了进行均衡性分析的具体方法，并通过大量数据建立了有说服力的预测假设。其直接影响在于运用各种政策条文来满足各种需求，包括强烈的安全需求。在物质环境中重建特定关系时，强烈的安全需求是一种常见的现象。这一研究并不是发展性的，因为它拒绝着重在一些研究模式下分辨规律的相对独立性，如果这些独立内容和结果相反的话，研究得出的规律持续发生的可能性就需要进行重新修正。此外，文中所使用的概念覆盖了一切相互关系复杂的变化；在研究中坚持使用"第一手"和"第二手""消费"和"生产"之类的术语就会使得描述变得更加困难。然而，有个论证会有力地假设，对各种战争危机的分析必须在危机发展到最严峻阶段之前进行，才能够探究它们所分析的整个结构。

---

① Slavko Secerov, *Economic Phenomena before and after War: A Statistical Theory of Modern Wars*, London, 1919.

第五章　独立运动：平等需求

从一个劣势地位解放出来的需求，构成了那些民族运动、种族运动和工人运动的一个组成部分，这些运动在近代历史中扮演了非常重要的角色。在民族独立主义中，对劣势地位的抵制也许会和对平等的需求以及对其他集体符号的需求相结合。或者，在无产阶级社会主义中，对劣势地位的抵制可能会和对霸权的直接需求相联系，但这种对霸权的需求是通过彻底摧毁竞争对手来实现的。以集体存在的名义发起的运动往往会在不同的发展阶段改变其特性，有时也会由对歧视的抗议反对开始，并逐渐发展成反对他者的歧视运动。民族主义浪潮有时以对平等的需求为名而兴起，并扩大成为对异质文化者拥有霸权的帝国主义需求。那些要求在资本主义秩序框架内改善工作环境的工人运动已经从整体上变成反对社会体制的改革运动；而且，与之相对的，无产阶级革命主义已经和议会民主制政体握手言和。

经过充分发展的民族独立主义是符合大众对变成或保持一个国家的需求的，这个国家要拥有和其他国家平等的地位。民族独立主义的符号结构表现为认同、需求和期望的综合体，这些认同、需求和期望充分展现了一个历史情境与下一个历史情境之间的重要区分点。普通名称（common name）被用于各式各样的表现形式（varied manifestations），这些表现形式应当被加以区分，即使操作过程会除去历史细节的血肉并只留下干巴巴的概要性躯体。

被称为**民主民族主义**（democratic nationalism）的概念在有组织的国家内生根发芽，这是各种社会群体为了取代封建王朝统治而做出反抗斗争所引发的具体事件。贵族们通过结盟反对地主，资产阶级通过结盟反对贵族，这些都是拓宽获得政府权威之基础的具体冲突。符号具体表达了这些

第五章 独立运动：平等需求

阶级对既定秩序的反对，因为这些符号是由"民主的"语言构成的，所以他们能够在反对公认符号和实践的运动中获得所有不满意元素的帮助。实际上，这是对抗议的以偏概全，因为与来自附属盟友的帮助相比，正在崛起的社会阶级一定会对不太彻底的变迁感到满意。在抗议运动发展的特定阶段，通过温和因素传递的控制，排斥着他们的支持，促使他们掀起激烈的抵抗以清算他们的同盟国所犯下的"荒淫无度"的罪行。法国的资产阶级从法国民众的"极端主义"中退却了，并且他们最终成功地达到了一个相对温和的高潮。在英国、荷兰和法国发展的过程中，民主民族主义被详尽阐述，直到它逐渐包含了各种对强大的立法、普遍的选举权、政党、自由风潮、公民权利、经济个人主义、小型独立土地所有权及政教分离的需求。那些反对君主制度、反对教会干政、反对封建主义的英勇的法兰西模式毫无疑问都是现代民族主义最明确的表现形式（the least equivocal form）。

在反对拿破仑的革命运动时期，由于传统社会秩序的符号部分地被整合入民主民族主义的各种不同的特征之中并维系了对政府的控制权，普鲁士成为了**解放**民族主义（*liberation* nationalism）的所在地。王朝、官僚制、军队都以抵抗入侵者的共同体保卫者的身份使自己合法化，并且民族主义变成了一个抵抗瓜分领土的外来敌人的群众运动。共同体的社会结构导致封建因素和资产阶级因素的冲突尚未在广泛的范围内呈现出来，这在英国和法国获得了例证，于是比起在西方，对民主形式的妥协（concession）就更少了。

在 19 世纪，民族主义模式开始传播，并出现于这些地方——分裂群体开始认为他们在政治、商业、语言、尊严和教育等方面被歧视，而这些群体拥有文化与政治统一的传统。围绕着对平等地位的特定需求的共同体，知识分子为将这些共同体随机产生的不安全感组织起来提供了便利。① 这就是**压迫**民族主义（*oppression* nationalism）的具体表现。

在文化和政治统一传统几乎逐渐消失的地方，知识分子为活跃一下文

---

① 参见 Sigismund Gargas, *Die Minderheit*, The Hague, 1926; H. A. Miller, *Races, Nations, and Classes*, Philadelphia, 1924。

化统一的沉寂氛围，采取了文化创造与政治煽动等具体活动，甚至一度显得非常成功。在某些情况下，相关群体并未受到歧视，直到集体需求的发展进入后期，并且几乎无法适应压迫的类别（the category of oppression），而适用于**复兴**民族主义（resurrection nationalism）的具体分类。欧洲的一些历史不太悠久的国家，在19世纪的发展中，获得了一种文化个性、一种语言、一种文学、一种历史和一项任务。民族主义符号的传播往往会和资产阶级的兴起相关，并从本质上概括了民主民族主义（democratic nationalism）首次兴起的社会背景。

民族主义所采取的另一种形式——复兴民族主义——与反对惩罚压迫的抗议之间没有一点关系。当共享国家统治精英文化的人们生活在国家非邻近地区的周边地区时，许多分化过程就开始产生了。与祖国相比，发展中的共同体对新闻有不同的关注焦点，并且赞成独特的行动形式、组织形式以及情感形式。心理分裂主义的发展也许最终会通过多种与国家中央权威有关的政策冲突表现出来，这可能会被归纳为民族主义运动。按照这条发展线，可以称为**威望**民族主义（prestige nationalism），并且它在加拿大、澳大利亚、新西兰及13个殖民地（后来联合组成了美利坚合众国）的历史中得到了证实。坦白讲，民族主义运动不会和分裂的需求相混淆，虽然分裂的需求可能由民族主义词汇表达出来，但是民众不会认同这些分裂的需求。一个统治精英可能通过采用民族主义措辞来支持他自己的需求，虽然共同体仍然保持冷淡的态度，这一点对于从西班牙和土耳其帝国分离出来的部分而言也是如此。

当以国家为中心的革命在国家的边缘地区引发了回归传统制度的反应结果时，我们可以认为这是**分裂**民族主义（separatist nationalism）。在中心和外围的政府间冲突导致了双方势力的集中，并且将位于它们识别符号周围的大众给联合起来了。当柏林在1918年被"革命"政权占领后，近期的分裂主义活动，虽然不太完整，就已经在莱茵兰（Rhineland）和巴伐利亚州（Bavaria）发生了。

中国和印度的民族主义运动是以**反对帝国主义**（anti-imperialistic）为重点的。它们在拥有文化和政治统一传统的人民大众中兴起，虽然在很多方面都不完善；并且它们认为自己拥有巨大的发展潜力，尽管最近受到更

第五章 独立运动：平等需求

优等的器物与制度的文化侵蚀。

和已经兴起的限制最后的世界革命模式传播的斗争相关，并且尤其是对掌控着苏联的精英权威进行制约，**社会主义**的民族主义（socialistic nationalisms）已经在那些拥有重要中间阶级构成的国家中产生了。所有这些运动都强调了乡土观念（parochialism）（即为民族主义），方法是通过强调世界革命中的**俄国**特性（Russian character）及他们自身计划的本地亲和力。他们依然借用了一些革命性独裁统治的词汇和技术。俄国精英的同化在地方主义上取得了进步。对世界革命的迫切要求主要是语言方面的；政策是有关俄国建设（upbuilding）的，并以实现世界革命目标的最佳方式呈献给共同体。第三国际（the Third International）在很多方面已经不方便干涉俄国精英了，而且为了能在俄国生存下去，它已经归于隐匿。对政权符号主义的研究表明，为了本地符号的利益，不能够太过强调关注世界。

如果我们完全从心理学角度来运用"解放"的概念，通过对特定人物的深度剖析来进行揭示，我们会把它限于实现释放权威的内化符号。那些想方设法从土匪强盗的魔爪中逃离出来的人，其实没能从深层的心理学角度解放自己，因为他没有以自身的超我来接受拦路强盗的权威这一约束的制约。当人格中的许多冲动被抑制，并且内部的抑制结构保留着这些抑制，而该结构代替了促成原始抑制的外部媒介时，人就会表现出对权威的屈服。解放引起了人格中被抑制结构与抵抗结构之间的无意识冲突，以及本我和超我之间的无意识冲突，并且当传统的超我模式确定被抛弃后，解放随即实现，而且人格也已在一个新基础上实现了巩固。

从心理学的复杂的字面意义上而言，民族独立主义运动很少是解放运动。起义反抗拿破仑的普鲁士人比起义反抗波旁王朝的法国人表现出更少的复杂行为，因为法国人是在打破自身幼稚良心的壁垒，这种幼稚的良心是因为尊崇王朝、教会与封建秩序的符号而形成的。普鲁士人从未受到过服从法国人的良心的制约。存在于波兰贵族或知识分子中的**压迫**民族主义在心理学方面的复杂程度远不及波兰农民，波兰农民中有许多人经常无意识地服从身边的权威秩序。为了促进他们中的民族主义的发展，就是去鼓励字面意义上具有充分意义的行动，这也是解放的形式之一。人们之间的复兴民族主义也意味着拒绝之前那些已经被整合入人格中的符号，这些人已经被整合入由其他文化所主导的组织区域之中。反帝民族主义在那些和外界无情感联络的人群中兴起，但是运动的发展主要取决于对许多传统文化中的符号与实践的抵制以及对新文化的吸纳情况。在印度或中国，文化在与西方的技术、民主和无产阶级主义相适应的过程中，其所涉及的深刻的干扰应归因于人格组织所需要的深度变迁。

甚至，解放活动在独立运动（independence movements）中扮演重要地位的地方，它们在不同的个体身上都展现了不同的表现形式。当一个人为了走捷径而谈及一个独立运动或者解放运动时，其含义并非是所有参与者都经历了一个相同的心理过程，即使能找出足够多的有区别的心理学事件（distinguishing psychological events）来证明特性描述（characterization）的合理性。有些人**按照**人民大众来行事（act *on*），但他们在心理上并不**以**人民大众的方式行事（acting *with*）。他们出于权宜之计的考虑而赞成集体运动，并且往往能够把握情境中提供的顺从机会（deference opportunities）并走向领导位置（leading positions）。我有一个案例：有一个演讲者永远不能理解为何大众总是为之"倾倒"。他向他的医师形容作为他一部分人格的"真实"自我是如何自嘲地去评论他的另一部分的人格，然而他用充满求知欲的喉音和肢体语言进行的演说却令大众无比激动。

人格经常会从特定的权威符号中解放出来，这些符号与诸如"民族""种族"或者"阶级"之类的大群体相关。他们并非是"世界主义的"（cosmopolitan），如果说该词暗示着和一些世界范围秩序符号相关的情感联系。他们也许是"个人主义者"，被大群体的名称从感情上释放出来，尽管他们也许为了权宜之计而扮演"美国人""无产者"或者"基督徒"这样的公众角色。

但是这些个体解放（individual emancipations）太少见了，以至于根本无法用于作为群众运动的识别标志。群众解放是揭开从传统符号向新符号转变的历史篇章。它们包含了与传统符号相对抗的新符号，这些新符号因一个持久的神话（a sustaining myth）而被合法化，并且由一个精英加以实施，成为以新符号的名义对其进行神话般的详尽阐述而获得收入和顺从的主体。在群众运动的激烈对抗时期，从超我和道德控制中而来的大规模解

第五章　独立运动：平等需求

放发生了，导致了滥杀无辜（promiscuous killing）、乱性（orgiastic sexuality）以及荒唐地破坏财产；但是完整的运动会以新的集体符号的名义对该行为再次强加抑制。①

关于各种反应的可能性，能做出对独立和解放运动的详尽比较。这些反应是通过对具体人格的深度研究来揭示的。对本我和超我关系进行重新调整之动态可能性（主要是在人格研究中所揭示的）可能被用于指导我们对之前具体历史模式的关注，以观察在每个具体模式下可能性的全范围内哪个部分被实现了。深度分析和广度分析视角之间的互动也许能强化对全过程的分析。

服从（submissiveness）是指在自我中心符号（central ego symbol）——用以反对已经被整合入人格结构的权威符号——的名义下有意识主张的彻底缺失。在极端情况下，这涉及自我的牺牲，直至自我毁灭。当奴役关系在心理上已经完全形成后，奴隶就会准备把自己的生命交给主人了。在危机时期，一个权威的次要符号也会赋予非常多的人格内涵，以至于自我中心符号不会提出单独的要求。在战争和阶级危机中，个人奋不顾身冲向危险境地的忘我无私（self-forgetfulness）就体现了其意义；对首要自我符号的爱是无关紧要的；所有的一切都是为了次要符号而做出的牺牲；在私人生命中的充满陶醉的状态体现了相同的特性；所有一切都是为他者而放弃。

甚至在非常极端的服从个案中，自我中心符号也许会间接地表现自己，通常是以非语言的形式进行。被严重恐吓（被剥夺反抗力量）的人民群众强颜欢笑（oversmile），他们通过音乐、舞蹈、赌博（games of chance）和重复（repetition）以及吸毒（drug intoxication）来解除紧张感。工作中的许多懈怠来源于被压抑的敌意。许多被动进攻的技术被用于抵抗权威。说谎是尤其具有特色的，因为它是保护人格不被彻底支配的手段之一，并且是隐藏潜在敌意的一种无意识的保护手段。适应机制产生了，以

---

① 皮季里姆·索罗金（Pitirim A. Sorokin）在《社会学的革命》（*The Sociology of Revolution*, Philadelphia and London, 1925）一书中对秩序失衡（disordering）与秩序重构（reordering）的关系进行了具体说明。

使权威运转（work）起来；个体表现出可怜的样子，进行辩护（pleads）和说服（persuades），而且通过夸大他的依赖角色以引来援助。深受恐吓的个体之奇幻世界往往表现出很多对危险主题的充分关注。在梦中、白日梦以及噩梦中，敌意就现了形；超我设法在人格中维持秩序，反对敌意的愧疚反应在轻微的不安全感中反映出来，或者是在激烈的恐慌中表现出来。有时，焦虑感与环境中的某个单一客体相关；于是人就会对身处于密闭空间而产生恐惧感。仪式、典礼和符咒（charms）都可以用来减轻不安全感；个人必须在说话前清一清嗓子，先穿上他左脚的鞋子，然后戴上一只特别的手表，否则他的尴尬程度就会上升到一个无法承受的高度。个人也许会变得纠结于他应该付给服务生多少小费和花费很长时间对利弊之考虑进行毫无意义的详尽阐释。他也许会怀疑努力的成效，并在简单的行为完成方面踌躇不定。所有的这些替代行为都隐藏了不同大小的敌意，并且在不同程度上阻碍了个体根据环境对自身进行调适的要求。①

受到恐吓的人向其他受到恐吓的同类人显示出自己的矛盾情绪，夹杂着极端的公开情感与敌意。当其他人扮演权威角色时，敌意会特别明显。这种把抑制的冲动化为行动以僭越权威的做法再次唤醒了被压迫人民的冲动；这促成了反抗超我的防御行动；人民常常通过改变环境中的特征以逃避这些紧张不安，这些环境中的特征促成了危机，而且它们是易受攻击的目标。因此，有抱负的人因"装腔作势"（putting on airs）和"抢长辈的台词"（aping his betters）而被取笑。严格的超我自律以管教他人的方式得以扩展，被管教的人被视为与自身等同。个体倾向于继续遵守既定的秩序，并且无视或是谴责那些自立为王（带着自己的队伍起义）的挑战领袖。

这里简要列举的服从行为的特点，使得一个人产生对学习具体情境的新兴趣，这里的具体情境涉及不平等的地位。我们是否发现那些屈服于占

---

① 关于对自我冲动的压抑，参见 Freud, *Civilization and Its Discontents*, New York, 1930。阿尔弗雷德·阿德勒（Alfred Adler）极大地推动了人本主义心理学（the psychology of ego）的发展。

第五章 独立运动：平等需求

主导地位的符号的人表现出这样一些特征：这些特征是从对严格的自我和超我关系进行的深度研究发现中总结出来的。那些处于劣势地位的人比处于优势地位的人表现出更多的特定行为模式：更多的谄媚笑容、对自立为王之领袖的不信任、对神话传说中危险主题的开发、对同样是处于劣势地位的群体成员的讽刺和挖苦……（仅列举一些代表性假设）

向解放迈进的过程是通过抛弃传统超我结构并获得一个新的集合体，以表达被压迫了的冲动的过程。解放意味着忍耐极为可怕的不安全感，这种不安全感是从人格结构中产生的，因为传统制约装置力图将之前被压迫了的冲动强加于他们自己身上。焦虑逐渐累积起来，在它们被革除之前就只能忍受。

解放过程所包括的内容可以通过对F的私人历史的一些细节进行重新探讨而展现来。多年来作为一个杰出主管的私人秘书，F同时也是他的崇拜者。F陪他的主管打高尔夫球，玩桌球，一起吃饭，一起工作。主管的所有同事都亲切地以"特德"（Ted，对F的昵称及戏称）称呼F，就好像F是主管的儿子而非秘书一样。

解放过程的第一个标志是：F在陪伴主管时显露出轻微的尴尬。F开始避免和主管一起参加社交应酬，每天早晨醒来都感到沮丧和毫无生气。在他剃须和穿衣时脑子里开始冒出对主管的衣着、声音或行为方式的强烈排斥。F开始对自己说：我要做我自己的船长，不再做别人的船上侍者。他想起了约翰、汤姆和比尔那些在法律、医药以及广告行业自食其力的人；事实上，因对自己不满而产生的第一次阵痛是在他听说约翰要开一家属于自己的公司这一消息的时候，并且还无意中听到主管对约翰的能力大加赞赏。

F对他上司的举止开始变得拘谨并略显粗暴。有一天，他的主管亲切地叫他"特德"并打趣地告诉他说他看起来令人讨厌并需要个情妇帮他摆脱这种状态。F脸红了，顶嘴说他已经受够了别人叫他"特德"这个、"特德"那个了，他又不是一个只有十岁的孩子。主管很困惑，也很伤心，但还是以机智的姿态化解了此事。F的的确确违背了一切良好判断的常规原则，在一段时间内把自己的大量精力投入到了工作里，习惯了疲劳与紧张。他在判断事物细节方面变得更加小心谨慎，并坚持多向主管咨询，在决策制定过程中也变得更加拘谨。在处理主管的前妻和儿子的问题方面，F 特别费心地为主管的儿子争取更多的自由权利，而在这方面父亲是不愿做过多让步的，虽然先前 F 还批评过这孩子缺少教养。他变得更加喜怒无常；他反复思考，觉得人生毫无意义并考虑自杀。有时他会感到对主管的强烈愤怒，并且晚上会受到噩梦的折磨，他梦见自己在躲避可怕的灾难时恰好醒来。他开始梦见自己上司的死亡；其中有一个是关于一部歌剧的，是由保罗·怀特曼（Paul Whiteman）和托斯卡尼尼（Toscanini）联袂出演的，在剧中，后者作为老人——F 的主管——因他人精心策划的谋杀而死。不过有时候，他也会感到没有什么人能像主管一样如此强大，如此善解人意，如此和蔼可亲；他变得愈发公开地表达自我感情，并对自己先前古怪的行为感到深深歉意。

在他做出独立反应之前，F 已通过像网球、高尔夫球、跳舞及音乐等非语言的方式逐渐消除了敌意。并且他还养成了一种戴戒指的习惯，这个戒指对他而言非常小，但每次他穿衣和脱衣时都要戴戴摘摘好几次。F 以他富有魅力的笑容和对他人的体贴而著称；无论男人还是女人都愿意帮助他并送给他礼物。

在引发了一番激烈的口角之后，F 终于脱离了他上司的组织，然后去了一家律师公司，这个律师正在对这一城市进行大清理；F 的原工作单位也因这次激烈的变革后被揭发出来的事情而局部受到连累。

如果我们审视大众解放运动，我们会发现斗争的逐步升级导致了类似 F 的反应发生。退缩行为会在离开权威代表时自己现身，也会在处理它们的正式方式发展时显露自己。愤怒爆发会在上司有"冒昧的"亲密举动时产生，这时就需要做出让步，而且过度的小心谨慎则意味着威胁权威的无意识冲动正在逐步升级。充满敌意的怨言在增加，有关权威冷酷无情的谣言四处传播。有关残酷和强权的报道伴随着关于缺点的谣言，通过纠纷和不道德的行为体现出来。人格中冲动生活的释放在矛盾情绪和矛盾行为之间更大的冲突中表现了自己。当超我为传统符号重申自己的主张时，过度讨好的姿态就出现了；于是，恰恰就在革命爆发之前，某些俄国庄园里的农民就自发地给他们的地主送更多的贡品。

煽动挑拨行为的情况到处都是。在个体介入对权威的公开谴责中，试

第五章　独立运动：平等需求

图通过过激活动来抚平因自己对"危险想法"的表达而产生的内心恐惧。通常情况下，亵渎神明的、不恰当的、破坏性的语言和行为会引发恐惧感；这明显和被束缚的孩童对与性相关的冲动、图片、词语和感觉产生厌恶感是一样的。在培养"合适的"语言及行为习惯的过程中，当违规或强烈的违规冲动被激活时，由早期环境引发的威胁（有关积极损伤和感情退缩的）显示出他们对由超我所引发的不安全感的影响。孩童会感到自己像被玷污、被非礼、被诅咒了一样，感到肮脏龌龊；并且这种孩子般的态度是由次要的客体符号组织起来的，比如说"宪法""上帝""部长"（commissars）和"君主"。对禁止事项的纵容包括了对以焦虑的形式产生自我惩罚的反应；自我惩罚往往是因激发环境中伤害人的因素而引起的，于是通过对受苦受难的劝解抚慰来释放内心的压力。恶行（diabolism）出现了，这些恶行也存在于推翻先前的禁忌行为之中；讥讽的嘘声（Bronx cheer）取代了对旗帜的敬礼致意。

部分的内心焦虑是通过转化为狂喜而得以解决的，杀人的冲动因神秘产生的原因而变得理想化。人格因对自身符号的详细阐述而变得敏感，这些自身符号已经被反复重申并进行了修饰，其他符号则被指出充满了敌意的影响。对"我们—符号"（we‑symbol）的详细阐述进行反复强调的主题有："我们的存在具有伟大的价值""我们受到了不公正的待遇""我们必须反抗""胜利是必然的""你们这些中立者应该帮忙""你们这些有权势的人应该宣布放弃你们不公正的权力"。当这些符号和仅仅是对平等地位的需求相联系时，解放运动就属于独立运动；当这样的符号和对其他群体的彻底征服之需求相联系时，解放运动就是帝国主义性质的运动。

伟大或价值出众的神话有一套墨守成规的模式，虽然在细节上可被无限地多样化。许多集体符号强调群体在其他人群"之间"的位置，并将文化的历史使命界定为两个民族之间的斡旋。在巴黎，你会听说东方野蛮原始的前哨是莱茵河；而在柏林，你会听说东方野蛮原始的前哨是波兰；在波兰首都华沙，你会听说东方野蛮原始的前哨是苏联边境；在南欧，"瓦拉几亚人"这个词语的意思是肮脏、落后、迷信、亚洲的。很多群体的任务就是避免其文化受到"瓦拉几亚人"的影响。居住在海岛上的马尔马西亚人称呼那些居住在大陆上的马尔马西亚人为"瓦拉几亚人";波斯尼亚人称呼塞尔维亚人为"瓦拉几亚人";塞尔维亚人称呼罗马尼亚人为"瓦拉几亚人";而克罗地亚人则视所有有正统信仰的人(orthodox peoples)为"瓦拉几亚人"。

一些有关解放的无产阶级主题在下文中有所体现:

我们的存在具有伟大的价值。("我们工作。")

> 我们是要紧的人,
> 我们是工人阶级。①

我们受到了不公正的待遇。("我们被毫无价值的承诺所欺骗。")

> 工作并祈祷,住在干草上,
> 当你们去世后,你们将在天堂得到馅饼。②

我们必须反抗。

> 受够了屈从和奴性的爱——
> 我们将用血来淹没人民的苦难!③

> 起来,饥寒交迫的奴隶!
> 起来,全世界受苦的人。④

---

① R. M. Fox, *An Anthology of Revolutionary Poetry*, Compiled and Edited by Marcus Graham, Introduction by Ralph Cheyney and Lucia Trent, The Active Press, New York, 1929, p. 187.
② Words by Joe Hill, Tune, "Sweet Bye and Bye", ibid., p. 84.
③ "The Anarchist March", Translated by Marcus Graham, ibid., p. 349.
④ "The Internationale", ibid., p. 309.

第五章 独立运动：平等需求

胜利是必然的。

> 暴君的铁链仅是牢固而已，
> 但奴隶屈服于戴着枷锁。①

你们这些中立者应该帮忙。

> 如果这地球之上还存有一个奴隶
> 汝辈能算是真正的自由和勇敢吗？②

你们这些有权势的人应该宣布放弃你们不公正的权力。

> 多久啊，
> 残忍的民族，
> 难道你要把震撼世界的基础，
> 建立在孩童的心脏上？③

能够成功夺权的解放运动尚未完成解放行动，因为人格仍然局部地被其传统的无意识构成所控制。旧秩序的外部证据倾向于刺激服从的反应，并由此而维持了许多人格中的不安全感。这是灭绝战争的动态基础，而灭绝战争的实施是用于反对和旧政权相关的符号及实践的。在世界大战之后取得独立的民族都对前统治者的语言深恶痛绝。在布拉格，参观者对警察说捷克语、法语或英语都是很好的策略，但渐渐地又会回到讲德语的状态；在华沙，一上来就讲俄语或德语是不谨慎的表现，虽然在假设所有人都懂法语的情况下，铺好了交好之路时讲德语是允许的。在街道、城镇、

---

① Charles Cole, ibid., p. 58.
② James Russell Lowell, ibid., p. 94. 洛威尔（Lowell）先生不是无产者，但是这句话却是由无产者们反复传唱的。
③ Elizabeth Barrett Browning, *ibid.*, p. 54.

学校和商店的名称上，都进行了调整和改变；商店、有轨电车、广告牌、火车的标志都做了改变；和前政权有密切关系的纪念牌和大厦都被拆除了。称呼语、穿衣习惯以及许多生活细节都在各种改革中被改变了，以使新政权和旧政权分离开来。在俄国，彻底的转型是在从"圣彼得堡"变为"彼得格勒"再变为"列宁格勒"的过程中体现出来的。

109 对传统符号的解构往往会伴随着疏远潜在盟友的行动。上升到前主管水平的人格往往表现出强烈的自我惩罚反应；超我是禁止取代早期的权威符号的，而且不安全感导致了低效的或不体面的行为。新来者的过度殷勤、暴发户的傲慢无礼，这些都是反抗屈服状态之复原的反应形式。该行为可能会因疏远潜在财政及外交协助而直接损害个人的自我目标。对被废除权威力量及非必要的严厉政策的过度估计总是固有的。传统的南方对北方的文化霸权在北方留下了一个自卑反应，这也对重建时期的政策产生了部分刺激。我们回忆一下：F 在改革中过度表达了自己对他前任主管的不满；他为了当下的"报复"行为而对效能造成了极大的破坏，以至于对他进行精神分析疗法是很有必要的。

社会中解放运动的蔓延和劳动分工的变化是有着密切联系的。现代民族、种族和劳工运动之兴起和那些生产技术创新都是有着动态联系的，而这些生产技术在我们文化中迅速扩张着。技术扩张的首要后果之一就是社会劳动条件的多样化。每个新活动细分提供一个新的环境，每个新环境创造了一个多多少少与众不同的关注焦点。关注焦点反过来导致了相关个性的认同、需求、期望的改变。发现新机遇来扩张自我对社会关于收入和最终要求的多数人，被贫民救济或学徒培训的传统方法所阻隔。

110 这些安排中的一些能够通过控制组织区域的主导中心（首都或者大都会）来改变。关于地方失败的数不清的例子构成了对中心政权符号及实践的敌意，创造了对主要符号普遍化、合法化并整合那些多样化冲动的接受能力。

详尽阐述合适符号的工作，和开辟专属于其发展提升的劳动分工的工作，是典型的"知识分子"型。"技术"环境的复杂性和"符号"环境的复杂性是密切相关的，在主要受益人中，知识分子通过使用辩证的语言、背诵当代的及历史的奇闻逸事和有诗意地描写未来的可能性，以

第五章 独立运动：平等需求

获取安全、收入以及尊重。知识分子因为专注于符号之冲突价值观而相对于其他符号专家显得与众不同。更详尽地说，这个文化技术群体的活动如下：为主要精英和反精英出谋划策；辩证论述政策；给集体符号重新下定义；汇报并评价时事的政策实施；将神话传播给族群。很明显，现代社会的扩张为具备以下技能的人提供了更多的机会：收集新闻、编写历史、传授教义、传播社论、详尽阐述革命与反革命的符号、辩证论述权宜之计。在崭新而又多样的现代科技世界，整合关系的任务有利于旧法律界的扩张。给古老模式重新下定义以适应极多数量的高尚目的之问题，已令法庭上的律师技艺变得和私人咨询、谈判以及运筹等技艺一样有价值了。

111

知识分子的"资本"是他们的学识，而且他们可能会和地主、企业家及体力劳动者一起竞争来自社会的安全、收入和尊重。身份认同之普通符号的缺失，以及知识分子之间的争斗，有些模糊了这个常规作用。知识分子已经详尽阐述了代表民族、种族、阶级、宗教及所有集体实体的符号；难怪列宁像轻蔑地打发妓女一样让他们离开了。但是知识分子相互间运用言语、暗示、理论和所有种类的辩证方法所进行的争斗，增加了该类社会活动的机遇。文化分析师已经变得愈加意识到知识分子在解放和反解放运动中的作用。所有民族主义运动都展现了娴熟的善用辞藻者的作用；但是，也许知识分子作为社会活跃重组阶级而崛起的最重大证据是从各种劳工运动中体现出来的。的确，社会主义者的理想已经在上个世纪迅速蔓延开来，描绘了一个知识分子们具有最炙手可热地位的行政组织。

关于知识分子型工人对劳工运动之作用的解释已于本世纪初由瓦克劳·马查斯基（Waclaw Machajski，其笔名是 A. Wolski）加以总结概括。作为波兰革命的马克思主义者，马查斯基在西伯利亚展开了为期十年的活动。他对自己的经历进行了深入思考，并形成了一个理论，这个理论将传统理论家置于守势。他宣称 19 世纪的社会主义理论体现了知识分子型工人的阶级利益，而非体力劳动者的。脑力劳动者是一个正在崛起的特权阶级，他们为阳光下的一个地位而与传统地主阶级和企业家阶级抗争。学识是他们的资本，根据情况，政治民主或革命独裁统治是他们向权力迈进的

112

台阶。他们通过在早期斗争中帮助体力劳动者赚取更高的工资,和给予他们对社会平等理想的美好憧憬,来赢得其支持。①

涉及新环境的意识形态改变之发展是一个漫长的相互作用,因为大量的反应依靠的是人们能够去除因为新情境要素而产生的不安全感。在个性系统各个角落所产生的压力,它有可能被回想起来,能被身体运动、自闭症幻想、批判性反思或者面向对象所处理;任何新的去除紧张的权宜之计都会成为一种固定模式并被重复实施。因此,政治符号必须和所有其他的符号进行竞争,一起的还有所有自闭的及躯体的释放渠道,为的是对个人经历的控制。当特殊符号被纳入任何人格当中时,他们立即对新奇的替代品及详尽说明进行反抗,于是在人格系统及其他人格中创造一个最大数量的潜在矛盾。

物质环境中的变化引发这种看上去受到了影响的人们的象征性装备之部分重新适应,那个"延迟"成为了显著的社会现象之一。② 一些物质改变没有一致地影响个人所接触的关注点。在一个工厂里,机器可能会被提速,这几乎不必多说;在另一个工厂里发生的同样的物质改变也许被公开,被立即发现,并被自发评估。那些专长于宣传新身份鉴别、需求、或期望的符号的人,发现不停地重复这些符号以增加它们被纳入受影响的个人的人格之可能性是十分重要的。由于我们反复提及的专家也许能够在环境中以应付款的形式从组织中提取收入和尊重,并且从出版社获取认可,符号的重复成为存在于情景中的劳动分工的一个重要成分。由于这么多的

---

① 参见 Max Nomad, *Rebels and Renegades*, New York, 1932; Julien Benda, *The Treason of the Intellectuals*, New York, 1928; Hendrik de Man, *Die Intellektuellen und der Sozialismus*, Jena, 1926; Edouard Berth, *Les méfaits des intellectuels*, Paris, 1914; A. Cartault, *L'intellectuel*, Paris, 1914; T. G. Masaryk, *The Sprit of Russia*, 2 Vols., London, 1919; K. Nötzel, *Die Soziale Bewegung in Russland*, Stuttgart, 1923; Hans Kurella, *Die Intellektuellen und die Gesellschaft*, Wiesbaden, 1913; Karl Jasers, *Psychologie der Weltanschauungen*, Third Edtion, Berlin, 1925; L. K. Tao, "Umemployment among Intellectual Workers in China", *Chinese Social and Political Science Review*, 13 (1929), pp. 251 – 261; Max Handman, "The Sentiment of Nationalism", *Political Science Quarterly*, 36 (1921), pp. 104 – 121。

② 参考 William F. Ogburn, *Social Change*, New York, 1922。

第五章 独立运动：平等需求

符号成为潜在竞争者，相应的矛盾被竞争符号专家的壮大所强化。

的确，任何临时平衡状态的改变都会诱发替代反应，这种替代反应可能发生于不安全感产生的初期、符号化时期、危机时期以及相对稳定的再调适阶段。宣传，作为符号自觉宣传的名字，以动员集体行动，于是倾向于最大化不安全感，因此也导致了危机的最大化。如果潜在环境的变化相对轻微，宣传的精神宣泄作用也许会使可得的不安全感消散，这些不安全感是可以被免除的；但是，如果不安全感水平受到了更深的影响，宣传就会加速矛盾的发现，并有可能真正地形成一个手段以使用比辩论和法令更强制的调节形式。世界革命模式的出现从其他各个组织区域吸引了不安全的元素。宣传支持也许的确即将从新精英符号关系的发源地中心来临，并且随之而来的是对外国精英的挑战，刺激他们将防守行为最大化，这意味着对宣传、联合抵制及毁灭等可用方式的使用。这一动态平衡的过程就是当地的创新变迁始终受到对符号及强制力量进行迅速动员的限制和制约。

对物质和符号进行的重新调节只是局部的，因此，至多如此而已。在局部调节的漫长过程中，其中一个主要过程就是：在重复和细化赢得最初响应的特定符号时，为知识分子创造大量的既得利益。这是在具体的劳工鼓动者和组织者事例中被经常提及的普遍过程，这些人表现出既得利益是如何在调节次序的过程中引入矛盾冲突的。一点点的口头激进主义，还有个人发表的主张，也许是谦虚的，要求收入和尊重，并从那之后表现得更加谨慎小心。①

因此，指向解放的运动，其出现和许多人因生活状况改变而产生的不安全感相关，常常在普遍情境中缺乏获得大规模适应的能力，因为既得利益在适应过程的初始阶段出现。不安全感的反应表明了惯常的释放渠道在已经变化的情境中就不再适用了，而且"自由能量"（free energy）也已经

---

① 关于官僚主义的发展趋势，参见 Roberto Michels, *Zur Soziologie des Parteiwesens in der modernen Demokratie*, Second Edition, Leipzig, 1925; O. H. von der Gablentz, "Industriebureaukratie", *Schmollers Jahrbuch*, 50 (1926), pp. 539–572; Sylvia Kopald, *Rebellion in Labor Unions*, New York, 1924; Selig Parlman, *A Theory of the Labor Movement*, New York, 1928; Max Weber, "Politik als Beruf", pp. 396–451, in *Gesammelte Politische Schriften*, Munich, 1921。

从先前的束缚中解放出来，并准备好和新符号以及实践"链接"在一

115 起。对新符号的重复也许会导致不稳定能量的复活，并保护对符号专家的收入的让渡以及欣赏的扭曲（relinqushiments of income and grimaces of appreciation）。这缓和了"知识分子"或"半知识分子"的不安全感，也缓和了那些认同符号并向煽动者和组织者放弃收入和顺从的人们之不安

116 全感。

第六章　帝国主义运动：霸权需求

现代民族帝国主义表现为一种对永久控制外国文化群体的大众需求，如果必要时不惜采取武力手段来实现该目标，并且对外声称是出于双方利益的考虑，来证明这种武力行为是合法正当的。一个民族在尚未被占领的领地上进行领土扩张，驱逐居住在边境殖民地的当地居民，这些都不是现代意义上所谓的帝国主义运动。在对当地居民单纯采取灭绝手段的情况下，相对而言，群众运动会比较简单。

基本上，我们不可以把民族帝国主义视为精英统治式封建君主霸权的一种延伸，在它的统治范围内，各种冒险尝试都不可能得到广泛的支持。除非共同体将冒险尝试行为作为自己的一部分，并对另一个共同体宣称具有特殊优势，否则这种征服行为就不能说是帝国主义行为。① 在发展进入现代帝国主义之前，对无限扩张的渴望，即约瑟夫·熊彼特（Joseph Schumpeter）所说的基本帝国主义②，包括了共同体成员主张的必须拥有共同的价值观念。

对于约翰·西莱爵士（Sir John Seeley）的论著《**英国的扩张**》（*Expansion of English*）为何能成为一本专门描述英国帝国主义的教科书，乔治·昂（George Unwin）曾给过恰当的评价，这些评价阐明了上面所包含的理由。此前，古奇（G. P. Gooch）也曾说过：

---

① 参见 William Christie Macleod, *The Origin and History of Politics*, New York, 1931, and article in "Conquest" in the *Encyclopedia of the Social Science*。

② "Zur Sozologie der Imperialismen", *Archio fur Sozialwissenschaft und Sozialpolitik*, 46 (1918), pp. 1–39, 275–310.

> 它的精神绝不是放纵对建立帝国或对帝国建立方式的狂热……他（约翰·西莱）对白人殖民地和印度做了清楚的区分，宣称对印度的占有增加了我们的责任感而非我们的权力感。他反对认为帝国的辽阔证明了本国政府天下无敌的英雄主义或是本民族存在某些超自然的天才的观点。

乔治·昂这样评价道：

> 他那心不在焉的关于征服半个世界的措辞，打击了所谓的天才的观点。英国帝国主义和特赖奇克（Treitschke）或伯恩哈迪（Berngardi）提出的帝国主义之间的联系，好比麦克白（Macbeth）的雄心与麦克白夫人的雄心之间的关系一样。"帝国"一词和英国人的气质相投，但违背了他们所主张的政治道德要求。因此，为了调和两者之间的紧张关系，帝国的建立必须看似是出于必要性和责任感的驱使，但他们也应该因完成使命和提供形而上学的帮助而被授予相应的荣誉。在这种情况下，英国即使没有弄虚作假，表现出虔诚的姿态，却也胜之不武。①

这种"国民良知似的独白"让位给了**既成事实**（fait accompli）。英国既进行扩张又进行防卫的特殊历史现象，只是其推行帝国主义政策的组成部分之一；它在言语上的许多合法正当理由是可以进行历史追溯的，于是英国的舆论转而极力进行防卫宣传而不是扩张宣传。英国的组织区域卷入与西班牙、荷兰和法国的战争之中；王朝、商业和外交方面的权宜之计与开拓海外殖民地、改变信仰等类似的需求交织在一起。研究英格兰扩张史的历史学家应着眼于评估帝国主义模式在这一过程中所扮演的特定角色，而不应将对这一微妙的、相互关联的研究当作是一种最无足轻重的任务。

英格兰的领土扩张在任何时候都不包括明确提出对世界支配权的需求。进行领土扩张，可以为之；成为世界帝国，则不可以为之。这种在陈述目标的表达上所展现出来的相对谦虚的行为，不是一种宣告放弃的行为；世界帝国的远大目标并没有被英格兰的统治精英所采纳。由于统治精英们习惯认为

---

① 参见乔治·昂为康纳德·吉尔（Conrad Gill）所作的序言：《国家权力与繁荣》（*National and Prosperity*），London，1916。

第六章 帝国主义运动：霸权需求

自己处于罗马权力中心的外围，因此他们可以相对地乐享安全，穿过海峡到海外去逐渐积累自己的财富。面对他们的宏图，英格兰的统治阶级表现出温顺的姿态，同时他们也已经继承了世界上相当大面积的地区。他们从未想过在世界历史上留下深刻印记，而是心照不宣地接受了偏安一隅的小角色，他们的想象力从未被帝国的魅影所蛊惑；当欧洲大陆的国王和小国国王像罗马一样沉湎于追求皇家威严的幻觉之中，终日挥霍无度时，英国人几乎没有浪费任何资产。那些来自后省（back provinces）的乡下人获得了权力并逐渐走向兴盛；但他们对地中海的首要地位心生敬畏，并且保持他们自己的地位。慢慢地，小心翼翼地，英国人开始漫不经心地看待所谓的罗马象征（Roman metaphor）；他们学会了在比较历史巨人的过程中的狂欢作乐，但他们从未相信自己要被号召去将连着世界命运的绳索绕在自己的手指上。它使英国的一代人走向帝国方式，对英国式风格的约束反映了社会性自卑感的表面形式。对这一代人来说，居于欧洲大陆文化首位的地位让人感到安全，他们的文明受到了从维也纳、巴黎到伦敦一带光辉的辐射。

由于英国的政治期望受到约束，只能在世界历史中扮演着受抑制的角色，他们的需求就是温和的，而且他们的合法正当理由就被提升到政治思想领域尚未掌握的抽象高度。英国备受瞩目的地位合法化是建立在对个体主义的宽容的基础之上的；他们很高兴自己在世界上的地位正在冉冉上升，但也不至于过度嫉妒和英国一同崛起的其他国家；他们吸收了天主教和新教的伦理与神学的内容，从而确定了自己的措词。

在法国，国家扩张的合法性得到了社会普遍价值观念的支持，这是一场真正的群众运动。民众团结在民主民族主义的符号下，共同寻求从王朝统治和封建主义的枷锁之中解放出来。深受民众支持的精英一旦掌权后，他们的想象力就会在历史帷幕揭开之前美化自己的角色。他们相信自己正身处于新时期的黎明之前，在这个时代，需要在头脑中重新描绘人类社会，把"自由"作为风帆的志向，轻轻划向充满希望的自由港口。由于沉浸在成功的狂喜中，法国人突然从累积的焦虑下释放出来，再次憧憬着他们的希望能够变为现实，并且对无数想象出来的受奴役的个体发出的解放呐喊做出回应。军队以"共同的善"（universal good）为由进行武力扩张，横扫欧洲大陆。一旦"被压迫者"进行反抗，他们中的一部分受统治者精神奴役的无辜受害者就会被枪毙,然而幸存者必定会看到象征着自由的炙热黎明。①

下一波运动的爆发将出现在俄国,它以传播共同的终极价值为名,并在必要时付诸武力。这时,在语言表达上就用"无产阶级"代替了"平民","自由"则意味着特殊的新经济制度。消灭资产阶级被宣称为是为开创无阶级社会所采取的一种手段和方式。

我们世界的政治未来将不再以决定"共产主义"和"资本主义的民族主义"斗争命运的政策为转移。共产主义将反抗的矛头指向社会统治秩序,并且得益于在非共产主义世界里累积存在的社会不满。革命的共产主义的主要努力在于将自身塑造为消除不安全感的符号,并且高喊着"无产阶级专政"将在尚未加入苏联的民众中广泛传播的抗议和信念。

共产主义和资本主义之间进行的斗争在世界范围内广泛存在,如果要真正理解权力平衡和政治需求的特殊本质中即将发生的社会转变,我们就需要把两者视为一个整体。主要的冲突符号控制着越来越少的冲突,如果我们恰当地看待个人、政党、阶级、种族、信仰、工业、农业和民族冲突之间的相互影响,我们就必然能看出它们和共产主义与资本主义符号所发生的分离有关。

如今,无论认同符号("平民"和"无产阶级")具有多大的包容性,或者合法化的语言多么普遍,任何帝国主义运动的未来都不得不和自身存在的起点既定、**范围狭隘**(local in extent)且方法强硬的事实相妥协。当民主民族主义变成一种世俗信仰时,它的符号也就变得普遍化了,但它在本质上体现的却是法国式的民族主义。因此,不久之后,这种民族主义运动在地方就取得了成功,以兄弟情谊为借口靠烧杀掠夺来寻求扩张,从而抵消了它所引起的社会发展停滞的不良影响。不久后就发生了挫败所有代表普遍性主张和奋斗的革命运动,并且在运动中体现了一种辩证的过程。

这个特殊的过程使得关于普遍化的观念变得地方化,它在局部地方做出了调适性变迁并且进行了反符号化的过程。法国军队入侵了那些有组织的精英对统治习以为常的地区以及那些地域邻近而孕育了相似文化的地区。普通

---

① 克拉克·威斯勒(Clark Wissler)曾提出任何重大的文化难题都会刺激对外扩张活动。参见 Man and Culture, New York, 1923。

第六章 帝国主义运动:霸权需求

民众做出了表达民族认同的行动,这是与该地区中能阻挡入侵并最终解除外部威胁的权威相联系的。统治精英学习敌人使用过的符号,从而对自身进行调整以适应环境的变化。新名称的出现好比是一场语言革命,但弱化了革命的实质性程序。许多新名称都表达了对普鲁士民族主义的强烈认同,这种认同是在通过传统的政府和社会结构以对抗法国的斗争中产生的。

因此,一种信仰,当它要通过强制灌输的方式改变人们的信仰时,反而诱发了另一种信仰的产生。由于传统社会形态和符号被赋予了新的意义,因此新信仰和原来的信仰相比,在几个重要的细节上产生了背离。由于受到共同神话以及向和谐的循环精英(circulating élite)放弃暴力垄断的束缚,民主民族主义无法实现创造一个世界国家或一个世界共同体的理想。尽管当权者使用了包容性的符号,这一失败还是应归咎于辩证过程的出现阻碍了权威从任何地方区域向外的扩张过程。

如果无产阶级主义延续以往信仰的发展轨迹,那么它将会失去其普遍性。无产阶级主义所具有的世界使命感是让它走向成功的关键所在。敌人们根据最强对手的模式尽力对自己进行重塑时,各种社会主义(国家社会主义)理念就可能兴起并逐渐传播。作为有望从局部成功走向世界统一的途径,民主民族主义却被打败了。虽然它创造了多种形式的民族主义和地方民主,却也强化了狭隘主义,从而没有能够实现一种世界性的兄弟情谊。由于无产阶级主义通过局部兼并的方式,同样存在受限制的过程,我们可以预见它终会失败。于是世界上将出现更多的物质收入上的最终平等,而所谓的兄弟情谊将不复存在。

尽管早先的扩张运动被对抗趋势所中止,我们仍可以思考新的条件是否必定产生新的结果。学习原始文化的学生已经总结了在下列术语中政治领域与活动领域之间的具体关系:当群体文化中的物质性元素传播的区域超出政治权威的边界时,那么早晚都会出现该群体的政治权威沿着物质传播区域的界线进行扩张的显著趋势。①

---

① 参见 Clark Wissler, *Man and Culture*, New York, 1923。关于经济和政治区域的建议来自 Brooks Adams, *The Law of Civilization and Decay*, London, 1895; *The New Empir*, New York, 1903。

世界活动领域的普遍化也许不是政治统一的前期条件？除非直到政治权威能够覆盖整个世界，否则西方文明的物质技艺就不会得以传播吗？当然，可以说欧洲和世界其他地区进行交流的历史已经证实了控制区域追随了物质区域发展的趋势。边缘文化开始受到欧洲物质技艺的渗透，不久它们便觉察到这将对它们的文化完整性构成威胁。于是他们设法阻碍欧洲的进一步侵犯；而欧洲则通过扩大政治控制的方式来解决已经出现的危机。关于合同意义的分歧，对关闭曾经开放的市场的怨恨和获得价值资源的渴望，共同导致了欧洲的连续侵略行为随着贸易活动的兴起而来。

这一过程断断续续地展开，欧洲的发展优势已经过了鼎盛期。即使是处于欧洲最强盛的时候，相互竞争的国家之间也无法为了与跨欧洲事务相联系的目标实现而长期联合在一起。西方在政治上的不统一格局始终存在着。今天，西方的物质技艺已被欧洲以外的文化所掌握，但是源于多样的物质和意识形态条件之间的矛盾是注定要延迟世界统一目标的实现，为了一个不确定的未来。

通常将欧洲在近代的历史优势归功于所谓的"资本主义"文化的形成。① 难道资本主义不可避免地和"帝国主义"之间有着密切关系吗？难道消除了资本主义文化模式就必然伴随着帝国主义的消失吗？

历史上的资本主义模式是由一些即将分离的细节（琐事）交汇而成的产物。对**非个人化能量在生产中的运用**（application of impersonal energy to production）和**工业生产**（industrial production）模式两者做出区分是有可能的。在生产中运用机械、化学和电力资源去补充人力资源，这与工业生产之间是没有内在联系的；后者主要取决于对固定的、高度专门化的资产的运用，这种资产是以大量、集中的形式（工厂和发电站）表现出来的。科学艺术的另一个转折点瓦解了非个人权力和工业生产之间的联系，它分散了生产单元，并取代了工厂和中央发电站。此时可供替代的选择还停留在简单的幻想王国里；但它不要求扭曲想象力，为满足最多样化的需求而构思具备生产能量的小型设备（比如钢笔）。通过大量使用可携带的用具，

---

① 大体而论，参见 F. L. Nussbaum, *A History of the Economic Institutions of Modern Europe: An Introduction to "Der Moderne Kapitalismus" of Werner Sombart*, New York, 1933。

第六章 帝国主义运动：霸权需求

当我们得知如何重新安排所有的可用之物时，我们现有的笨拙的建筑材料就可能面临被抛弃的命运。许多创新非常缺乏这种全能的梦想，因此降低了生产所需固定资本的数量和生产工具所有权的重要性。如果至此近代生产方式的集合（aggregationalism）刺激了社会对集体主义符号和实践的接受能力，那么自然的控制者已经再次改变了我们社会形态的技术基础。

资产构成包括了**为利润而生产**（production for profit）而不是为**多元价值**（pluralistic values）而生产。金钱计算很难运用到经济运行不稳定的竞争性市场中去，如果对生产的控制集中在对于共同体的支配和宣传机构掌握直接管理权的那些人的手上，就应该将多元价值纳入直接考虑的范畴之中。既然机械的生产方法和自由的私人企业之间没有必然的联系，生产就应该交由那些旨在加强军事防御或实现其他文化价值对特殊商品有需求的阶层进行管理。不同于**私人**（private）控制，**官方**（official）控制可能使自身获利；因此尽管自由的私人企业管理方式正在发生变化，资本主义制度仍然得以继续存在。

普遍模式的组成，即我们通常所说的资本主义是由众多元素融合而成的，因此它后来不断进行着扩张。尽管苏联政体期望打破现代技术和有利润标准的现代工厂之间的联系，但近代史上西方的新技术、新工厂以及利润标准依然保持着相对的稳定。

帝国主义与重视民众作战技术的文化环境对暴力的使用，有着密切的联系。在资本主义出现之前，动态的权力平衡已经逐渐产生，这一过程经常把控制外来民族的需求转化为实际行动。由于现代技术的发展使斗争民主化，互相竞争的统治者们开始寻求民众的忠诚。通过对符号进行重新命名和论证，打破了社会以往的封建关系，从而使忠诚成为社会中最容易获得的东西。每一个精英必须运用体现"共同的善"的词汇来保护自己。通过符号传播（宣传）来提升忠诚度比起收买唯利是图者或强迫群众的成本要小得多。帝国主义作为一种控制外来文化的大众需求，以包容性价值观念作为辩护（justify），只要暴力的假定依然存在并且战争中仍需要大量的民众，帝国主义就将继续存在下去。

劳动分工的快速变迁导致了一些人开始主动制造有限的需求，并从中获取他们认为的利益。制作一件物品的新技术的出现，就可以降低生产成本，于是一些人看到了这些商机并利用这些商机获取个人利润。有一点是要强调的，即新的发明会导致如下结果；发明者也可能不愿意从中牟利，转而将他的发明让渡给非营利性的协会或专业团体。通过掌握这些发明，这些团体的收入和声望将得到提高，但和把发明变成原始物品所得到的利润相比，这些利益将大打折扣。西欧的发展便是如此，追求个人利益成为技术革新浪潮中的行为惯例；但由于许多前资本主义时代的价值观念的存在，这种模式并没有受到所有领域的追捧。

当利用劳动分工的变迁来追求个人利润的形式出现时，资产阶级在我们西方世界开始发展起来。由于自由的私人企业比官方企业的发展更具动力，世界活动范围的扩张逐渐加快；在任何类型的企业中，利润目标而不是多元目标占主导地位，这种利润模式为经济发展提供了颇具特色（有区别性）的发展方向。为了防止我们在论证近代资本主义和帝国主义之间的紧密联系时得出资本主义的消失就意味着帝国主义的灭亡这样的错误结论，在评论资本主义和帝国主义的关系时，我们要把上面的这些考虑牢记于心。如果关于解决地区间问题的规则不排除对暴力手段的使用，那么在此条件下即使社会主义在世界的特定区域内得以建立，帝国主义模式还是有可能继续存在的。

因此，认为资本主义和帝国主义之间存在必然联系的各种社会主义理论，只能说从历史上看来是合理的，并且可以预计到它们将成为错误的观点。① 社

---

① 关于帝国主义的社会主义理论，参见 N. Lenin, *Imperialism: the Latest Stage in the Development of Capitalism*, Detroit, 1924; N. I Bukharin, *Imperialism and World Economy*, New York, 1929; 以及 R. 希法亭（Hilferding, R.），罗莎莉·吕贝克（Lubeck, Rosalie），卡尔·考特斯（Kautsy, Karl）早期提出的观点等。关于资本主义固有的扩张趋势的难题，参见 Henryk Grossman, *Das Akkumlations und Zusammenbruchgesetz des kapitalistischen System*, Leipzig, 1929, 以及在 *Unter dem Banner des Marxismus* 中的辩论。更多深入的分析参见 Albert Lauterbach, "Zur Problemstellung des Imperialismus," *Archio fur Sozialwissenschaft und Sozialpolitik*, 65 (1931), pp. 580–599; B. J. Hovde, "Socialistic Theories of Imperialism Prior to the Great War," *Journal of Political Economy*, 36 (1928), pp. 569–591; E. M. Winslow, "Marxian, Liberal, and Sociological Theories of Imperialism", *Journal of Political Economy*, 39 (1931), pp. 713–758; Arthur Salz, *Das Wesen des Imperialismus*, Leipzig, 1931; E. Varga, *The Decline of Capitalism*, London, 1928。总之，参见 Parker T. Moon, *Imperialism and World Politics*, New York, 1926。

第六章 帝国主义运动:霸权需求

会主义理论认为帝国主义就是垄断资本主义;对此,列宁认为,帝国主义不仅仅包括垄断资本主义,帝国主义的冲突矛盾在社会主义国家也可能发生。假设世界统一的实现主要取决于世界范围内意识形态和物质的平等,那么,分析这一命题的困难就在于如何将意识形态和物质情境中存在的差异变为意识形态和物质上的统一。从差异中发展出来的统一的辩证过程是怎样的?

寻求统一的地方运动在苏联各地纷纷展开,伴随着贵族的灭亡和掌握无产阶级政权的统治精英地位的上升。社会主义意识形态的实现主要取决于是否能够改善农民现阶段的物质条件。当下的精英还会保持充足的动力来实现推广意识形态所需的物质前提条件吗?或者,会在现阶段将未实现的意识形态转化为术语(phraseology)的"转型"过程中,创造各种既得的物质利益吗?考虑到物质条件和意识形态条件之间的辩证关系,在不利的物质条件下一个小型的党派群体的意识形态取得胜利是可以想象的吗?如果社会主义在地方的实现由于其意识形态和物质影响被抵消而受阻,那么所有的社会主义革命就只能算作局部完成,其所导致的差异会在半社会主义化的国家中引发持续的冲突。如果对这一观点的解读是正确的,那么社会主义的实现更多地要看未来的状况,而不是依据现在通常的阐述和暗示而定。①

马克思式象征主义,是统一神话中发展最迅猛的主体,因此检验它和其他符号主义之间的联系有着重要的意义。这75年以来,马克思主义在地球上广泛传播,超过了乌托邦式社会主义、纯粹而简单的工联主义以及各种形式的无政府主义。尽管马克思主义受到了局部兼并以及竞争性的民主民族主义符号的重创,但有着革命需求和普遍要求的马克思主义仍然是今天最强大的抗议性象征主义。它反映了一种解放需求——在未来世界中,反对拥护帝国主义霸权的平等地位。

马克思主义和一切关于解放的象征主义之间有着共同之处,它抨击了

---

① 关于"无产阶级专政"的辩证分析观点一直被革命理论家所忽视。一些相关的评论收录在之前提到的瓦尔加(Varga)的著作之中。对这个难题在物质层面进行的具体分析将在下一章里详细展开。

前资本主义和资本主义国家的权威在符号和实践方面对人的剥夺（人身攻击，"阉割"）。因此，以任何形式表达了对统治符号认同的人都会受到攻击；他们对权威所持有的矛盾情绪受到刺激，而由此产生的不安全感又使他们感到强烈窒息。通过提供新的放纵符号作为可替代的认同目标，增加了将不安全感用于转型的可能性，而不是引发对旧体制再次进行热烈的拥护。

　　解放的任务在于把"超我"和"自己"本身区分开来，从而将以前的权威客体重新定义为敌对表达的目标。为了弱化对"超我"的控制，新旧事物都应该同时进行重新定义，将旧事物归入不道德的"超我"范畴，新事物则归入道德的"超我"范畴。这种混乱增加了受抑制冲力朝着有利于新符号的方向进行释放的可能性。就关于集体主义状态的语言来说，马克思主义以形成更多习俗模式为代价促成了反习俗模式的产生，然而马克思主义却又认为旧事物和某些习俗模式是不相容的，新事物和某些习俗模式是相容的，因此设法破坏习俗模式的连贯性。

　　上述评论不是为了将马克思主义符号和其他解放符号区分开来，而是尽量对两者有区别的细节进行说明。马克思主义和一些抗议性的意识形态不同，这是因为它十分强调当前社会秩序的短暂性。一些乌托邦式的符号对周遭的世界进行批评并且预言它们最终将会瓦解；马克思和恩格斯提出了一个宏大的物质系统体系，并用它来证明现存秩序即将迎来世界末日。而这重新定义了他们关于未来的期待，因为今天的优势模式显得无力而残缺，终将走向衰退和腐朽。占统治地位的社会秩序促使每个个体投射出自身面对社会环境时的无力与衰退。这个投射过程可以这样有计划地展开："我很弱小但我将变得强大；而环境继续存在的时间不长，因此是不堪一击的；它将被改革，从而实现我的目标。"这一系列的语言表述没有使这个过程发展为连贯的自发过程；但这种精神分析的方法清醒地注意到了通过完整的阐述局部冲动，可以揭示这个结构。投射行为是诸多要素的一种复杂运行，有意识的短语只是整体相对较小的一个方面。针对个体的深度研究表明，投射过程需要公开那些表现环境易受攻击且虚弱的特点的符号，而马克思主义符号实现了这一点，而且成为提高它们权威性的形式之一。马克思主义论著是建立在关于历史和社会变迁的详尽理论之上的，并

第六章 帝国主义运动：霸权需求

为它的普遍主张蒙上了一种貌似可信的声望。这种必然性产生于由纯粹的细节汇集起来的《资本论》的知识体系及其出版支持。历史学者和经济理论家提出的一些模式在马克思和恩格斯理论问世之前就已经确立了威望，同时他们认为这些模式的权威性关系到自己的核心观点。上个世纪的《社会契约论》（Contract social）让人印象深刻且备受鼓舞；马克思和恩格斯的主要论著擅长分析，而且具有系统性。他们将顺从产生的机制（deference-producing apparatus）恰当地运用于文化的新形式之中，因此在与那些互相竞争的理论家的竞争中取得了胜利。

根据马克思主义的观点，社会环境充满了邪恶和敌意。在资本主义的上升时期，资本主义压榨平民的血汗，使他们深陷贫困，出卖灵魂，饱受困难和疾病的折磨。对大部分人超我的形成来说，这些后果都是"邪恶"的，而且权威的"道德"符号和"邪恶"符号并驾齐驱并趋向在超我内部产生了分化。环境的邪恶象征促使个体内疚感从自身投射到环境符号上。个体内疚感的源头不是依据任何合理的联系就可以归因于环境受过批判的个别方面。不相容的、无意识的结构之间的无形压力，促使个人通过改变他对环境的符号定义来摆脱自身的内疚感。这个有待讨论的过程受到前面提到的局限性的影响，比如："我对邪恶的冲动感到内疚；所以我应该受到惩罚；但环境才是导致邪恶冲动的根源；所以环境也应该受到惩罚。"

和其他几个政论家相比，马克思和恩格斯在描述工人阶级的苦难方面并没有什么过人之处，但是由于他们集中关注了当时社会中有助于确定环境责任的要素，他们的理论观点产生了效力。"剩余价值"或者"利润而非财富"或者"利己主义"，就成为社会罪恶的根源。这种表面上的特征实际上是对以往控诉的一种新偏见，而且它偏好将受迫害的想法投射到外部世界。

环境的邪恶被解释为是由于环境的残暴和无人情味所引起的。马克思主义论著中充满了对资本主义劳动分工和控制体制强调常规化（routinizing）、非人格化（dehumanizing）和量化（quantifying）的结果的描述。资本主义环境之所以饱受控诉，是因为它拒绝给予个体温情的关怀和关心。如今任何取消或者拒绝给予关爱的事物，都会导致仇视的滋生。当要求关爱的冲动受到抑制时,任何对我们要求亲近或尊重的诉求表现出漠不关心的人和事都会多多少少促使早期危机的重新萌发。虽然反对外界客体符号(object-symbol)的怨恨不是这些条件下的唯一反应,但它出现的频率足以使它成为这一阶段的主要特征。在这个过程中,爆发了反对外部世界的斗争,例如:"我热爱这个环境;但这个环境对我并不友好。所以我憎恨这个环境;我不应该怀恨,但如果环境讨厌我的话,我也只能憎恨它了。"马克思主义者们对资本主义造成非人格化的种种结果深有抱怨,很显然他们的目的在于把自身对资本主义的憎恨予以合法化。

此外,马克思主义者认为当前世界另一个让人不满意的方面在于不公平的待遇。虽然一些人没有权利比其他人享受更优越的待遇,但他们在生产中占据的有利地位为社会带来了利润,从而让他们有能力积累"剩余价值"。将这些观点公之于众是一种对人格回归的强烈呼唤。这就意味着对暗指的"社会契约论"① 中社会环境的反抗,其结果就是,孩子宣布放弃一时冲动的直接满足所带来的不言而喻的终极满足。和所有待遇被区别对待的人一样,关系到未来的孩子符号包括对平等待遇的要求。由于环境符号相互融合而失去它的积极价值,一旦环境对同类的人存在区别对待,那么超我就不再维护传统的抑制结构。马克思主义的论述着重关注人类除了获得"剩余价值"的财富地位之外各方面的基本现象。这种金钱上的计算剥夺了人格(资本主义的非人格化)并让一些和人格不相干的幸运儿坐上最受益的位子。对资本主义社会的生动描述需要所述的更深层次的心理动态机制(psychological dynamism);环境会不公平地歧视部分人群,因而可能遭到破坏。个人将不再受到遵守现存的权威符号的束缚。通过分析资本主义模式的本质,马克思主义者解释了不公平现象出现的必然原因,并说明了相比空想主义者针对社会冷漠的感伤抗议,这是一次更尖锐的控诉。马克思提出了一套诊断规则(diagnostic formula),这有助于确定社会秩序中的责任,于是在和其他理论的竞争中,马克思的理论体系的号召力就大

---

① 这一短语源于弗朗兹·亚历山大(Franz Alexander)和雨果·斯坦普(Hugo Staub)在《嫌疑人、法官与公众》(*The Criminal, the Judge, and the Public*, New York, 1931)一书中所提出的说法。

第六章 帝国主义运动：霸权需求

大加强了。

相对于乌托邦主义，马克思主义的优越性就在于其提出了关于未来的社会建设方案。马克思模糊地解释了不可救药的社会状况，然后提出了一个完全从阶级社会类比过来的全新的无阶级社会。这就意味着未来将充斥着满足最适合个人幻想的行为。旧式的空想主义者试图将他们关于人间天堂的个人想法强加给社会，因而费了大量的时间仓促地擦亮他们神圣的小号，重新恢复神圣的护墙，但马克思在他的理想国里向每个人提供了自决的权利，关于被迅速取代的技术细节的文字变得不再神秘，这种模棱两可的话是一种资产（asset）。在相对静止的社会状态下，抗议是具体的、最行之有效的符号，在相对稳定的民族中传播宗教的过程就体现了这一点。①

未来的模糊性解放了个人因为希望改造世界从而满足自己对力量的渴望的、无所不能的迫切需要。个人会投入对未来权力的幻想并且将自己等同于这期望的重塑符号。马克思主义者的未来意味着在全球范围的扩张以及至高无上的主权；所有相互竞争的阶级都会被从历史的岩石上抹去。

无阶级社会符号的模糊性让它能够随着更深层次的渴望进行调整，即恢复人是世界中心而鼓励奇思异想的快乐年代的渴望。通过创造欢乐、安逸和不被常规束缚创造力的未来，可以满足人与生俱来的对母爱以及更深意义上的对子宫安谧的渴望。未来还是一个充满博爱的理想世界，那里将有一个兄弟般友爱的联合体，没有父亲的无意识意象（father-imago）的困扰。受到喜爱的兄弟得到更多有利地位时，必然会引发怨恨，而这种未来的平等性将减少出于怨恨的挑衅。

用于包装马克思主义的、属于唯智论的复杂语言因它的"科学性"形式而获得了声望。认同它的人可以为其优越的知识储备而感到自豪。他似

---

① 关于历史上乌托邦主义各方面的描述参见 Ch. Renouvier, *Uchronie l'utopia sans l'histoire*, Second Edition, 1901; Fritz Gerlich, *Der Kommunismus als Lehre vom tausendjahrigen Reich*, Munich, 1920; Josef leo Seifert, *Die Weltrevolutionare, Von Bogomil uber Hus zu Lenin*, Zurch, Leipzing, Vienna, 1930; Lewis Mumford, *The Story of Utopias*, New York, 1922; J. O. Hertzler, *The History of Utopian Thought*, New York, 1923。关于原始民族的宗教，参见罗伯特·H. 罗维（Robert H. Lowie）、保罗·雷丁（Paul Radin）和威尔森·沃利斯（Wilson Wallis）的著作。

乎能够深入历史的终极秘密,能够看出普遍演化的预兆和迹象,还能预言未来的尚在胚胎中的轮廓。个体内心深处的好奇心,包括原始的性好奇,部分能够在这包含一切的前景中得到满足。

马克思主义中一个最有效的强化控告(reinforcing appeals)是所谓的"客观性"(objectivity)。客观性是指从过去到未来的一切都不是由暂时性的臆想所掌控的,而是由世界历史进程不可抵抗的推动力决定的。在意识指导下的物质环境居于第一位,它把个人的作用减弱为好比宏大的现实进化过程中的一段小插曲。辩证唯物主义是把对个人偏好的阅读整合进普遍史中,是把个人的抱负提升为全体人类的必需品,是对万物在欲望模型中的重新塑造,是通过整合全部的符号来实现残缺自身的终结。没有哪一种与之相竞争的象征主义能够达到这种强制构造的高度。

马克思主义所附加的教条主义是对抗知性爱好(intellectual virtuosity)似乎在困惑的一种防御措施。只有高度的怀疑主义者才能完全摆脱权威的束缚,从而想出马克思主义的创新之处。由于长期无法忍耐"小资产阶级"的困惑,于是努力限制刻画细节的持续创造力,这表明了利用困惑辅助信念,然后消除代表信念的困惑的过程困难重重。将偏好视为在历史演化过程中外部强迫所施加的影响,这种观点有助于推动从对不安全感的分析中逃离至重申的相对安全中。因此,通过把个人斗争定位于外部世界,认同幻想的结果,并且拒绝重新考虑投射行为自身,许多人格得以和自己实现了和解。在这个过程中有一些人身攻击取得了一些成就而不是教条地统一;它们排除疑虑实现了平静。导致不同反应的基本原因是专门研究人性的学者们一个尚未解决的问题。

前面关于马克思式象征主义的吁求价值的解释主要取决于对个性的深度研究,这些研究有别于马克思主义者、竞争性符号(competing symbols)所揭示的内容,也取决于精神分析中的普遍的动态关系。必要的观察表明,通过对典型案例进行精神分析或者采用较少的深度研究方法,根据经过彻底研究的案例,详细解释研究的结果,从而可以得到特定时空里的特殊关系的相对适用性。这意味着精神分析一定要系统地利用可接近的多元文化环境,即要发现它的结果和那些普通自传性的和相似的方法之间的联系,并在复原历史碎片时用到前面比较研究得出的结论。

第六章 帝国主义运动：霸权需求

需要对深度调查技术补充广度程序调查技术的研究方法，因为对两者之间辩证关系的研究已经有一定的成果了。①"无产阶级"作为一种非地方性术语，其未来主要取决于维系其自身的完整性。无产阶级包括了所有世界范围内的无产阶级，否则就无法实现为实现社会主义所必要的包容性。它植根于许多刚刚总结的具有普遍优势的帝国主义符号之中；但它的未来主要取决于意识形态和物质之间错综复杂的辩证关系。

---

① 下面的著作主要运用了广泛研究的方法，但在对"事业"的比较性研究中，他们做出了一些努力：Roberto Michels, "Psychologie der antikapitalistischen Massenbewegungen", *Grundriss der Sozialokonomik*, 9, Tubingen, 1925; Georges Sorel, *Materiaux d'une Theorie du Proletariat*, Paris, 1919; C. Bougle, *Les idees egalitaires*, Paris, 1908; J. Delevsky, Antagonismes sociaux at antagonismes proletariens, Paris, 1924; R. Broda, and J. Deutsch, *Le proletariat international*; *etude de psychologic sociale*, Paris, 1912; Aurel Kolnai, "Die Machtideen der Klassen," *Archio fur Sozialwissenschaft und Soziologie*, pp. 441 – 458; H. G. Wells HG, *The World of William Clissold*, 1, pp. 152 – 189; Gertrud Hermes, *Die geistige Gestalt des marxistischen Arbeiters und die Arbeitsbidungsfrage*, Tubingen, 1926; Lewis L. Lorwin, *Labor and Internationalism*, New York, 1929; 以及先前援引的沃纳·巴特（Werner Sombart）的著作。

第三部分

条件

第七章　物资与服务：经济条件的影响

前面的章节通过使用认同、期望与需求之类的符号作为探讨世界政治的出发点，来反复提及"物质"方面的环境。本书的这一部分将改变原来的叙述顺序，首先从条件开始，然后逐渐过渡到符号。商品交换、服务交换、人员交换以及沟通交流，这些都是被选择进行差异性分析的环境特征。本书还将重点讨论狭义上的政治符号与政治实践活动之间的内在关联，以及人格与文化相互影响、相互作用的普遍模式。虽然对专门的暴力工具的讨论也属于此部分的内容，但因其已经在和权力平衡的相关章节做了相当详细的描述，所以就不再一一赘述。

为求分析上的清晰明了，对经济条件、经济因素、政治条件与政治因素进行明确区分会被证明是方便有利的。经济条件是指在商品服务贸易中发生的人与人之间的关系；经济因素是对经济条件的一种主观调适。在相对自由的市场竞争条件下，利益是首要考虑的经济因素。当个人根据作战效能对与利益相关的环境进行评估时，政治因素会被考虑在内；此环境的威胁价值（得出某种评价的观察者的观点）就是政治条件。

很明显，经济和政治之间的密切相关性不允许在经济和政治之间做出严格的区分。在某些特定情况下，个体会忽视他与别人经济关系中的相关政治因素：当社会上交换行为中的默许成为普遍现象时，当针对那些违反合同契约或社会基本原则的个人所采取的强制措施被自发允许时，当暴力特权的使用被适当的、有组织的权威机关（警察、军队、法院）所掌握时，还有当大规模的强制措施极少被实施时。如果这些相关条件都不存在，对作战效能的计算就会具有更大的重要性。

我们的普遍问题在于追踪变化的经济条件与经济因素、政治条件与政治因素之间的联系。为求准确严谨，相对于本书的其他章节，在这一部分，我们主要是从狭义上来使用"政治的"(political)这一词语。从广义上讲，政治因素作为价值模式的分析要素，有一个分支，就是对作战效能的条件与计算。①

在像俄国革命这种重大的危机中，政治经济的因素及条件之间不断变动的内在联系也许会被充分研究。政治因素对于任何一个突然掌握军事权力与地区行政权力的新统治者而言都具有重大作用。在激烈冲突时期，每一个社会细节事件都会瞬间转化为对作战效能的预期影响力。新的统治者被迫通过暴力来维持统治，但是那样做成本极高，相对于此，意识形态上的支持则要便宜很多。如果统治者能够诱导社会将共同信念情感化，那么统治者就可以诱使人们尊重并且令他们放弃反抗。

为获取对俄国统治者在意识形态方面的进一步支持，就需要在彻底改善俄国人民生活水平的基础之上有所作为。② 作为一种社会类型（sociological type）的农民不可以存在，并且其角色要被集体企业中的工人所取代。为了可达成共识的意识形态结构而创造经济基础的每一个努力都会产生影响深远的抵抗行为。农民们试图通过怠工的方式来避免自己受到新制度带来的生产压力的影响。由于统治精英为保护自己免受内部动乱引起的粮食短缺、和平以及可能的战争，而需要一些生产效率，统治精英必须认同为了个人的需求而实行有差别的奖励。

在一定程度上，精英对眼前的生存必需品的需求与那些渴望重建俄国社会以及终极世界社会的根基的人的长远目标之间是相互矛盾的。直接效率取决于对个体差异的妥协与特许，那是一种诅咒，诅咒那些坚持俄国革命任务的教条理论的拥护者。对物质收入差异的容忍有利于物质上的对比与差异环境的增值扩散，增加对社会分歧点的关注，从而使独立的认同符

---

① 参见 Arthur Salz, *Macht und Wirtschaftsgesetz. Ein Beitrag zur Erkenntnis des Wesens der Kapitalistischen Wirtschaftsoerfassung*, Leipzig and Berlin, 1930; R. G. Hawtrey, *Economic Aspects of Sovereignty*, London, 1930。

② 关于俄国的概要介绍，参见1917年之后在苏联出版的德国传记著作：*Die Soviet Union, 1917–1932*, Ost-Europa-Verlag, Königsberg Pr. and Berlin, 1933; Maurice Dobb, *Russian Economic Development since the Revolution*, London, 1928; Calvin B. Hoover, *The Economic Life of Soviet Russia*, New York, 1931。

第七章 物资与服务：经济条件的影响

号、需求符号和期望符号得到增长。站在革命的立场看，这种特权、优惠与妥协是特别危险的；因为很容易将现行政体变更为"农民共和国"，虽然这会使较富裕的农民给予应允的统治者以积极支持，但这也会激化富农与贫农之间的矛盾。

政策上的不稳定震荡以及反复波动，与由需求上的明显差异而造成的紧张状态是密切相关的，这种具有明显差异的需求指的是对直接效率和首要意识形态的需求。统治者是以这样一种方式来掌控权力的：以一种历史观点的名义——这个历史观点是相对于意识形态构成而言——更加强调物质条件的作用；这些物质条件在统治者的统治中所占的地位包括了许多特征，这些特征正消解着意识形态的地位。作为权力掌控的有效手段，意识形态能否比物质条件具有更长久的生命力？

当然了，人类在进入资本主义或前资本主义之后，也在向社会主义化方向迈进。有意识或无意识的放松以及消极怠工在俄国经济中交替着发挥作用，俄国经济已被资本主义社会的技术失调玩弄于股掌之中。资本主义的"过剩危机"也被社会主义的"稀缺危机"所取代。

我们可以探讨这样一种可能性：到目前为止苏联政策展现的波动性妥协和再次断言到现在将会告一段落。共产主义统治精英会为了和社会运动的措辞区分开而放弃共产主义的意识形态吗？与生存密切相关的、包括生产效率在内的物质条件是否会改变统治者的有效意识形态？（这种从意识形态方面做出的努力能够创造更广阔的物质条件，并且为该意识形态的胜利奠定基础。）

这样看来，需要个别加以考虑的趋势及倾向在政党成员之间层出不穷。党员中有些人想出了能否使他们从志愿责任中免除义务的方法，这种志愿责任是他们于分内日常工作之外有义务去做的事。有些党员提出如果让他们有多一点的时间去学习，那么他们就能对社会主义建设发挥更大的作用，或者如果他们能够休息，来养精蓄锐，就能够去坚守费力但又至关重要的管理工作岗位。技术型党员有能力并且确实会要求首先选择住房设施，因为为了学习和掌握技术他们已经做出了很多牺牲，与那些牺牲不大和只知道学习的人相比，这些技术使得他们能够担负起政权建设的任务。在一个有技能的小组内，个人会要求报酬，因为他的牺牲使他有资格要求获得报酬。为了给技术型工人争取更高的工资，人们已经主动采取了很多行动，这样一来，在社会上就产生了物质水平不同的工人，并且导致意识形态矛盾的产生。

和无党派的熟练工人有密切联系的党员能够利用他们修改政党政策的权力来增强自己的威信，修改后的政党政策的大方向是符合有技能的小组。这些趋势已经不断地"背离"了政党成员中的贸易联盟，它们和城市工人工资上涨的需求有密切联系，上涨的幅度足以补偿农业生产的较高市场价格，在市场上有些私自交易的手段是被允许的，但仍须服从间歇性的干预。[通过减少工厂与商店的商品供应量，并且给商品分配规定特别的渠道与路线，政府的收入就会因采用了多样价格体系而上涨。]

熟练工人在意识形态上的反应和那些与不同政党或政党派系有联系的党员是相似的。

不断的压力使政党成员的友人加入政党，而且，个人对利己和适合自己心意的考虑通常会超过专业级别的自选统治精英的最初理想，而这些统治精英无私地要完成社会主义建设的任务。一个正在扩张的政党减少了党派意识形态的强度，增加了在公共政策领域对直接利己行为的让步。

这种势力削弱过程的持续进行并不是没有遭遇到任何的挑战，而是被具有抵消性质的影响所阻碍着，这种被抵消的影响到目前为止已经足够强大到发起一场抵抗运动了。在革命运动中，不变的"原教旨主义者"（fundamentalist）的因素始终存在，他们通过严厉地、批判性地运用他们设想的一成不变的行为准则来和其他党内同志区别开来。这些原教旨主义者还被一遍一遍教唆和煽动，主要是因为那些开始怀疑其物质地位受到威胁的人们所发出的抱怨，这些人为了效率的考虑而向技能做出了让步。政党领袖的核心是能够利用政党结构的压力来驱逐碍事的小派别，并且通过赶走"恶魔"（devils）的手段来逃避当前困难所带来的责任。为了常规使用能够复活的外部威胁的幽灵，人们没有采取任何一点默许少数人使用权力的措施，而且只要这种外部威胁能够合理地被信赖，那么党派清洗就能够顺利完成。

在苏联，与繁荣兴盛同时出现的困难是对政党内部可能出现的压力做出预测性分析。丰富的商品和服务能够给予技能型群体以额外的力量，他

第七章 物资与服务：经济条件的影响

们通过提出分离主义政策来改善其所处地位。由于来源于幸福安康的安全感的增加和对个体化目标的追求，藏在国家统一外表背后的功能性对立就可能会进一步加剧。核心原则中的默许行为将会消失，毫无疑问，党内"清洗"也将会变得更加不彻底，其发生频率也会更低。

战争是否会巩固苏联内部的均衡，或者巩固走向差异的趋势，取决于对效率的需要和对牺牲的迫切要求这两者之间的相对重要性。对效率的需求能够刺激收入的分化，除非对战争的激烈情绪能够刺激足够的一致性自我牺牲来掩盖对一切产品的需求。在一场全民战争开始时，平衡的趋势会被对国家重生的忠诚感加强；但是如果战争时间拉长，其他的趋势就会被逐渐表现出来。

"国家的消亡"是实现社会主义社会的先决条件，社会主义社会不同于社会主义国家，"国家的消亡"会是这样一种状态：中央政府基本不会实施高压政治，在功能性社会元素中盛行着普遍的一致性认同感，这使得他们能够通过谈判协商达到友善合理的工作安排。只要共同体是世界平衡过程中的一部分，在诉诸暴力的国家中生活，通过暴力而实现的中央控制仍会继续下去。此外，中央精英将会为了抵抗危险而抑制与之相竞争的功能型组织的成长，除非中央精英能够在有所扩大的政党派系运动中找到表达功能性差异的相关措辞。

苏联边境外可能出现的革命性独裁统治不必然会加速社会主义社会的出现，因为生活水平标准的不同与产品形态的不同会发挥它们在培养并保留意识形态分歧方面的通常效果。与地方独裁统治相关的生存必需品涵盖了与效率相关的费用，并且阻断了向社会主义社会迈进的运动步伐。

结论是：由资本主义向社会主义过渡过程中的矛盾是固有的，这些矛盾正要将无产阶级统治与社会主义国家之间的中间阶段的发展固定化和模式化，并且会阻碍国家向社会主义社会迈进。作为社会主义国家主要特征的民主化趋势，此时此刻正与保留并增加物质条件的趋势同时发展，而这种趋势的发展会阻碍社会主义社会的实现。在地方崛起的革命精英推动了动态的权力平衡过程的发展，而且这一过程的发展使得革命意识形态所需要的成果变得遥不可及。

对于绝大多数关于经济政治条件及因素的论著而言，我们必须更好地理解它们之间的关系，而非在革命独裁统治中的具体所得。我们现在能更准确地描绘关注焦点和需求符号、期望符号及认同符号，它们是和大地主精英相联系的。人们通常认为大地主会想通过吞并而非渗透来扩张，因为他们缺少渗透所需的流动资本。在美国内战之前的时期，扩张主义在南方地主中十分普遍，他们向墨西哥施加压力来缓解紧张的局势，这种紧张局势快把南方产棉州拖垮了。战前俄国的统治精英渴望增加土地英亩数来增加自己的荣誉，这些既表明了也制约了俄国的政策。这种状况在一位在北平的俄国军官写的公文中得到了充分的体现：

> 如果我们在经济上更加充裕有力，那么我们在经济条约中就可以更容易地实现我们想要的结果。然而，我担心的是，如果只能为外国人和我们自己服务而不能保障从我们所获得的东西中得到利益（比如说，在1881年的商务条约中，我们实际上没能取得特殊利益），那么我认为我们没有理由背离我们一直遵守的有关领土占领的政策基准。①

国外的经济渗透技术已经描绘了资产阶级的崛起，一系列对外交事务有影响的、伴随着其他社会形态而产生的联盟也描绘了资产阶级的崛起。资产阶级有时会和反对贵族统治的君主联合起来。没过多久，资产阶级就会对无产阶级的壮大产生不安全感，于是资产阶级就会和旧机构、旧阶级联合起来，常常会抛弃议会民主制的形式，虽然议会民主制在早期的历史发展中起到了重要作用。偶尔，资产阶级也会觉醒并强烈反对那些明显残存着旧的封建制或君主制痕迹的国家。但是整体情况十分紧急：如果议会制的大不列颠站在了议会制的法国旁边，就好比与沙皇俄国携手并进。

现代资本主义社会的多数对经济与政治的关系的详细描写都围绕以下几个问题展开：在何种程度上政府机关允许官员的行为受到物质利益上的影响？在何种程度上官员听从追求物质利益的人的命令，或代表他们的利益？在何种程度上官员会为了官方获利的意图去从事影响其他人的创收活动？在

---

① *Entente Diplomacy and the World*, Edited by G. A. Schreiner, documents of B. von Siebert, Document 22, London and New York, 1921.

第七章 物资与服务：经济条件的影响

何种程度上产品与交易的条件的变化会改变政府官员的行为？

不过，不得不承认：到目前为止围绕这些话题的论著一般都是轶事类的、印象主义的。目前关于"腐化堕落"的出版研究论著依旧在发展阶段，而且它们很少介绍对于时间与地点的适当资格认证。1928年2月，英国外交部负责东方事务的主任约翰·邓肯·格里格蕾（John Duncan Gregory）是一个投机者的事实被公开了。巴伦·赫斯坦（Baron Holstein）在他漫长的职业任期中掌控着对贸易事务的管理权，他在德国外交部工作。这些，还有其他的一些小细节，我们都能够从近期出版的论著中挑选出来；但是，主题可以就这样巧妙地逃避并均衡平等地加以对待。

毫无疑问，这将继续描绘"利益"与政府官员之间的一些更加难以捉摸的联系的处理方式。政府官员精英通常情况下会和普遍的财产体系的具体优势与培养相联系，而且，政府自由裁量权的使用遵循一种普遍的模式，这种模式在时间与地点上是合适的。由于政府官员、有产阶级、文化精英在人员构成上是部分重合的，家庭联系的纽带和友谊选择性地影响着现实的版本，这些现实的版本在人群之间传播着。"站立"着的并且"被接受"的人们的话语可被倾听，他们的行为被故意追求物质利益的目的所控制这一可能性会被忽视，或者，被狡猾的、无意识的对预先物质利益追求的行动路线之适应性所控制。这种类型的内在联系可以通过具体实例的手段被赋予血与肉，但是要想出一个有效的方法来对在大量情况下这种影响的相对强度进行取样是异常困难的。

毫无疑问，像在1909年的大不列颠，对庞然大物的恐惧这种小故事经常被引用，用来描述不加批判地全盘接受位居高位者所感兴趣的意见建议这种现象。人们可能回想起1909年的德国海军法修正案在英国的政治家、企业家和公共法学家中引发的类似恐慌。人们立即说海军各方面的未来取决于庞然大物，并且德国人正通过他们庞大的建设工程处于领先地位。偶然的，这种对庞然大物的巨大恐惧可以被追踪到与军备生产公司相关联的人，这些公司依赖专家意见。考文垂军火生产工厂（约翰·布朗及其大公司，坎梅尔、拉尔德及其大公司持有大量股票）的管理主任穆林纳（mulliner）先生发表言论，针对阿兹奎斯、格雷、麦克肯纳和其他人对议会的严正警告。整个事件事后被阿兰·伯格尼（Alan Burgoyne，海军联盟年鉴

150

的编辑）评为"在选民中公开发布的国会谎言中最令人吃惊的一条"。

我并不是在暗示穆林纳先生在故意说谎。这完全有可能是因为他受到了一些过度兴奋的技术员的误导，而反过来他依赖并信任那些技术员。关键在于：他缺乏自我批判的性格无疑使他更容易相信任何对他的事业有利的事情。同样明显的是，内阁成员对他们的信息来源因这种影响而发生异变的可能性没有足够的敏感性。①

部分的，作为对轶事一样的技术（处理经济与政治内在关系的技术）的反对反应，而且部分的，作为对显而易见的夸张（对"简单"经济针对公共政策的解释的夸张）的反对反应，一种新的科学专题论文已经被准备好了，它们能够小心地强调企业家被外交官引导的程度，虽然没有试图将企业家引导外交官的实例减至最少。②

弗兰德雷克·楚曼（Frederik L. Schuman）对法兰西共和国外交历史仔细选择插曲的分析得出的结论是：

> 外交可以令商业为其目的屈服，这就像商业控制外交为自己的目的而服务一样，是一种常见的现象。小故事中没有一个分析……能说私人企业的利益使得法国外交部③采取的行动能够不用考虑国家权力和其他国家，以及这种行动的实施仅仅考虑了商业群体的利益。在每一个案例中——即便是在费里（Ferry）的帝国主义时期——爱国主义和商业利益也是携手共进的，如果认为爱国主义的价值仅仅在于把个体在私人群体中的经济利益予以合理化，这种想法是非常幼稚的。④

---

① 关于官方政策的有价值的分析可以参考专著 Eckart Kehr, *Schlacht-Aottenbau und Parteipolitik*, *1984 – 1901*, Berlin, 1930. Von Tirpitz 的个人角色已经发挥了明显的安慰作用。参见 H. C. Engelbrecht and F. C. Hanighten, *Merchants of Death*, New York, 1934。

② 雅各布·维纳（Jacob Viner）在这方面尤为活跃。参见"Political Aspects of International Finance", *Journal of Business*, I（1928）：141 – 173, 324 – 263, and elsewhere. See the forthcoming volume by Eugene Staley。

③ 原文为"奥赛码头"（Quai d'Orsay），巴黎塞纳河边的一个码头，由于法国外交部在这个码头的对面，常常用这个码头指代法国外交部。——译者注

④ *War and Diplomacy in the French Republic*, New York and London, 1931, p. 395.

第七章 物资与服务：经济条件的影响

对阶级理论和技能努力的结果的关联性解释必须进行认真考虑。完全的自觉性和仔细为企业家或外交官的主观个人目的作打算只是全部问题的一些细节方面，全部问题是分析技术型社会变化与阶级的力量变化。腓特烈大帝也许刺激了德国工业的扩展，约瑟夫二世也许鼓励了奥地利工业的发展，因为他们想要在与对手的竞争关系中增强自己的实力。如果他们采取的措施效果是加强或削弱贵族或资产阶级的力量，这种效果就是他们在历史中为了阶级构成的生存而采取的行为的相关性的测试。也许，至关重要的标准承载于"阶级影响"这个词中，而不是"阶级斗争"这个词，说"阶级态度"而不说"阶级意识"，更能体现恰当的方向与目标。①

商人和官员们的行为形式在将来能得到准确的研究。通过选择典型的实例和运用精确的技术，就能够重新对特定的"经济"和"符号"变迁之间的相关性进行准确阐述。很显然，在美国国内市场中，国外竞争的加剧，预计会引发那些认为自己处于危险之中的美国生产商们对外国人的仇视。对变迁的幅度进行研究也就成为可能，其中会产生最大程度的符号调适。如果国内市场上外国的股份占到10%至20%，符号化的反应也许会在可比较的时间间隔内比40%到50%的变化更强烈。沿着"物质"曲线的某些关键点，我们也许重新聚焦我们的注意力并大胆行动，警觉地看待未来形势，采取很多强烈的反对措施。②

繁荣和萧条的浪潮的深远重要性，在过去和未来政治发展的条件下，足以证明对不安全感水平如何响应变迁进行延伸考虑是合理的，这些变迁已变得和工业化的扩张密切相连了。

许多影响深远的社会后果导致了这个简单的观点陈述的产生：繁荣是对富人的放纵时期，萧条是对穷人的损伤时期。

当人们因放任而冲动（就像因繁荣而冲动一样），导致的对权力的观

---

① 关于这些问题，参见 Georg Lukács, *Geschichte und Klassenbewusstsein*, Berlin, 1923。

② 类似这种研究正在制鞋业和其他特定的工业中进行着。业界报纸、大会、新闻报纸和国会议事录中的措辞法是要被定期抽样的；这些数据的汇总和市场变化有关系。区域研究也将被证明很有价值。参见 Bertil Ohlin, *Interregional and International Trade*, Cambridge, Mass., 1933。

念与获得,增强了自信心,培养了个人的特征,孕育了差异性。相反的,损失、剥夺和免职,堵住了个性能量的流出,挫败了基本的自我效能感,束缚了已被弱化的个人去找寻协定行动的力量。对繁荣时期个性化的迫切需求是那么的有力,以至于为了稳定的扩张无数的个人需求,传统符号和实践就被忽视了。新的操作方式与传统限制相抵触。被获得切实利益的新希望所诱惑,企业家对被耽搁的看法是非常不耐烦的,经常通过行贿而达到便利,如果认为有必要的话,也会对过时的规则进行重新调整来创造便利条件。

个人的自信心不会被专业活动所限制;它普遍地反对性别的、家族的、道德的、行为举止的和风格的传统模式。在成长过程中,再被细分,无人格特征的城市共同体,所有的人类个性的潜力逐渐体现出来,至少收到来自其他一些人的证实,并且逐渐补充、取代和瓦解世界上农村、小城镇和原始民族文化的标准。

对已经制定的秩序的威胁在逆境中走着不同路线。通常对独断的冲动的发泄方法被堵上,孕育着严重的情感紧张感,因为来自外部世界的挫折的第一个影响是把敌对的冲动转化为对自我效能感的反对,在极端事例中,这个过程导致许多激烈的、不可更改的自我敌视(相当于自杀)。

一些自杀的替代性选择和社会政治符号没有关系。一个不高兴的人可能像神经病一样反应过度,并且产生身体上的疾病,但基本原因还是"精神性的",也就是说,可以归于情感上的冲突,而非身体器官的伤害。令人无能为力的头痛和肠胃功能紊乱经常归入这个范畴。另一个神经过敏的替代方式在于对奇妙幻想的详细阐述,而非身体上的残疾症状;遭受痛苦的人沉溺在绝望之中,在抑郁的时期,或产生对参照、迫害、夸张的错觉。在其他神经过敏的情况中,有的诉诸过量吸毒,像过量饮酒和吸食吗啡,还有的产生多种病理学的性格构成问题。

这些由剥夺而产生的相对私人的解决精神压力的方法是综合解决办法的一部分,这些综合解决办法包括符号与实践的使用,是和制度规则联系在一起的。然而,不是身体症状或个人困扰,而是个性可能将它的症状社会化,通过群众运动中的综合符号。

被解雇可能会让受害人认为这是因为和一个有敌意的领班的私人恩怨造成的;但是这样的解释不能和其他解释相比较而凑合着讲得通,尤其是当失业大军因为沮丧而扩大时。剥夺现在看来是一个人和整个社会秩序之间关系的一个事件,当这种程度的普遍化一旦被接受,被剥夺的人通过制度符号找寻能解决自己精神问题的方法的可能性就会增加。

面对这些第二手的环境符号,个人可能就会显示出处理免职问题的原始方法,这种方法是带有报复性的。如果它走向了极端,对真实世界的符号的爱的收回可以如人格的无能力一样,成为反对首要自身的、向敌对性冲动的转变。把自己对国家、种族、阶级和周围环境里具体人物等符号的爱收回的人,会将所有的感情聚集至自己身上,处于一种严重的病理学状态,遭受神经质的自恋或精神错乱的折磨。然而,除了精神病院里的人,病理学的终极状态是很少出现的,在这个世界上,爱的替代目标是容易得到的。从而,如果我不能再爱国王,我还能爱人类;如果我不能再爱上帝,那么我还能爱国家;如果我不能再爱国家,那么我还能爱工人阶级。

因此,受到伤害的人们的情感任务就是去找寻一个新的发泄途径,能够令自己找回坚定的自信和充满深情的冲动,从而避免自杀和自恋。在情绪沮丧时期,通过运用第二手符号来解决个人困难的途径,能够轻易获得处于同样困境中的他人的关注和支持,也能够引导人们去关注那些因为已经建立的秩序而导致利益受损的人们和获利的人们之间的对立情况。在繁荣时期,灾难以及胜利都变得更加个体化了。破产的发生更加分散,而且不是同步发生的;破产者对自己的失败负有更多的责任;因此破产者更加倾向于自杀等个人解决方式。相对于遭受免职痛苦的所有人而言,这些个人的权宜之计在沮丧的后期不是普遍的。

同时沮丧的情绪紧张感的上升,不只是增加了制度模式将在排遣紧张情绪上起作用的可能性,而且统治规则本身成为被攻击目标的可能性也增加了。在乌托邦符号的名义下,阶级划分不明显的社会的革命性群众运动有可能将集体侵略转向对以前模式的崇敬的支持。如果在满足人民对精神紧急事件的需求方面,旧势力的拥护者能够战胜新势力的支持者,发生这种革命运动的可能性就可以避免。

沮丧的情绪,我们已经有原因去展示,要比商品和服务的损失还严重得多;它们涉及了对受到影响的人的自尊的打击,还有受害人需要心理上的安抚并不比物质上的要少。

任何的剥夺都会引起对进一步损失的无意识恐惧感，并会引起多种对结果性焦虑的减轻所做出的努力。在某些程度上，损失是可以被弥补的，弥补的方式是：从环境中引发人的渴望。甚至连和人民遭受的灾难相联系的官方当局，都可能免除遭受袭击（如果它们通过语言或行为表现出对受害者的冤屈、抱怨以及建议的担忧和对受难者的慰问及哀悼）。

　　为何这些热切希望的行动在减轻焦虑和抵消损失方面是那么的强有力？需要被倾听的强烈需求植根于每个个性中，是从对弱小的、还不会说话的婴儿与儿童对环境的依赖上涌出的。挫折在一个努力学习的过程中产生，这个过程是指学习充足的交流符号，这些符号强调了讲话的重要性，并且，听我们讲话的人在早期所处的环境里，他们十分关心和喜爱我们，以至于对我们的长期过高评价，这种评价指的是我们讲话的内容对他们情感利益方面的影响。可接近并有理解力的君主或者总统允许一个能被重新激发的对父母的依赖的态度，这可以增强他的优势。负责救济事宜的管理人被要求认真倾听，并且分配好救济物资。在政府机关里的部分官员需要非常多的母性的、善解人意的家长式统治，来处理剥夺所产生的心理不平衡。

　　对成功自我的理想和处于沮丧时期这一现实形成了鲜明的对比。独断的冲动根据自身理想化的事物被具体化，但这种冲动被挫败并且通过基础自我对失败的病态空想的培养而实施。如果能够清楚地表示出应对这次由于偏离第一手自身而导致明显的失败所承担的责任，或者能够表述外部世界的某些符号，那么，就能够从内部缓解激烈的紧张感，从而，满足了对不负责任的原始渴望，也恢复了有限责任的早期幼稚状态，这种有限责任是与社会获得的成人标准相关联的。

　　这种替罪羊的作用可通过大量的奇妙符号得以运用，其中有一些很个人化，也很具体化，例如"我老婆是罪魁祸首"；另一些是很偏很概括的说法，例如"犹太人""银行家""粮食投机者"。其他人的是在无人情味和抽象事物的范畴内的："人性的邪恶""无神的邪恶""西洋的物质主义""商贸怪圈""过分储蓄"。对于那些几乎是专业的人士，这些人在心理上是等同的："我做了个不成熟的交易"因为"他误解了我"。在经济萧条时期，掌权者与非掌权者使用的单词形式的系统性选集能够成为可比较的发生率数据的有用的补充，这里的发生率指的是自杀、消化不良、强迫性神经官能症、毒瘾等其他事件。

在萧条时期，无视行为的某些重要方面，提出对奖励、合法化、希望、行动、毁灭的过分要求，提出对行为的某些重要方面视而不见，我们可能就要为了特定的评论，挑选出值得注意的被动性，这些被动性以当下的行为为主要特征。这也部分地取决于商业衰退的程度及其意义，但它也被无意识的组成部分所强化。临床心理学已经表明那些能够从关于行为创新的同情悔恨中解放出来的人格，也可能遭受模糊的自我惩罚行动之苦，这些自我惩罚行动源于童年时期道德良心中的遗留物。因为繁荣意味着大量地用奢侈取代朴素，用借款取代节俭，用投机取代投资，用放纵取代节制，无意识的愧疚感也因此被强化了。在繁荣的时期，有意识去"取得成功"是相对简单的；金钱能够用在福利事业上、教会的建筑学和教育的建筑学上，还能用在和习俗联系在一起的符号的装饰上。但是在危机中，许多人又会提到童年时期的符号与公式。如果这些公式主要是仪式性的，个人也许能去除他的紧张感而不用在环境中进行明显的改变；但是，重新激活这些原教旨主义者的模式是经常和好战需求的行动相联系的。

繁荣时期的原教旨主义运动大部分是大都市老于世故的人们的笑料。门肯（H. L. Mencken）① 会嘲笑"玉米和圣经地带"，并且拿猴子的运动行为当作实验。但是在萧条时期，这种事对于政治发展有着严肃的意义。随

---

① 门肯（1880—1956年），20世纪20年代美国知识生活的中心人物。他的辉煌巨著《美国语言》1919年首度问世（1936年出版第4版并在1945年及1948年追加出版），虽然门肯坚称他不是一位学者，他认为他只是学者获取数据的消息来源，然而不可否认的是，《美国语言》的确是语言学术界的杰出作品。这本书对照美式英文与英式英文，解释许多富有趣味的美国俚语表达方式之起源，检视美国特殊的地理名称及个人名字。门肯以讥讽刻薄的写作方式嘲弄那些沾沾自喜的中产阶级商人、思想狭隘的美国文化生活以及严厉肃穆的美国清教徒。他针对所有这些主题大力抨击，以讽刺漫画代替谩骂，且看不出有任何指桑骂槐或细微的差别，他的责难可以说非常直截了当。门肯主编的《美国信使》（American Mercury）是当代最有影响力的杂志。他想借由杂志内容达到的预期目的，就如同他曾表示的"欲激起兽性"。他希望能煽动他的反对者，且他经常获得成效。他是美国人最令人憎恶却也是最令人敬佩的学者之一。他在自己的著作中甚至比他的杂志中更常表示，对他而言没有什么是神圣不可侵犯的。如果美国没有民主的拥护者，美国人民只是一堆害怕爱哭、怯懦胆小、卑鄙可耻的乌合之众（农奴）。他之所以抨击教会、商业以及政府只是为了反对崇拜圣像者。——译者注

着城市经济实力的下降，还有在困难时期对灵魂满足感的安全的寻找，人民中的相当一部分人，尤其是在省里的那些人，可能会转而发起围绕着"旧时期信仰"符号的行动，以及围绕着对家族和个人道德、行为举止以及行动风格的古代守则的行动。对于那些不道德的城市所累积的仇恨，也许会以对这些形式的狂热复兴的方式来加以排遣。政治领袖可以夺得许多原教旨主义的符号，就像德国的国家社会学家一样，德国国家社会学家对"文化的布尔什维克主义"的攻击和原先德国道德理想化的事物相结合，体现了柏林自己达到顶峰前的泛滥，是省级层面的高潮表现。

萧条时期的群众运动令领导者进入紧急状态，并且令他们普遍成为鼓动型领导者（面对社会危机时），传达人民意志的人都是有勇气、果断的。经常性的，那些发挥鼓动性作用的人的人格是病态的，他们的语言影响力、兴奋过度以及模仿天赋提供给群众的实际上是他们自己的渴望，这种渴望部分使他们能够得到精神发泄，部分是他们情感需求的确证。①

通过对"物质性的"和"象征性的"（符号性的）在内在联系上的主要可能性的讨论，我们可能简单地认为源于经济波动而产生的态度变迁，会对最新的世界革命模式的扩展和限制产生影响。

用萧条滋生了革命、繁荣延迟了革命这样的陈述来处理经济动荡和革命之间的关系，这种处理方式是有诱惑力的。在一个被划分为国家的世界里，国家之间的最终区别是通过武力来获得稳定。繁荣扩大了市场，增强了联系，激化了矛盾，引发了战争。正是战争的威胁抵消了在繁荣中被解放了的个性化趋势。战争中发生的紧急事件，特别是战败这样的紧急事件，导致对模式的局部采用，这里的模式是从多数近来革命原型中借来的，或是新的群体中的紧急状况。

在上个世纪，每次资本输出国（一个经济萧条的事件）信贷流动的紧

---

① 关于失业影响的研究，参见 H. Lazarsfeld and H. Zeisl, "Die Arbeitslosen von Marienthal", *Psychologische Monographien*, 1933; E. Wright Bakke, *The Unemployed Man*, London, 1933; Dorothy S. Thomas, *Social Aspects of the Business Cycle*, New York, 1927; Gabriel Almond and Harold D. Lasswell, "Aggressive Behavior by Clients toward Public Relief Administrators: A Configurative Analysis", *American Political Science Review*, 28 (1934): 643-655。

第七章 物资与服务：经济条件的影响

缩都会点燃资本输入国不满的导火索。但是在许多（如果不是全部）这样的实例当中，社会革命的扩展被老的社会构成所阻碍，这种老的社会构成曾经常常能够重复主张自己是反对工业崛起、反对重商主义、反对商业土地因素的，这些被价值观的崩坏削弱了或者部分破坏了声誉。

俄国革命模式的紧急状况极大地激励了国外不满因素的发挥。从某种程度上讲，俄国新统治者给予了直接的宣传协助。除非那些非俄国统治政府被直接推翻，并且被苏联合并，区别过程的进度相当快，新模式的总体传播受到限制。

在第三国际的名义下，推翻地方政府的行动失败了，会直接减少胜利的可能性，增加那些和地方符号以及不安全的地方政府有联系的人的自我认同感。直接革命的希望减退了，工人组织（使用俄国符号并且附属于第三国际）间的矛盾体现了出来，调用非俄国符号的工人组织强调地方联系的重要性。从而发现了社会民主党、联盟、企业之间的矛盾。另一方面，共产党、联盟、企业间的矛盾也被发现了。同时，中产阶级构成也使用狭窄的符号（民族主义、爱国主义）参与到积极的政治活动中来；他们的领导者与新的无产者出身的、由社会主义政党政治家和工会干事组成的中产阶级对抗。拥有土地的贵族和富豪统治集团的重要元素帮助了新的社会运动，这些运动通过他们的民族主义、排外主义和反共主义词汇手段吸引了传统中产阶级元素。掺透进社会运动中的反富豪主义的或反贵族主义的符号并未引起富豪统治集团或贵族的认真重视，富豪统治集团和贵族的首要直接的目标是通过排除从一个国家来的"国外的"和"激进的"的影响，通过摧毁工会的力量来恢复他们对安全的意识，来参加有效的共同的对国家公平性在国家范围内的有效的、集体的讨价还价。在一些实例中，有一些被引导反对传统"资本主义的"结构的敌意被民族和宗教上的少数派击败。被冲突性的宣传所增强的不安全感，利用部分从俄国模式那里借来的语言，利用部分被文化的传统符号所刷新的语言，在独裁统治的危机中被部分地解决了。独裁统治的方法表现出了很多和原始的、以无产阶级的名义实施的独裁统治之方法相一致的特点。

在部分地限制和部分地传播最近的世界革命模式这一过程中，萧条的作用是促使地方化快速形成和独裁性的调节。与革命过程不相伴的萧条特征是一个双重的过程，既是一个幻灭的过程，又是一个在抗议因素中的反省过程。左派针对既定制度的反对性侵略被阻挡，他们又回去搞自己的左派运动，使自己最近提出的口号遭到怀疑，败坏了自己的策略，依赖于乌托邦的希望和新的应急手段。当资本主义扩张时，经过了商人—资本家、工业工人—资本家和银行家—资本家等阶段，在每一次的萧条中，工人口号与策略被掩埋了，又诞生了。萧条期间，革命的领导集团的重要性经常是一个与外部权力平衡不顺遂的关系的结果。发觉到外国联合抵制的可能性或武装干涉的可能性，左派领导可能会错失革命良机。有时候，阶级合作的政策会在联合内阁中非常明显，但是偶尔的，国会议员会尽力去避免承担任何责任。不论发生何种情况，幻灭感都是积累的，虽然领导层也会尽力转移注意力到似乎真正激进的事务上去。在瑞典和其他某些国家，工人党派，已经通过可行的竞选方法获得了投票选举力量的最适宜条件，发现避免战争式的革命行动是可行的，并且采取了多种多样的反军国主义与和平主义措施，这在重要性方面做出的贡献要远远大于在人道主义方面做出的贡献。

因此，萧条已经实现了与苏联相距甚远的隐藏于各种物质和意识形态配置中的矛盾。与苏联有关的反精英运动注定会遭受逆转的痛苦，由于世界革命运动的希望被推迟了。在经济困境的压力下，不满的潮流已经反过来使社会运动备受怀疑，社会运动的基本感染力是工人的力量。扩大、振荡的物质与意识形态环境刺激已被扩大了的圈子成为政治活动的积极参加者：上层资产阶级，工人们，小资产阶级。较老的中产阶级形态所展示的活力会反过来消失，当独裁统治没能够符合繁荣的局面，并且这些阶级将回来在阶级斗争中继续扮演中立角色，历史唯物主义者通常会把阶级斗争输入到中产阶级之间。

现代工业主义出现在前资本主义世界，在前资本主义世界中各国之间的矛盾分歧理所当然地是用武力来解决，因此统治精英对社会变迁的解释就要参考社会变迁对于相对战斗效能的意义。现代工业主义增加了对金钱利润的计算预先占有的人们的数量；而且不断扩大的劳动分工使得世界陷入了更加紧张的接触之中，不断累积的矛盾使得根据作战效能对变迁进行有力的重新评估成为必需。动态的平衡过程使政治参与在世界范围内的多种不同阶级之间实现了普遍化，不久就将世界卷入了两大对立的阵营之中；世界大战见证了将世界工人阶级之间的分歧划分成两个自给自足体系的成果，而战后新纪元的揭幕已开始着手继续推进经济生活的分割化与地方化的进程。削减了的物质收入通过恢复一个新的重要性的观念激起了增加心理收入的努力，证明了他们和"社会主义社会"或者是"德意志第三帝国"的关系的存在；自选专家在符号操纵方面提供了新的面包替代品——现代政治宣传的大师。如果目前的趋势尚未被颠倒，作为世代努力的遗产，复杂的工人阶级的分化将被逐渐地分解掉；但是弱化的外部接触也可能成为还原相互矛盾的影响的一个前提条件。

第八章 移民、旅行和政治态度：
第一手接触的角色

外国人种与文化之间进行面对面接触的政治结果，如同在直接的人际交往过程中所产生的政治后果一样，是具有多重面向的。当两人相遇时，所有的个性自由能量在关系中都是可用的。某些对立的个性特征可能通过有意识的模仿或无意识的认同与投射，被包含在对方的反应机制中。当这种模仿、认同或投射过程一直持续下去，直至将许多在人格模式中蕴含的实践和集体之名纳入其中时，同化的现象就会发生。当集体之名被排除时，异化的事件就会发生，并且是以既不友善也不敌对的形式。暗示消极认同的敌对态度可能会导致对他者许多个性特质的草率拒绝。

人类经验的财富对第一手接触（primary contact）的研究是有益的。和土著居民之间的偶然或永久的交流已经被世世代代的移民、难民、改宗者、商人、学生、旅行者、观光者、官员和记者所建立。尽管缺少了系统化的物质条件，足够的印象主义观察已经足够用来确保进行长期思考并用于揭示进行深度分析研究一定会劳有所获这一基本事实。

在分析更多的具体结构之前，我们先对第一手接触情境的某些普遍特征进行讨论是有益的。① "对陌生人的恐惧"这种现象是广泛存在的，以至于这种行为经常被认为好似是一种人类的天生反应。如今，对婴儿所做的

---

① 参见 Georg Simmel, *Soziologie*, Third Revised Edition, pp. 509ff., Munich and Leipzig, 1923; Roberto Michels, "Zur Soziologie des Fremden", *Der Patriotismus*, Munich, 1929; Hermann Levy, "Der Ausländer: Beitrag zur Soziologie des internationalen Menschenaustausches", *Weltwirtschaftliches Archiv*, 2（1913）：273 – 298；还有美国社会心理学家查尔斯·库利（Charles H. Cooley）和乔治·米德（George H. Mead）的文章。

第八章 移民、旅行和政治态度：第一手接触的角色

实验性研究表明，"对陌生人的恐惧"更像是一种后天习得的个性特质；但是，就像人类的个性特质一样，多数专业观察者认为它是植根于胚胎血浆中的，如果早期发展条件几乎是普遍地导致了这种行为的产生，那么在儿童出生后将这种个性特质移除出去就没有什么实际的重要性可言。即使是被细心照顾的儿童也会产生偶尔的或长期的对陌生人感到厌恶的反应，但其中却没有什么明显的理由。对正在成长中的个体进行的精神分析性研究已经表明：儿童为改变其初始冲动的直接表达所进行的抗争，产生了许多内在的焦虑感。儿童受到了社会环境的强求，这种强求是为放弃对冲动的直接满足，以直接惩罚的形式或失去宠爱的形式出现的，而当所谓的超我也就是抑制性形成时，外部限制就被内化了。在这一过程中以超我的要求对冲动组织进行处理的形式，被动员起来去对抗未经修饰的冲动表达形式；这是一种促成了儿童焦虑反应的内在不一致性。减轻这种不安全感的方法之一是将他自己部分的"邪恶"天性投射于环境中。陌生人是这种投射的非常普通且方便的目标，因为陌生人也是人，但是他们在先前的具体经历中是不明确的。

由于任何个体的主要环境在合适的民族、种族、社会和个性类型上都是受到高度制约的，所以缺点都是由词汇所构成的。所有命名体系将成长中的儿童的反应组织起来，其反应会向着远离直接经验的方向发展。童话故事和民间文学、趣味小故事和可笑的绰号，所有这些使对各种不同的人（黑种的、侏儒的、外国的、陌生的、中国的、德国的、爱尔兰的）的态度系统化了。这些预先安排好的反应模式是事先明确地组织好了的。

成人的环境典型地利用了地处遥远的个体和群体的价值符号，为了支持在儿童身上孕育发展的抑制性系统。因此，当英格兰处于可能被拿破仑侵略的阴影之下时，育婴女佣用卜面关于"老博尼"（Old Bony）的诗句来吓唬不守规矩的儿童：

> 宝贝，宝贝，淘气的宝贝，
> 别出声，你哭哭啼啼的，我说是；
> 别再哭了，否则拿破仑·波拿巴就要路过这里。
> ……

> 宝贝,宝贝,他很伟大,
> 高大,黝黑,像鲁昂尖塔;
> 而且他吃饭饮酒,依靠它,
> 每天吃淘气的小孩。
> ……
> 宝贝,宝贝,他会听到你哭泣的声音,
> 当他路过这座房子的时候,
> 而且,他会把你碎尸万段的,
> 就像猫儿撕碎老鼠一样。①

在任何面对面的交流中,所有类型的反应都受到自由欲望冲动的威胁,这种自由欲望冲动是被周围情境所激发的。他者不会简单地保持分类中列举的形象的白人或是黑人的反应。他者是能引起所有范围的个性反应的一个目标。最原始的冲动可以被卷入这里,比如说对对性器官的功能及结构的好奇心。第一手接触因此而损害了预先组织好的分类,而且他者的符号也变成了在发展的情景下,在对冲动关注基础上的重新定义。这将始终在原来友好的联系中终结,这种说法却不被人们所认可,虽然积极的认同总是可能是任何人际反应的构成因素。

对陌生人——猜测性的评论主题之一——的一个反应就是想向他们倾诉亲密的问题。我们中的大多数人,已经有了完全陌生的人在船舷侧或在旅馆或在周末家庭派对上接近我们,坚持吐露他们过去的全部生活以及现在的困惑,随后便立即消失在了人群中的经历。精神分析学家已经对这种行为进行了启蒙性研究;这是一种特例,是对焦虑心理和负罪心理的一种排遣,是一种由于内心纠结而急于吐露心事的行为,而且这种行为往往在倾诉者在陌生人身上发现某些投射的特质时发生。如果这个陌生人十分谦恭,那么就有可能发生这种情况:倾诉者太急于释放内心的紧张感,以至于这种肤浅的社会行为会被解读为一个睿智的、有帮助的、善良的灵魂产

---

① H. F. B Wheeler and A. M. Broadley, *Napoleon and the Invasion of England. The Story of a Great Terror*, 2: 39, London, 1908.

第八章 移民、旅行和政治态度：第一手接触的角色

生的幻想，而且这个灵魂具备了儿童在其早期环境中对敏感的人们灌输的所有行为特质。

当转向对于接触情境更加具体的思考时，很明显，陌生人针对新环境预先组织好的态度是有实际影响的，但是新来者倾向于对当地居民针对他的具体态度做出回应。对旧环境的憎恶可能导致对新环境的理想化期望，不管当地人的敌对态度，移民们都会牢牢抓住新环境。有时候，政治难民别无选择，只能接受任何存在的可行选择，而且他们有可能把自己的时间花在尽一切力量控制自己家乡的事件上，并且尽一切可能对新家保持冷漠态度。①

当新环境既表现出敌对反应又表现出宽容接纳反应时，复杂性就显现出来了。新来的人可能会遭受一些言语上的嘲弄；但是，如果有购买土地的机会，或送子女们去免费的公立学校读书的机会，或如果需要可以找到工作的机会，以及改变宗教信仰的自由，那么这样形成的实质联系最终就会抹去最初言语攻击所产生的负面影响。

在直接接触中所产生的消极认同可能在推动对竞争性符号的详细阐述方面有巨大的潜能。②许多在美国被起了像"南欧佬"（wop）或"拉丁佬"（dago）这种绰号的意大利人被这种挑衅性行为刺伤了，以至于他们要发动法西斯主义运动，以通过发展更大更好的符号将意大利人团结以来，并间接地对这种挑衅行为进行报复。19 世纪的许多杰出民族独立运动都能追溯到海外留学生的哲学和历史活动之中，当提及他们的文化起源时，他们或多或少地都会反对他人善意的嘲弄或是冷漠行为。他们从旧环境中接管了使用过的技术设备，为了提出出众的发言和卓越历史的主张。

---

① 参见 Oskar Blum, "Zur Psychologie der Emigration", *Archiv für die Geschichte des Sozialismus und der Arbeiterbewegung*, 7 (1916) 412–430。

② 罗伯特·帕克（Robert E. Park）对有趣的数据进行了收集，"The Immigrant Press and Assimilation", Chap. 3 of *The Immigrant Press and Its Control*, New York, 1922; Robert E. Park and Herbert A. Miller, *Old World Traits Transplanted*, New York and London, 1921 一书的不同章节。

因此，去乌普萨拉大学①留学的芬兰学生就与瑞典人正在膨胀的自我主张产生了具体联系。就像其中一个作为芬兰民族主义运动发起人之一的学生写的那样：

> 我们想要向瑞典人证明：没有他们的语言或习俗，我们照样能活！——是的，甚至是没有他们的托尔②和奥丁③……如果我们想要得到外国人的尊重，我们就必须做我们自己，而且不要去想成为所有的事物，因为想成为所有事物就意味着什么都成不了……（为了它还有许多需要去做的事）我们的子孙后代不会成为瑞典人和俄国人的毫无意义的混合物，那意味着什么都不是——但是，一个独立的民族至少能够在智识与心理上保持其独立性。④

另一个学生大声说道：

> 哦，要想得到一个真正的祖国，真正成为一个国家的公民，而不是一个被一帮蠢驴和狡猾狐狸所统治的肮脏之省的懦夫。⑤

---

① 乌普萨拉大学同瑞典其他35所高等学校一样，是一所公立大学，它位于瑞典东部乌普萨拉省省会乌普萨拉市，该市不仅是瑞典的工业、军事中心和铁路枢纽，而且是瑞典的文化、教育和宗教中心。乌普萨拉大学建立于1477年，是瑞典及全北欧最早的大学。在五百多年的漫长历史中，乌普萨拉大学经历了多次改革，发展至今已成为一所现代化的世界著名高等学府。——译者注

② 托尔（Thor），北欧神话中的雷神。主神奥丁（Odin）的长子，母亲是大地女神乔德（Jord）。托尔身材魁梧，臂力过人，他长着一双豹眼，满脸红胡子。托尔衣着简陋，不过他的腰上束着一条魔带，这条魔带使他的力气加倍。托尔戴着铁手套，执着米奥尔尼尔（Mjollner）魔锤。托尔常年在东方防御冰霜巨人和巨蟒的侵袭，保卫众神祇的家园。托尔刚正不阿并敢于顶撞奥丁，脾气暴躁但豪迈行侠。众神末日来临时，雷神托尔与米德加尔德巨蟒（格拉弗维尼尔）再战，与巨蟒同归于尽。——译者注

③ 奥丁，北欧神话中的主神，相当于希腊神话中的宙斯和罗马神话中的朱庇特。他创造了北欧的人类，掌管死亡、战斗、诗歌、魔法及智慧等，是众神之父。——译者注

④ John Henry Wuorinen, *Nationalism in Modern Finland*, p. 70, New York, 1931.

⑤ Ibid., p. 47.

第八章 移民、旅行和政治态度：第一手接触的角色

学生们接受了民族主义的认同符号，并且接受了有助于他们详细阐述自己符号的那些表达技术。就像凡·格奈普（Van Gennep）评论的那样：

> 由中欧和西欧创造并发展了的科学已经反过来为其他地区的人们坚持自己主张的信念提供了机会。真正的科技历史——斯拉夫人的，阿拉伯人的，波斯人的，美国人的，中国居民的，日本的，还有更近的班图黑人的（Bantu Negro）——都是起源于欧洲人的；而且，现在他们正在推翻历史和自由平等的原则，这种行为是和欧洲人的理念相抵触的。[①]

陌生人对新环境的调节受到了他的文化技术与其在此发现的关系的强烈影响。如果本地语言在语法或语言学上和新语言相似，那么移民就容易被同化，即使他们因为受教育程度不高或讲方言而对自己国家语言的掌握仅仅停留在普通水平。因此，南方的意大利人很快被说西班牙语的国家所同化了。在陌生人的语言极少被使用，以至于必须被抛弃来确保经济稳定的地方，同化过程也加快了。即便是安营扎寨并居住在一群构成复杂的人群之间的征服者，更加成熟的文化也会接管旧文化；于是挪威征服者造就了诺曼底文明，中国的满族征服者造就了蒙古文化。复杂的、更加成熟的文化接管了不太复杂的文化，这一过程往往保留了其认同性。

当讨论环境给陌生人带来的感受时，一定要考虑到与更广泛的结构之间的关系，这一结构对陌生人的重要性进行了界定。在非常广泛的意义上，与陌生人一致的感受是世界权力平衡的一种功能，一种内在的权力平衡，以及一种礼节与道德的地方标准。

在世界平衡中，一个政敌的文化隶属机构往往会受到敌视，就像世界大战后到美国去的德国人，或在战争时期居住在美国的德国人。在土耳

---

① *Traité comparatif des nationalités*, I: 43, Paris, 1922. 也可参见 G. P. Gooch, *History and Historians in the Nineteenth Century*, New York and London, 1913; Richard T. La Piere and Cheng Wang, "The Incidence and Sequence of Social Change (In China)", *American Journal of Sociology*, 37 (1931): 399–409。

其,亚美尼亚人被视为西方侵略的前哨并且因此受到迫害。正在实现解放的过程中,前任统治者的文化隶属机构就处在一个十分明显暴露的位置;这就是德国人在战后的捷克斯洛伐克和在一些波罗的海国家的不幸命运。那些和其他领土上的强大群体有联系的势力会被认为是和他们所在直接环境的实际数量比例相差甚远的一个警报。阿拉伯人把巴勒斯坦的犹太人视为洪水爆发的前兆;其他地方的犹太人处于被持续攻击的境地,就是因为他们的国际从属关系。① 排外主义也许是不安全感的一种普遍的功能,不安全感并未给特定的外国群体所具有的邪恶特征带来太大压力。在美国,禁止异乡人的进入是由普遍不安全感的上升所激起的,这种普遍的不安全感的产生是由美国在世界的新角色和自身内在的改革所引起的②;亚洲人和其他非欧洲人的排外主义是对更强大的技术渗透的一种防御。

权力平衡的规则决定了难民是否能被很好地安置;被敌人驱逐的所有人实际上就是朋友,那些和同盟国联合的人在其所能获得的支持上有些自以为是。一般而言,当一个国家打算快速开发本国的自然资源时,就会对外国人持有一种赞同的态度。③

驱逐、排外和殖民政策的历史,这些都证实了美国州际公路和权力内在平衡的重要性。④ 统治精英对每个少数派的自身地位的暗示都有着必要的敏感性。当巴西的约翰六世决定鼓励殖民者活动之时,他于1818年到了瑞士,他这么做不只是因为当时巴西国力衰弱,还因为他渴望通过争取天

---

① 参见 Fannie Fern Andrew, *The Holy Land under Mandate*, 2 Vols., Boston, 1931。

② 参见有关驱逐政策的文献:L. F. Post, *The Deportations Delirium of Nineteen-Twenty*, Chicago, 1923; William C. Van Vleck, *The Administrative Control of Aliens*, New York, 1932; Jane Perry Clark, *Deportation of Aliens form the United States to Europe*, New York, 1931; Reuben Oppenheimer, *Report on the Enforcement of the Deportation Laws*, President's Law Enforcement Commission。

③ 参见 Isaiah Bowman, *The Pioneer Fringe; Pioneer Settlement*, by Twenty-Six Authors, American Geographical Society, New York, 1931, 1932。

④ 关于战后发展,参见 Stephen P. Ladas, *The Exchange of Minorities*, New York, 1932; Charles B. Eddy, *Greece and the Greek Refugees*, London, 1931; C. A. Macartney, *Refugees*, London, 1931; R. D. McKenzie, *Oriental Exclusion*, Chicago, 1928; Yamato Ichihashi, *Japanese in the United States*, Stanford, 1932。

第八章 移民、旅行和政治态度：第一手接触的角色

主教家庭的支持来阻止保守派反对势力的壮大。①

美国对爱尔兰移民的敌对态度部分是由于纽约在美国大选中的战略重要性，还考虑到居住于纽约的爱尔兰裔选民的战略地位。无论何时，共同体中的异族群体所产生的政治"激进主义"，激发了那些采取认同统治模式的群体的防卫措施。德国人在得克萨斯州遇到麻烦是因为他们在美国南北战争后为了废除奴隶制而举行的活动。② 政治"激进主义"往往在那些在新环境中遇到障碍的激进主义文化③中繁荣发展，这一现象值得进一步探究；许多在自己国家身为社会民主党人的瑞典人，一到了美国就变成了共产党人，有些德国民主自由主义者在美国就变成了社会主义者。很多在欧洲身为小资产阶级的犹太人到了美国就以政治经济抗议运动者自居。他们的文化非常激进，而且抗议活动很容易采取抽象的形式来表达自己的观点。④

统治集团或许会需要一个替罪羊来转移社会积怨，并且在共同体中通过使用一个外来元素来达到这个目的。过去在俄国，犹太人就容易成为王朝的、封建的、天主教的敌对目标，而且德国资产阶级通过仇恨"犹太人"来替换仇恨"资本主义"。

为了与外部侵略势力相抗衡以维系自己的地位，统治精英可能会改变选拔政治精英的过程。在美国北部城市，黑人的出现并未造成什么特别的问题，当他们的人口数量还比较少时。他们受到了欢迎，因为共和党的政客们指望他们能投票给林肯。但是战后大量黑人的涌入导致了民主程序受到威胁的后果。在芝加哥，现在要让黑人候选人掌权是不可能了，已经不可能再像前几年那样了；在美国，白人统治者的不安全感是有利于推动法

---

① Imre Ferenczi, *International Migrations*, Vol. I (Statistics), p. 137, Edited by Walter F. Willcox, National Bureau of Economic Research, New York, 1929.

② Edith Abbott, *Historical Aspects of the Immigration Problem, Selected Documents*, p. 500, Chicago, 1926.

③ 这里是指鼓励他们对自己的要求所进行的辩证的防卫的文化。在这方面，犹太人和加尔文教徒可能和天主教徒形成鲜明对照。

④ 参见 George Soule and J. M. Budish, *The New Unionism*, New York, 1920; Werner Sombart, *The Jews and Modern Capitalism*, London, 1973。

西斯主义发展的因素之一。①

当经济权力的平衡受到了外国群体的威胁时，就会产生直接针对它们的敌对行为。因此在巴尔的摩，被解放了的黑人们，反对从德国而来的贫穷的白人移民与他们竞争。②

对于类似的阶级难民，他们的阶级意识是明确的，给予欢迎就是一致的。外国的贵族阶层为了法国与俄国的那些无家可归的贵族做了他们力所能及的一切。③ 资本家和工人群体尤为倾向于同情那些因1848年爆发的革命行动而沦为难民的人们；而且无论在任何地方，所有的美国人都倾向于为战败的民主人士提供庇护。

对于外部和内部的权力平衡而言，陌生人的重要性随着导入的相对数量和比例而变化。如果起初外国文化的成员数量是稀少的，友好联系加强的机会就会变得更大，比起在大量外国人急速涌入的时候。家庭主妇喜欢能做各种家务的女仆，即使她们轻蔑地说着"瑞典人"；房主们喜欢他们的贴身男仆，甚至在他们不信任"日本人"时；园艺家们不想失去他们高效率的助手（当排外煽动来临时），放荡不羁的人对于有人干涉他们最喜欢的妓女而感到憎恨，有着良好意愿的人不愿意在陌生人之间交出他们的善良劳工，大学不想失去外籍学生的名额，导演反对失去有声望的外籍演员，旅馆老板和酒席承办者对自己干涉了贸易活动感到后悔不已，尽力改善自己社会地位的人也不喜欢在前进的道路上遭遇怒吼的狮子（snaring lions）的阻碍。

---

① 黑人在美国政治中的普遍地位，参见 C. E. Merriam and H. F. Gosnell, *The American Party System*, Second Edition, New York, 1929. H. F. Goxnell, 本书致力于研究黑人在政治中的角色。参见 Donald S. Young, *American Minority Peoples*, New York, 1932; Paul Lewinson, *Race, Class, and Party: A History of Negro Suffrage and White Politics in the South*, New York, 1932。

② Edith Abbott, as cited, p. 463; 也可参见 J. Legouis, "Les problèmes d'émigration devant l'opinion mondiale", *Revue économique internationale*, 18me. Année, 4, No. 1, (1926): 36–65。

③ 参见 Fernand Baldensperger, *Le movement des idées dans l'émigration francaise (1989–1815)*, Vols. 2, Paris, 1924; Hans von Rimscha, *Der Russische Bürgerkrieg und die Russische Emigration, 1917–1921*, Jena, 1924。

第八章 移民、旅行和政治态度：第一手接触的角色

对美国黑人所采取的防御行为的数量关系进行初步研究还是有可能的。① 表格结果显示：每一万人中，在传统的黑人社区里，黑人更能免遭暴徒袭击杀害，传统黑人社区中有一半以上的人是黑人，比南方的其他任何一个地方都要多。与那些在黑人人口比例占到四分之一到一半的郡县里的黑人相比，他们感到更不安全，然而每一万黑人人口中，在黑人人口数量所占比例不足四分之一的郡县，他们最容易受到暴徒的袭击。种植园生产体系在第一组郡县中盛行，因此对黑人劳动力的需求很高；在最后一种情况下，大多数黑人都拥有一座小农场或者为了获得工作和白人展开直接竞争。在传统黑人社区，尽管黑人人口数量所占的比例很高，它仍旧是一个十分稳定的区域，那里的人种混合状态已经实现了一个暂时的平衡状态。佛罗里达州近几十年来的明显的人口增长比率显示：从 1900 年至 1930 年，被凌迟处死的黑人比率是 4.5‰，这个比率几乎是密西西比州、佐治亚州或路易斯安那州的两倍，是阿拉巴马州的三倍多，是南卡莱罗纳州的六倍。但是，暴徒袭击致死的最大威胁主要存在于南方人烟稀少的穷乡僻壤里。在南方人烟最稀少的 250 个郡县中的一个普通居民受到暴徒袭击致死的概率是居住在南方 6 个最大城市或附近地区的居民的 60 倍。

从这个调查中我们可以很明显地看出：对本土居民中的外国元素之引进比率及引进量的研究，可以得出一些积极的研究发现。这些研究有望为人口接触管理提供政治才能方面的基础。简单的数字因素表明了，这种情境的一个维度对于已经阐明的国外与国内力量对比关系的重要性而言是很明确的。

根据盛行的道德和礼节标准，当地居民一方对外国人的反应已经改变了，基于对世界平衡和国内权力平衡的评估。可见的违反习俗的行为会引起防御性的敌对行为。从爱尔兰移民到美国的人，就公开地反对新教，因为他们恪守天主教礼制；他们经常喝得酩酊大醉，喜欢吵架，喋喋不休；他们经常四处游行，尽情舞蹈，举止放荡。所有这些和缺乏表现力的美国

---

① *Lynchings and What They Mean*, General Findings of the Southern Commission on the Study of Lynching, The Commission, Atlanta, Ga., 1931. Arthur Raper, *The Tragedy of Lynching*, Chapel Hill, N.C., 1933, 描述了该案例。

模式相冲突，正如它们也经常和英格兰标准相冲突。①爱尔兰人从他们反对当局的斗争中形成了他们暴力行为的模式，把莫里·马贵成员们（Molly Maguires）②转变为反对煤矿场老板的人，并且联合起来一致憎恶告密者，这就是战斗群体的典型特征。

异乡人经常在反习俗运动中显得非常重要，这一点并不奇怪。考虑到这种运动受到歧视的程度，它们经常对异乡人支付高薪，而且另一方面，外国人确实也需要一个经济基础。在赌博和恶习方面，黑人就显得很突出，在毒品、赌博和恶习方面，中国人就显得很突出，在电影院和"花天酒地"方面，犹太人就显得很突出，这不仅是因为当地人口趋向于表现自己的存在这一心理方面的事实，而且还因为异乡人受本土文化的影响与控制的程度不如本地人那么明显。而且那些离开自己发展环境的人在新环境里表现出了不同程度的个体无组织性。在最初的环境状态中，家庭、教堂、学校、同仁和邻居为了维系习得的抑制而重新使用了刺激手段。在新的环境中，对超我的外部支持经常处于缺乏的状态；实际上，关于教会的、王朝的、父辈权威的传统符号可能不仅缺失了，而且在新环境中遭受明显的失礼对待。以诸如禁欲、规律地工作、规律地存钱、尊重财产所有权等条款为代表的各种约束条件，可以证明阻止"反冲动"的自我表达行为是毫无成效的。事实上，环境可能会给那些致力于在传统共同体进行反习俗活动的人提供有利条件；可能会在宗教节假日的时候提供工作，对新的可能性的重新调整可能会扩展至整体反应模式的堕落。

未来的人际关系的进程会深受已确立模式的早期接触的影响。当异乡人从事的第一份工作是做仆人时，当地居民就会组织起优越的反应模式。

---

① 有关这个观点的解释和类似的观点，参见 Paul Cohen-Portheim, *England the Unknown Isle*, New York, 1931.

② 莫里·马贵是19世纪活跃于爱尔兰、利物浦和美国东部部分地区的一个以武力反抗矿主的秘密矿工团体，主要目的是反抗矿主对矿工们的剥削、压迫甚至是谋杀。其中，最著名的是在宾夕法尼亚州，流行于爱尔兰裔美国人和爱尔兰移民矿工中的激进主义运动。在接连爆发了一系列暴力冲突之后，20个被怀疑是莫里·马贵成员的矿工被谋杀，其他还有些被怀疑是其成员的矿工分别在1877年和1878年被执行绞刑。——译者注

135

第八章 移民、旅行和政治态度：第一手接触的角色

波兰人用自己的双手在德国获得了大丰收，正如在美国的爱尔兰人被铁路工程营地所雇佣时同样贡献卓著。当第一批到达者没有什么手艺，偶尔还酗酒放纵时，整个民族就会被描绘成肮脏的、放纵的、无能的形象。异乡人被指控为在发展小规模的商业公司或进入个体服务业时，缺乏首创精神；而且，直到财富的增长打破了通往权力与文化的障碍后，这种含蓄的批评才逐渐消失。把瑞典人看成女仆的、把意大利人看成水果小贩的、把德国人看成是厨师的、把希腊人看成是饭店老板的、把中国人看成是洗衣服的或把波兰犹太人看成是收破烂的那些美国人，他们却没有一丁点那些移民所拥有的丰富的文化财富，这些财富源于移民各自的文明源头。①

到目前为止，已被讨论过的第一手接触显示出提前组织好的对新来者接待态度的效果以及他的感受，强调了对居住人口的最初反应的影响、外部权力平衡和内部权力平衡的影响、道德和品位的标准的影响等。当我们考虑暂时的而非永久的接触联系时，我们发现相同的分析是可以适用的。②在经济压力下，外国游客、学生、商人、旅行家会被许多当地居民视为一种威胁。外国人是依靠榨干土地的油水而活着的"寄生虫"；他们通过为自己想要得到的东西花费数目惊人的金钱来提高价格。通常情况下，这种抱怨不是来自给养群体，而是来自中产阶级和工人们，他们看不到自己能从外国人那里得到什么直接好处，并且从肆意挥霍的事例中想象出自己遭受了损失。世界大战后，一个接一个的国家陷入严重的经济低谷期，于是对外国奸商、血吸虫（blood sucker）和货币兑换投机者的声讨声，回荡在整个欧洲。当世界政治权力的平衡突然而且明显地进行重新排列时，情感上的急剧转变就发生了，或者说是当内在的权力平衡将新的流窜犯遣送出国并为其他人提供庇

---

① 关于早期接触，参见 George H. Danton, *The Culture Contacts of the United States and China: the Earliest Sino-American Culture Contacts, 1784 – 1844*, New York, 1931。

② 改变信仰的人可能和外国环境有永久或偶然的接触。参见 Maurice T. Price, *Christian Missions and Oriental Civilization*, Shanghai, 1924; Chao-Kwang Wu, *The International Aspect of the Missionary Movement in China*, Baltimore, 1930; K. S. Latourette, *A History of Christian Missions in China*, New York, 1928; 以及其他相关著作。对于旅行者、商人、探险者、学生、游客，参见 Arthur Percival Newton, Editor, *Travel and Travelers of the Middle Ages*, New York, 1926; Roberto Michels, *Der Patriotismus*, pp. 109ff., Munich and Leipzig, 1929; Adolf Reichwein, *China and Europe: Intellectual and Artistic Contacts in the Eighteenth Century*, New York, 1925。

护时。本国人针对违反他们道德和礼节标准的来访者的敌意就逐渐累积起来。抱怨欧洲缺少浴缸和电话的美国人,或是高傲地询问美国是否真的有文化存在的英格兰人,这两者都是在耍着小儿科的把戏想要离间其他民族之间的关系。

提前组织好的对外国人的态度涵盖了从敬重到轻蔑的全部范畴。许多满怀热情地去法国的美国学校老师,当他们坚持为旅馆住宿进行额外付费时,发现出租车司机少找给他们钱,看到私人必需品在由公共机构进行救济时,都表现出令人吃惊的态度上的转变。那些低估了自己文化的价值但在国外也很失望的人,可能会心存安慰地回到祖国母亲的怀抱。一个新的认同感可能会产生,它会深深地影响到他们随后的行为举止。如果出国旅行有时能改变一个头脑简单的人对自己文化的过高估计,那么这种旅行就会经常令人确信国内什么都是更好的。正如罗伯特·米歇尔斯所评论的,现代旅行技术上的完善致使一个人从一个地方赶到另一个地方,从他的环境里承载了足够多的东西,对其他国家的印象就会更加肤浅。人们也常常会注意到人们有过度夸奖外国,借此作为攻击本国政治、政党或公共机构的手段之一的倾向;而且这容易导致对各种艰难困苦的辩解和在国外期间各种不便的产生。因此,美国民主党人曾经过度赞扬法国,同样的,如今其他国家的共产党员也在过度赞扬苏联。

类似事件发生的可能性依旧存在,但是没有服务于什么特别的目的;我们需要的是推动对能够表明特定阶段的多样可能性之相对重要性的研究的发展。美国大兵(不同社会起源的)在战争中和战后与法国人的交往经历产生了什么样的直接的、最终的净效应?堪萨斯州学校的老师们、芝加哥工厂的工人们、纽约的工程师们、米德尔顿高中的学生们、纽约的演员们、缅因街的商人们和家庭主妇们在与苏联的第一次接触后发生了哪些态度的转变?来自不同民族、不同阶层的外国学生与多种美国式生活接触之后产生了什么样的影响?移居国外的人都有什么样的背景?①美国外来移民的背后都有什么样的选择性过程?不同程度地融入美国式生活之后都有哪

---

① 参见 Percy H. Boynton, *The Rediscovery of the Frontier*, Chap. 5, "The Back-trailers", Chicago, 1931。

第八章 移民、旅行和政治态度：第一手接触的角色

些发展？①

对于政府管理专业的学生而言，其直接兴趣是对官方会议和持续的国际机构的相关研究。一般而言，大家都期望在会议中得到的好处，韦伯斯特（C. K. Webster）对 19 世纪早期的会议已经进行了总结。

> 不同国家的最高统治者和政治家近两年来一直过着普通人的生活。他们共同努力并分享着试验和胜利的喜悦，甚至在很长一段时间里吃住在一起。那些感受过拿破仑政权最终瓦解后的气氛的人永远不会彻底失去那种特殊的亲密感，就像欧洲政治家曾经所拥有的一样。带着他们已有的嫉妒心与阴谋诡计，像从前一样，重要的时期都是以同志相称。自从 1813 年，亚历山大、梅特涅②、哈登伯格、洪保（Humboldt）③和其他许多人曾经几个月在一个篝火营地里（全体议事者）一起过着平常的生活，而且他们之间毫无疑问地存在着保持联系与承担责任的精神，是这种精神把他们紧密联系在一起，在船上站成一排，或居住在同一个学院。④

---

① 尽管丰富的专题论文式的研究现已可以进行，在表明被描述了的可能性的相对频率上面下的功夫还是很少。从方法论的观点上来看，最好的研究当属 William Thomas and Florian Znaniecki, *The Polish Peasant in Europe and America*, 2. Vols., Second Edition, New York, 1927。现在能够将新方法应用于对当代联系的研究上了，范围从新形式的问卷调查到观察笔记，既定性又定量，通过参与的观察员和延长了的（精神分析的）面试采访来补充其他的个人文档资料。

② 克莱门斯·梅特涅（1773—1859）是 19 世纪一位出色的奥地利外交家，运用出色外交手段帮助反法同盟对抗拿破仑。1814 年 10 月，拿破仑被打败后，梅特涅主持维也纳会议（Congress of Vienna, 1814—1815）。这次会议名义上是为了重建欧洲和平，实际目的却是复辟封建王朝，打压各国的民族、民主运动。因梅特涅及多数与会领袖都认为，民族主义及民主运动是致乱之源，并敌视法国大革命，他们致力于使欧洲回归到 1789 年法国大革命前的原状，恢复旧秩序下的思想与制度，重新建立欧洲的保守势力。在梅特涅的强势主导下，维也纳会议定下欧洲各国以后的协调方针。——译者注

③ 亚历山大·洪堡（1769—1859），德国著名博物学家、自然地理学家，19 世纪科学界中最杰出的人物之一。主要著作有《宇宙》5 卷、《中部非洲》3 卷和《新大陆热带地区旅行记》30 卷等。——译者注

④ *The Foreign Policy of Castlereagh 1815–1822*, p. 63, London, 1925.

米尔德里德·莫尔顿（Mildred Moulton）已经给予皮特曼·波特（Pitman B. Potter）鼓励——鼓励他对影响国际会议的因素进行详细的分析。莫尔顿出版的第一本专著对和平时期召开的九种不同类型会议进行了简洁的阐述，并且以凡尔赛会议作为战争结束会议的代表。和平时期召开的会议涉及以下内容：（1）法律问题（伦敦海军会议，1908年12月，1909年2月）；（2）非周期性政治（关于限制军备数量的华盛顿会议，1921年11月—1922年2月）；（3）政治经济（斯洛文尼亚波特罗斯，1921年11月）；（4）经济（全美金融会议，1925年5月）；（5）行政管理（联席会议，巴塞罗那，1921年3—4月）；（6）有关社会问题召开的定期会议（华盛顿劳工会议，1919年10月）；（7）有关经济问题召开的不定期会议（日内瓦，1927年5月）；（8）关于政治问题召开的不定期会议——经过广泛准备在未来某个日期召开的（预备委员会，国际联盟裁军会议）；（9）未经准备的有关政治问题而召开的不定期会议（日内瓦，1927年6—8月）。① 在普遍的心理学意义上，没有理由将国际联盟从这个列表中排除出去。

在对作为接触形式的会议的研究当中，方法论的问题是指将描述会议开始的反应性情境指数与会议结束后的反应性情境指数分离开来，以及描述会议进行过程中产生变化的指数。初始的问题是对需求的强度和对开始时各种参与者所心怀的期望的本质进行评估。对这些需求与期望的重新定义是接触的主要结果之一。有时候，对紧急状况的普遍感知会十分敏锐，协调行动的路线会非常明显，以至于作为接触方法的会议只是附带的；但是在共同需求感较少的地方，对会议布局细节和符号的灵活掌握就可能会产生明显的结果。

---

① Mildred Moulton, *The Technique of International Conferences*, New Jersey College for Women, 1930. 也可参见 Eduard Rosenbaum, "Ueber diplomatische Konferenzen als Mittel zwischenstaatlicher Beschlüsse", *Kölner Vierteljahrshefte für Soziologie*, 5（1925）：157 - 170；Edward Eyre Hunt, *Conferences, Committees, Conventions, and How to Run Them*, New York and London, 1925；R. Doré, *Essai d'une bibliographie des Congrès internationaux*, Paris, 1923；Sir Ernest Satow, *A Guide to Diplomatic Practice*, 2 Vols., London, 1917；N. L. Hill, *The Public International Conference*, Stanford University, 1929；F. S. Dunn, *The Practice and Procedure of International Conference*, Baltimore, 1929.

第八章 移民、旅行和政治态度：第一手接触的角色

官方机构给予了进行富有成效的研究的机会。**特别实情调查**（Speical fact-finding）委员会，比如说利顿委员会（Lytton Commission），有他们公共关系的问题，同样，**定期实情调查**（Regular fact-finding）委员会，像国际联盟的永久部门那样。**监督**（Supervisory）机构通过添加可评价的裁定和提议来收集事实的真相。① 当负责人是州时，**协调**（coordinating）机构就会面临一个令人苦恼的问题。② **调解**（mediating）机构、**安抚**（conciliating）机构、**裁定**（adjudicating）机构在有国际危机时做他们的工作，并且经常临场发挥来应对情况的变化。③ **控制**（Control）机构的工作涉及：军事占领，突发状况救济服务，公民投票监督，海关管理，担任不同层级的权力的"顾问"，处理外交、财政、军事、次要问题的事务。④

更多的系统研究主要是针对调查外交使节的角色进行的，这方面的研究要比专门针对接触代理人的研究多得多。⑤ 至于对于国际接触、展销会、展览会、运动会、音乐节、戏剧奇观（奥伯阿默高⑥）、度假胜地、非官方代表大会等特殊场合的研究，还没有被进一步推进。⑦ 关于圣地作为不同

---

① 详见 H. R. G. Greaves, *The League Committees and the World Order*, New York, 1931。

② 参见 Sir Arthur Salter, *Allied Shipping Control*, Oxford, 1921。

③ 文献的参考书目有 J. H. Ralston, *The Law and Procedure of International Tribunals*, Revised Edition, Stanford University, 1926; *International Arbitration from Athens to Locarno*, Stanford University, 1929。

④ 参见 N. L. Hill, *International Administration*, New York, 1931。

⑤ 卡利埃尔先生（Monsieur de Callières）在旧作中保留了其较高的地位，*On the Manner of Negotiating with Princes* (Translated from the French by A. F. Whyte), Boston and New York, 1919。也可参见 Jules Cambon, *Le diplomate*, Paris, 1922; Mendelssohn-Bartholdi, *Diplomatie*, Berlin, 1927; A. A. Friedländer, *Diplomatie, nationale u. internationale Psychologie*, Halle, 1919; Severus Clemens, *Der Beruf der Diplomaten*, Berlin, 1926; R. Finger, *Diplomatisches Handeln*, Stuttgart, 1931; Francois Charles-Roux, *Trois ambassades francaises à la veille de la guerre*, Paris, 1928。

⑥ 奥伯阿默高（Oberammergau），德国慕尼黑一村镇。——译者注

⑦ 参见 O. Brandt, "Zur Geschichte und Würdigung der Weltausstellungen", *Zeitschrift für Sozialpolitik*, 9 (1907), pp. 81–99; Guy Stanton Ford on "International Expositions" in the *Encyclopaedia of the Social Sciences*, and Joseph Kulischer on "Fairs" in the same place。关于体育，参见 G. A. E, Bogeng, Editor, *Geschichte des Sports aller Völker und Zeiten*, 2 Vols., Leipzig 1926。

文化的人群所聚集的地点已经说了很多，战争在加强接触方面的作用也已经被反复强调过了。

这些特别主题最终把人们的注意力转移到宏伟的文化上面，这是就具体人群和具体时期的联系做的报告。像宗教战争、民众迁徙、地中海世界和东部与北部的文化接触（尼罗河谷地，底格里斯—幼发拉底谷地……）、欧洲文化模式的传播、有历史意义的交往路线的功能之类的话题，都在具体的方面提供了相关的信息。①

对直接接触的多样性进行分析，就需要对参与者预先组织好的态度进行仔细研究，也需要对早期接触所设定的特定模式进行研究，还需要对外部权力平衡和内部权力平衡以及道德标准对陌生人的重要性进行研究；其中使用的每一个术语，都需要根据它与总体背景中的物质细节和符号细节的关系进行界定。②

---

① 参见 F. S. Marvin, Editor, *Western Races and the World*, London, 1922; George Young on "Europeanization" in the *Encyclopedia of the Social Sciences*; Richard Hartmann, *Die Krisis des Islam*, Leipzig, 1928; 还有和文化接触相关的普遍性著作。

② 为了对第一手接触的具体问题进行具体分析，参见丁科·托马西科（Dinko Tomašić）在美国即将进行的对南斯拉夫民族的研究。

第九章 新渠道和关注区域：
第二手接触的角色

当对关注区域进行重新界定时，劳动分工的变化引发了世界范围内的其他改变。关注区域属于心理学的研究领域之一，应对心理学和活动区域及组织区域的相互关系进行系统分析。环境（environment）是人类生存的物质世界，情境（milieu）则是经由符号构建的客体关系。环境是人类生存的物质世界，情境则是经由符号构建的客体关系。例如，某政府大楼对于居住在此地的所有人来说构成了一种环境，而在观察它和思考它的人眼中，却属于情境的一部分。再比如，芝加哥人可能会说到纽约或者孟买，却不一定曾经去过那儿，在某种意义上这些地名就成为芝加哥人的情境的一部分。又如，人们会提及某些虚幻或者古老的事物，如年老的希腊人和鬼魂，尽管他们并未曾置身其中获得直接感受。

同一被关注对象的关联符号在不同个体上，会引起正面或负面的情绪冲动，进而产生不同的关注焦点，并引导着个体的情绪波动。相同的情感体验在具有相同关注焦点的个体间分享，情绪范畴拓展的结果便是释放出控制事态后果的冲动，旁观者本身演变成了参与者。经媒体报道的西班牙人对古巴人残暴的恶行引起了美国对古巴的关注，滋生了对西班牙的敌意，也唤醒了古巴人对自由解放的渴求。这些渴求在产生初期当场就被讨论，而我们没有干涉他人事务的权利，但是情感上的纠缠实在是太复杂，导致对于在美国帮助下对解放的渴求变得无法忍受任何异议；改变了的关注焦点因而支持组织情感，这种组织情感有助于公众（public）成长并最终使公众分解成群众（crowd）。

严格来讲，公众是由那些提出可争论的行动要求的人们所组成的；而群众则是由那些提出无争论性行动要求的人们所组成。由于集体行动是由共同的关注焦点促成的，因此，对环境的控制就显得具有巨大的现实紧迫性。将关注焦点集中于一个参照符号的普通设置，最终引发了军队和船只的活动变化，以及对特定区域的重组（古巴摆脱了西班牙控制而获解放），这个实例已经被提及。现在，这种改变同时发生着并且相互影响着；关注焦点常常被引导至与现存的组织区域和活动区域之间实现模糊对应。国家资本（national capital）提供了合法的消息来源；武装力量的运动或小麦收成的变化挑战着人们的注意力。我们找到的是不变的顺序，关注—情感—需求—活动—组合（focus – sentiment – demand – activity – organization），而非共变（covariation），在同一时间间隔中进行复杂的重新定义。对关注焦点的控制对直接反应而言是如此关键，以至于它吸引了许多学者对此进行广泛的研究。

我们怎样才能对和其他重要领域有关联的关照区域进行测量权衡？时间对符号的揭示是一个可以被检验的过程。在有报社的地方，有可能对报纸在不同群体间的发行量进行研究，也可以对报纸的报道内容进行分析，还可以搞清楚公众读者在每种印刷品上所花费的阅读时间。如果要找到一些能够反映某些报纸主要集中在城市中租金比较高的区域或租金比较低的区域发行的相关数据，或者反映某些报纸在郊区广泛传播的相关数据，这也是有可能的。要测量报纸留给涉及不同社会客体的新闻报道的特定版面空间，这点相对而言是比较容易做到的，而且还可以搞清楚这些社会客体在外国新闻、国内新闻、郊区新闻、城市新闻、卡通动画以及特色新闻上所花费的阅读时间。花在阅读新闻报纸上的时间的关系能够和花在谈论世界大事上的时间相比较；通过特定研究，一个人也许会发现报纸对人们的谈话或其他表达行为的影响有多么大。

一些技术程序已经被设计出来，并被应用，或能够被应用，来调查世界上的关注区域。这种调查能够发现人们暴露于不同客体的符号代表的频率。它也许会发现：芝加哥中产阶级公民每天花 10 分钟在阅读关于欧洲的新闻上面，而上层阶级公民每天要花 15 分钟，一个算是中产阶级的伦敦人每天花五分钟阅读和帝国有关的事，另外花五分钟阅读世界上大不列颠之外的事情（指定日子，指定年份）。这种调查会展示日内瓦、

第九章 新渠道和关注区域：第二手接触的角色

伦敦、莫斯科、上海、纽约、东京在世界新闻中扮演角色的程度，并且指出不同个性的读者对不同类型的时间和不同地点所发生的事情所花时间的多少。

对出版物的内容所占版面空间的直接研究是十分有用的，尤其是在它提供了注意力分配的线索的范围内，但是很明显也受到几个制约因素的影响。统计报道既定社会客体的新闻版面的数量，并不能表明读者在阅读这些新闻版面上所花费的时间多少，它还需要补充其他的信息来揭示同样的读者是否在阅读不同的报纸。有些报纸在土耳其的咖啡馆中仍旧是通过大声朗读的方式向听众传递报纸上的新闻，有些报纸会被家庭中的所有成员阅读，还有些报纸直接被工薪族在下班回家的路上扔了。有些报纸从头到尾的报道解释得非常费力，其他一些报纸则处于监控之中。因为众所周知的新闻审查制度，某些报纸上报道的政治新闻几乎还没有留心看就被扔掉了。因为报纸与其他交往渠道相关的角色可能是极易变化的，所以在翻译由报纸测量形成的空间意义时必须小心谨慎。在有些地方，口口相传、书信来往、无线电广播以及报纸杂志在吸引社会客体的关注方面都有着极为重要的作用。

为了表明给予国外新闻的版面空间在数量上的变化，已经出现对报纸空间的分析有规律的研究。根据对40份报纸的研究，朱利安·伍德沃德（Julian L. Woodward）发现这些报纸按照自身的发行量来看用于国外新闻报道的版面空间比例是5.15%。① 在样本中的40份报纸的国外新闻中，58.5%的新闻报道是由美国联合通讯社（Associated Press）提供的。到目前为止，《纽约时报》（*New York Times*）和《先驱论坛报》（*Herald Tribune*）出版的新闻最多（以厘米计量）。匹兹堡和克利夫兰的报纸对国外新闻报道得非常少。从相对百分比而不是绝对数量来看，《纽约时报》保持名列第一，但是《芝加哥论坛报》（*Chicago Tribune*）攀升至第三。伍德沃德暗示这将会驳斥关于国外事务报道的被信以为真的中西部地方主义（provincialism of the Middle West）现象。新英格兰的地方主义据说是会给予国外新闻报道安排较少的版面空间，并被两份发行量最大的

---

① *Foreign News in American Morning Newspapers*, New York, 1930.

波士顿报纸——《波士顿邮报》(Post)和《波士顿环球报》(Globe)所证实。如果不将纽约的报纸考虑在内，沿海和内地之间的差别就变得微不足道了。报纸的赫斯特链（Hearst chain）表明了没有统一的报道方针政策。

心理区域（被定义为关注焦点）和组织区域之间的关系适用于规模不同的区域研究。对匹兹堡和克利夫兰的新闻媒体的空间分析，主要是关于邻近城市界线25英里通勤者①区域的分析，得出了如下结论：5%的克利夫兰新闻和8%的匹兹堡新闻是关于郊区地带的。芝加哥的样本表明其2.8%的版面空间是涉及郊区地带的。②

根据空间计算可以十分清楚地将报纸分为两类：对世界时事的系统报道以及对世界时事的情节式报道。系统性的报纸（systematic papers）包括一小部分与世界时事相关的商业和政治群体出版的报纸。1914年，暗杀斐迪南大公事件（the assassination of the Archduke）③引发了伦敦新闻出版社在新闻报道方面发生的巨大变化。从1914年6月29日到1914年8月1日，伦敦的《泰晤士报》(Times)每天都在报道关于这一事件的进展情况，即便在7月18日其报道版面最少也达到了四分之一版。除了在7月14日有四分之一版的社论和在7月22日有四分之一专栏的报道之外，从7月8日到24日英国《每日邮报》(Daily Mail)对此没有任何报道（或者说不到八分之一版）。就像《泰晤士报》一样，始终密切关注该危机事件

---

① 通勤者（Commuter），指经常乘公交往返者。——译者注
② 1929年7月12日至25日间，克里夫兰和匹兹堡的参考样本采用了《克里夫兰诚报》(Cleveland Plain Dealer)、克里夫兰通讯社（Cleveland Press）（无周日版）、《克里夫兰新闻》(Cleveland News)、《匹兹堡邮报》[Pittsburgh Post Gazet，又称《周日电报》(Telegraph on Sunday)]、匹兹堡通讯社（Pittsburgh Press）。1930年7月6日至12日之间的芝加哥参考样本采用了《论坛报》(Tribune)、《先驱考察报》(Herald-Examiner)、《商务杂志》(Journal of Commerce)、《每日新闻》(Daily News)、《波士顿邮报》(Post)、《美国人晚报》(Evening American)。
③ 即著名的萨拉热窝事件。萨拉热窝事件是在1914年6月28日巴尔干半岛的波士尼亚发生，此日为塞尔维亚之国庆日，奥匈帝国皇位继承人斐迪南大公（Archduke Franz Ferdinand）夫妇被塞尔维亚族青年普林西普（一名隶属塞尔维亚的恐怖组织"黑手社"的波斯尼亚学生）枪杀。这次事件使奥匈帝国7月向塞尔维亚宣战，成为了第一次世界大战的导火线。——译者注

的报纸是《每日电讯报》（Daily Telegraph）、《晨邮报》（Morning Post）、《每日新闻报领袖》（Daily News and Leader）以及《曼彻斯特卫报》（Manchester Guardian）。① 而有的报纸几乎不关注暗杀和对二元立宪君主制的最后通牒之间的形势，这一类的报纸是《威斯敏斯特公报》（Westminster Gazette）、《年代记》（Chronicle）、《新闻晚报》（Evening News）、《标准》（Standard）、《明星》（Star）、《蓓尔美街报》（Pall Mall Gazette）、《每日快报》（Daily Express）以及《每日画报》（Daily Graphic）。难怪大多数人只能如此惊慌失措地迎接世界危机的突然爆发，并且根据最简单的新闻解释来获取各种线索。②

除了报纸（和杂志），审议机构的印刷报告也可能被用来表明关注焦点。国家内部年复一年的报道惯例中的变化以及国家之间关于立法辩论的相对重要性的区别都必须留有余地。关于对外政策的立法控制问题，时事评论员已经多次对经选举出的代表对国外事务毫无兴趣表示无奈，并且一些空间测量（时间测量）的调查研究也已经付诸行动了。③ 威廉姆·巴力斯（William Ballis）分析了《官方新闻》（Journal Officiel）自 1927 年 1 月 11 日国会开幕至 5 月 10 日期间的新闻报道，发现大约 7% 的内容和国外事件

---

① 关于英国报纸发行量数据和定性的数据参见 Walter Zimmermann, *Die Englische Presse zum Austruch des Weltkrieges*, Verlag "Hochschule und Ausland", Charlottenburg, 1928。亦可参见 Jonathan Scott, *Five Weeks*, New York, 1927; Friederike Recktenwald, *Kriegsziele und offentliche Meinung Englands 1914–16*, Stuttgart, 1929。这些刚总结好的数据来自我的一篇手稿。

② 除了展现在地方上、国际上和世界事务上受关注的程度不同，空间研究也可能表明地区或阶级对大洲、国家、地区或者话题的关注有着有趣的区别。报道空间计数的技术已经在被完善了，目的是表明程序的可选模式产生的可比较的结果。一个人可以选择以文字数量、线性英寸或厘米（为了额外加览的专栏而使用乘数）、提及的次数、四分之一或八分之一的专栏估计、页数的百分比、总空间的百分比、普通新闻的百分比的形式来设置报道空间。匹兹堡、克利夫兰和芝加哥的数据被当作普通新闻中的部分被公开（非部门化）。提及的单位也许是项目条款或识别单词。在研讨会的报告中，被称作 ment（mention）的测量装置的可能性已经被开发出来了；这里把一个项目当成一个单位。

③ 参见 Francis R. Flournoy, *Parliament and War*, London, 1927; J. S. Henderson and H. J. Laski, "A Note on Parliamentary Time and the Problem of Devolution", *Economica*, 5 (1925): 89–93; Eber M. Carroll, *French Public Opinion and Foreign Affairs 1870–1914*, New York, 1931。

相关，16%的内容和"准国内大事"（quasi-domestic affairs）有关，也就是关于军事的、海军的和殖民地的事件。这是一段相对平静的时期，而且看这些结果是如何随着时间变化也是一件有趣的事，还有，这项专门的指标能够和以新闻报刊内容、杂志内容、图书出版等为基础的指数相比较。①

其中，由空间分析得到的数据的一些缺点能够通过对媒体的传播地区进行检验来克服。根据查尔斯·纽科姆（Charles Newcomb）的研究，美国可以被分成若干都市圈；主要是在麦根斯（R. D. McKenzie）的指导下运作，为总统的社会趋势委员会工作。②为每个都市圈中心选择的是发行量最大的《每日晨报》（Morning Daily），而且，发行量统计梯度可以从报刊在每个城镇供应50%或者更多的大都市的发行量等各个方面来计算。区域传播最广的城市是：纽约、芝加哥、新奥尔良、洛杉矶和西雅图。而且在1920年至1929年期间，区域界限保持得非常稳定。通过依据社会群体对发行量的分类，对关注区域的定义就可以进行更加清晰的界定。

关注研究的起点可能就是社会客体本身。1932年5月18日，教皇庇护十一世（Pope pius XI）发布了叫"基督之爱"（Caritas Christi）的教皇通谕（encyclical）③，提醒忠实的教徒们警惕来自共产主义和好战民族（国家）主义的威胁，并且劝诫他们通过祷告来结束经济萧条。对在42个大都市里发行量最大的报纸上刊登的通谕上的词汇数量的估算在纽科姆-麦根斯（Newcomb-McKenzie）调查里被公开了，由此发现最受关注的报刊分布在中西部地区。根据1932年的天主教目录记载，天主教徒在东北部地区

---

① 巴力斯先生在他的研讨会论文中提出，根据报纸版面来衡量，可将17%的空间归入"程序上的"，其中60%可归入"国内的"，27%的"国外大事"被分类至"时事问题的"，另外73%被分类至"地理的"类别。在地理分配中，"不相邻的欧洲国家"占31%，"美国的"占5%，"亚洲的"占46%。

② "The Rise of Metropolitan Communities", Chap. 9, Vol. 1 of *Recent Social Trends*, New York, 1933. Robert E. Park 大大推进了这类研究的展开。

③ 教皇通谕（encyclical），教皇写给所有罗马天主教主教、其他一些天主教神职人员或其他团体（可能包括非基督徒）的书信，主要是关于处理一个重大的或当时认为是严重的事件的广为传布的文件。通谕不如训谕正式。——译者注

第九章 新渠道和关注区域：第二手接触的角色

各州人数很多。像波士顿和巴尔的摩那样的城市没有出现在最受关注组里，尽管其人口中的天主教徒所占比例很大，而且一些南方地区虽然天主教徒不多却积极响应通谕。这种明显的矛盾之处为对新闻传播进一步进行调查研究提供了有趣的问题。①

现在，关注焦点的变化和其他环境细节的变化之间关系的实质是什么？我们能否研究关注区域和情感区域、行动区域、组织区域之间的相互关系？假设我们考虑武装力量的变化和关注焦点之间的联系，我们已经从之前所做的研究中发现：关系顺序表明了注意力的卷入比武装力量的变化更早；但是我们普遍的知识引导我们期望其他的顺序得到调查，就在机动区域（maneuver areas）的选择引起了新闻事件发生的地方。在何种程度上，武装力量的重新安排会跟随或领先于关注焦点的变化？

另一个很普遍的关系就是可能存在于经济活动区域和关注区域之间的关系。也许，经过不同的时期，关注焦点深深受到一个特定共同体和一个外国共同体的进出口相对量变化的影响。当单独研究一个国家时，我们必须考虑这个国家的贸易所占总量的比例。也许出口的变化比进口的变化更加有影响力这一现象会被发现，或者制造业与其他商品货物的关系的变化会引起最大的反响。调查研究也许会说明：在支付平衡项目里，比如说安全问题、旅游支出或汇款（外汇）将会特别敏感。货币价值的变化（而非物质上量的变化）也许会影响到注意力的变化。

关于暗中指向被选定社会客体的版面空间总量的分析，能够由计划用于表明代表模式（mode of representation）和回应之间关系的分析加以补充。特定的报道方式、评论方式、绘画方式或摄影方式是如何对置于相应情境中刺激物的回应进行界定的？关注焦点倾向于影响预期、需求和认同符号，并且依次受到现存态度主体的影响。众所周知，一个讽刺政治人物的报刊可能会引起它的读者对受害者的同情。同样的，众所周知的是，报纸的报导行为受到共同体中现有的辨别趋势的标准的限制。美国的编辑会审查出许多涉及希特勒运动中领导人的性变态事件的报道，尽管这种事情

---

① 数据来源于罗伯特·佐拉（Robert Zolla）的研讨会文章。

在德国会被相当自由地加以处理。

我们将在表述方式和影响方式的目录中选择哪种？于是，困难产生了，因为"代表方式"的种类经常是某人对期望的效果的猜测。如果一些人被要求根据他们对它的"趋势"的推测去安排派遣、社论声明、图画或者卡通漫画，从而影响态度，问题出现了：1935年的人能否猜对纽约时报对1930年、1925年……1900年的读者的影响呢？再次在1940年对这些条款做出判断的人们能期望和那些在1935年做出猜测的人保持观点一致吗？我们怎么能对1940年和1935年在运用判断功效方面可被精确比较的人们的选择提出规范要求？

尽管存在这样的限制条件，这种方法正被应用到对报纸内容的分析中。当这些评价材料被用于对媒体所能接触到的样本群体进行分析时，就可能会出现一些非常有意思的情况。通过统一的程序，从一份报纸的读者中得出回应数据，这是有可能的：有着鲜明对比偏见的报纸订阅者（通过共识程序测量出来的）可能会被要求填写一份调查问卷，设计这份问卷的目的是了解读者对不同符号究竟是表现赞成或是反对的倾向；他们也可能被要求进行一次"稻草投票"（straw ballot），当直接被提问时他们能够直截了当地表达自己的观点，将他们的自由词汇联系加入符号之中（这种联系根据共识程序主要可以分为正相关、中性的以及负相关三种类型）；在接受采访的过程中，他们或许会得到一个间接表达喜好的机会。在其他方面，观察者可能会记录选举时期的间歇阶段发生的自发性评论，在这样的间歇阶段人们正在观看新的公报或者在就餐的时候提出一个新的话题。更深层次的问题由回应的特定指标与总体情景中的回应之间的关系所引起。那种在对一个给定的交流话题做出回应时喋喋不休地表明自己反对德国的人，据说是这样的一种人：

> 他属于这样一个群体，来自他们之间的反德协会的参与者是可以得到安全保护的；他会拥护对德国怀有敌意的候选人的选举；他会欣然接受自己和儿子的生命受到威胁的现实，因为与德国的这场危机。

第九章　新渠道和关注区域：第二手接触的角色

观察者一如既往地对回应的每一个细节的重要性进行评估，这种评估是关于其重要性作为整个模式在其他方面的一个指示符，尤其是关于或多或少被明显正视了的关键形势。由于对刺激和反应的有序研究在社会中是一个全新的领域，目前可以说明的是这是一个对于科学家和实践者而言兴趣日增的问题。

历史上，在详尽处理语言传播与世界政治之间的关系方面做出开拓性努力的是一本由乔治·卡斯莱克·托马森（George Carslake Thompson）所写的专著，这本书出版于 1886 年。[①] 托马森仔细地区分了什么是"支配"和什么是"公众"的观点。国家实际上追随的政策表明了前者；而后者具有广泛的传播性、持续性、强烈性以及合理性的特征，他通过说出合理性的因素之一是"细化"而定义了后者，这一术语一方面可能被用于表示"关于实际行动的确定性"，另一方面可能用于表示问题中的观点源于深思熟虑的政治理治的程度；让我们说出它"理论的完整性"。根据观点关于实际行动的确定性对其进行分类，他区分了一般的优先权（偏见），特别结局的愿望或行动的方针（政策），以及关于取得这些期望中的特别结局的最佳实践方法的信念（政策）。大部分政策是互相排斥的，但是有些政策可以在相同思想中同时存在，这是因为它们是密切相连的。这些就叫作"见解"。使用其他某些术语的目的在于对行为的标准、英格兰角色的概念、表述中提及的动机的本质进行分类。

以反对土耳其的观点集合起来的"政策"是：改革运动的精神；历史性的本能；人道；英格兰对于土耳其行为（土耳其是我们的看门狗，土耳其依靠我们的钱财生存，克里米亚战争的政策使我们有了责任感）应承担特别责任；国籍是一个国家最重要的基础；必须治愈开放性伤痛；必须维护欧洲的和谐；必须建立能够抵御俄国的战略屏障。一些情况下行为隐含的标准就是国际公法；而在其他情况下道德和历史审美才是。某些政策表明英格兰被看作欧洲的大国政权。有时候政策依靠情感性动机而持续；而在其他时候依靠外交。这本卓越的书根据这一微妙并复杂的安排划分了当时整个社会的输出；这项工作在对代表模式的详细研究方面大大超越了其

---

① *Public Opinion and Lord Beaconsfield, 1875 – 1880*, 2 vols., London, 1886.

所处的时代。①

第二手接触以最激烈的形式提出了完成沟通行为的问题。根据一段持久的时期的面对面经验,有相似生物心理结构和文化技术的人或许能进行广泛交流。当两份自传文学在符号的参照结构方面出现了有意为之的一致时,一个交往行为就是由双边共同完成的。当在柏林的观察者的经验被翻译成有表现力的符号,而这个符号必须经过各种中介机构的中转才能最终出现在芝加哥的报纸上,这时报道者和读者之间沟通行为完成的可能性是微小的。在"匿名的一个人对匿名的许多人"关系中的沟通行为是简短的,并且被特定的传播刺激所阻碍。书面的派遣缺乏来自倾听语调和观察手势的修正;他们尤其会被以下问题所困扰:发音上或拼写上的同一个单词在文化上或心理上却并不是同一个。

因此,提及暗杀法兰西共和国总统的派遣指令,对于美国读者而言无异于同时暗杀美国总统。但是在重要的细节方面,这是对形势严重性的曲解,因为法国总统只是礼仪上的执行官,他的死亡对政治的影响不大。当一个新闻报道涉及"激进的社会主义者"的胜利时,美国读者会认为侵略性的革命因素在增加。"激进的社会主义者"在政治上既不是社会主义的也不是激进的,他们是店主和独立农民,并不应该被贴上政党的标签。关于德国中心政党被派遣的情况,在美国的实践中是找不到对应的政治情况的。我们的正式统治依旧是通过共和党和民主党来运作的,而且参议院和众议院的议席还没有根据从"左派"到"中间派"再到"右派"的标准进行重新界定。当然了,有时会发现国外的态度是平行线。普鲁士人看波兰走廊的视角会微微受到美国人的影响,美国人会让普鲁士人想象:日本占领了加拿大,在战争结束时他们被迫接受了一

---

① 欲了解当下关于态度衡量的研究,参见 D. D. Droba 引用的著作"Methods for Measuring Attitudes", *Psychological Bulletin*, 29 (1932): 309 – 323。特别参见 L. L. Thurstone, Floyd Allport, Stuart A. Rice, E. S. Bogardus, Gardner Murphy, Goodwin Wastson。亦可参见 Hornell Hart, "Changing Social Attitudes and Interest", *Recent Social Trend*, Vol. I, Chap. 8, New York, 1933。

个导致割裂领土的东西，那东西把新英格兰从美国剩下的领土中划分出来。①

有许多报道的设施可以用来传播适当的印象。华盛顿的游说活动和我们的政府实践有着极其重要的联系，以至于我们的华盛顿通讯员应当对这些游说活动进行定期调查。这种新现象被命名为"国会的第三个众议院"（The Third House of Congress），这是一个恰如其分的概念。②许多技术可用来提高报刊读者们的"词汇意识"。来自亚洲和拉美的新闻能通过在世界范围内做出引用评论来频繁地表明"土匪盗贼"的重要性。法国的出版社和受到法国影响的外国报刊在1923年谈及"鲁尔区的经营运作"，然而英国出版社受敌对因素的影响会自动地提到"鲁尔区侵略"或者"鲁尔区投机活动"。美国的通讯员经常重复这些标签而不指明到底是谁说的。法国人谈及"做承诺"，把"鲁尔区的经营运作"看成是好比不良债务人丧失了抵押品的赎回权的情况。

---

① 由于对那些基本的对普通含义（外语的普通单词）的近似法的知识不足而引发的问题及麻烦不需要被详尽地描述。谢恩·莱斯利（Shane Leslie）在写给《伦敦时报》（London Times）的一封信中列举了一个不那么悲剧的实例，于1927年6月3日发表："数以千计的英格兰人已经在过去的几年里学会了法语，数以千计的法国人也学会了英语并且甚至能说上两句，但是今年，一个人还没准备好去读些明显是官方指导的用法国沙龙作标题的疯狂的英文译本。例如，要翻译以下句子需要画作本身来帮助我们："暴风雨在 day breacky 时来临""pole 女士的连衣裙"，但是有一些译文实在是太搞笑了，以至于我们把它们附上原作推荐给了我们自己的语言学家："Ship's goat with subsists"（Le canot aux vivres）发现"fantasy in night gown"只是一件晚礼服是一件挺令人失望的事情，意大利公使将被谦卑地称为"意大利到巴黎去的送信者"。毫无疑问"the late chas Smith"将被当作他的寡妇，但是某个Mr. de R——有足够的理由为找到Madame de R而生气——et ses enfants 被标上'Mistress de R——她孩子的'！只有依据《圣经》的知识能够使我们解读这种煽情的场景"under the tig tree"或者"return of the profuse child"（l'enfant prodigue）……最终，我们为任何能够猜出主语的人提供奖励，或者甚至赌运气猜一个和画作相似的意思，它已经被庄严地标注并将令人羡慕的盎格鲁-撒克逊世界宣布为"The Pediometry at the drop of milk of Belleville"。

② 关于细节，参见 E. Pendleton Herring, *Group Representation before Congress*, Baltimore, 1929 和 Peter H. Odegard, *The American Public Mind*, New York, 1930。

"国家利益"这个词经常在某个银行希望国家部门做些什么时被用到。由于外国的通讯员能够通过强调国家的利益来扩大其新闻报道所占的版面空间,布朗夫人和出租车司机的矛盾这点小事就被谣传成了"美国妇女被法国人侮辱"。

在"一对多"关系所设定的简明扼要的界限范围内进行的沟通行为,通常盛行于"记者对读者"的情境中,当大致能够找到对应物时,这种沟通行为就是有效的。语言中充满了积极的和消极的术语,这些术语加快了这个过程,记者被他的任务中的合理的设想所引导(当他自由地利用它们来创造自己想得到的效果时)。面向世俗大众的精确的报道需要华美的语言;记者是观察者兼翻译员,他必须根据另一种文化的情境设置,去亲身体验一种文化中相对应的情境细节,并且将结果客观化、具体化。

面向专业的和半专业的公众所做的报道已经在方法上黔驴技穷了。在处理政治新闻时,趣闻轶事技术(anecdotal technique)依旧流行,虽然在某些领域趣闻轶事法还补充了一些极权主义符号的内容。在美国,可能很少有声誉好的生意人完全信赖自己对偶然事件引发经济波动的观点,这种偶然事件是指碰巧在办公室或俱乐部中散播的小道消息,或者是能上报纸头版头条的新闻事件。他们已经逐渐习惯于通过持续参照能够反映经济变迁总体轨迹的那些符号,来纠正个人对具体细节知识的想法。在现代社会,商业图标是标准商业经理的装备,不管它们的限制条件有哪些,它们是我们文明中永久的适用仪器。极权主义符号的存在并不意味着执行者忽视了他自己的直接观察。他不必忘记X公司是如何倒闭的,也不必忽视他当地的店主对艰苦时光的抱怨。总的来说,这样的细节通过发现一个与经济生活趋势有关的地方而获得了新的意义。

在管理自身与处境的关系方面,现代人已经从趣闻轶事的方法过渡到极权主义的方法。假如后天就是高尔夫球日,如果风湿病是下雨的一个典型前兆的话,那么老人琼斯的风湿病消息就是令人不安的。但是一个人不会再局限于依靠老人骨头的敏感性,因为浏览气象图和估计接近低点的邻近数字是有可能的。气象图的简单线条提供了超过半个半球的大气状况的缩影而且为重申或重新安排后天的计划提供了全部帮助。直接的天气详情

第九章 新渠道和关注区域：第二手接触的角色

和有限的观察报告仍然是中肯的，但是它们总是会根据与极权主义符号的关系而被评价。

如此新颖的策略还没有被普遍应用到政治新闻的报道中。为了纪念列宁，在巴黎已经进行了一场共产主义游行示威活动，或《人道报》（L'Humanité）已经发表了一份热心的革命悼词。也许报告包含了一份声明，称该事件毫无意义。对于没有接受过系统教育的读者而言，他们很难用较为全面的眼光来看待这个有着插曲式特点和绝对特征的新闻报道，因为极权主义的符号还没有被发明以及被标准化，进而指出世界政治范围内多种多样政治趋势的重要性何在。会有多少人对共产主义符号做出支持性回应？这些人又在哪儿？

目前对处理政治新闻所采用的趣闻轶事法的独有信赖，主要是因为业主们希望大量卖出登有这类畅销政治新闻报道的报纸以提高广告收入。但是这也是因为将技术从一个领域简单拓展至另外一个领域的失败所造成的。结果，未修正的漫画在政治社会中如此容易地就活跃了起来。法国被认为是反动主义的或是革命性的，德国却被认为是报复性或安抚性的，苏联则是其中一个或另一个；平衡意识形态跷跷板另一端的政治特性的习惯对维系总体知觉的稳定性来说是至为关键的。

关于极权主义符号的本质，从技术观点来看，可以在绘制宇宙的许多细节经验过程中重新发现这些极权主义符号的分布特点。传染病学、气象学、人文地理学以及商情预测已经在经验借鉴的过程中变得尤其丰富。①在开发"公众舆论气象图"②的过程中，是需要引进新策略的，现有的图表帮助对于提出的数据而言是如此重要，以至于对这样的问题已经准备好了解决办法。

---

① 参见 W. G. Kendrew, *Climates of the Continents*, Oxford, 1928; H. H. Clayton, *World Weather*, New York, 1923; Karl Karsten, *Charts and Graphs*, NewYork, 1923 以及关于统计学程序的标准量。

② 很明显，这种可能最先被 A. A. Tenny 预见，参见 *Independent*, 73 (1912)：895。他写道："对大量日报的持续分析是有必要的。为了探求出版社注意力和公众行为的确切关系，数据被总结分析了出来。他们自己的纪录会组成一系列的对'社会天气'的观察，能够在精确度上和美国气象局的统计数值相匹敌。"

真正的任务是设立一个能够对世界焦点问题进行持续调查的机构。出版社仅仅是沟通渠道之一，但是对立即可获得的输出进行分类和补偿，这一任务显然是艰巨的。挑选适合全世界各个区域的报纸，允许影响报纸意义的因素存在以及以简洁的符号对关联数据进行标准化处理的方法是有必要的。目前存在私人的剪报公司，这些公司审阅过世界上许多出版社的新闻报道，并且所有国外主导的办事处都有全世界新闻的综合摘要。正如法国钢铁托拉斯以及报纸研究机构，这样的私人机构拥有大量的收藏。

能否发动一场对世界焦点问题的持续调查主要取决于资助情况如何，这一点看起来是可信的。由于政治的复杂性，如果由一个官方机构来为这项工作提供资助，就会导致不招人待见。关于世界焦点问题的调查，应当置于不偏不倚的研究赞助项目之下才能够进行。目前来说这样一个世界性的服务项目维持自身的发展是相当可能的，这种维持部分来自于"气象地图"的服务，也有部分来自于私下出售的特殊报告。我们所提议的机构就只能去安排具有重大历史和社会科学价值的公共设施材料，如果把处理当下情报信息的方法从其机构价值中剥离出去的话。①

一项第二手接触行动的执行包括详细的细分功能。它表现了在可能的每一个阶段机构与被扭曲的意义关系的倍增。所有在与第二手接触的联系中扮演特殊角色的人值得仔细研究自己使用的设备以及影响自己选择和动机的因素。我们需要国外通讯员、国外编辑、执行编辑、业主、广告经理以及发行经理和读者的分析。我们必须调查出电话、电报、收音机、电缆、邮政服务、印刷业、出版业出现变化所产生的影响。间谍、驻外办事处以及专业的官员和非官方的宣传者都需要接受调查。尽管已经有了许多零星的、定性的和叙述性的文章和专著，但大多数系统化的研

---

① 这是1924年建立在由不同富有经验的人的评估基础上的，成本是25万美元一年。35个办公室的设立成本平均是60万美元，允许设一个主管、一个助理、一个读者和一个速记员、一个裁剪员兼分类员，还有办公室租金、办公室设备、通讯费用，4万美元能够租用中央办公室并满足组织花费。

第九章 新渠道和关注区域：第二手接触的角色

究还有待实施。①

一般而言，接触手段的扩大使人们所属的社会客体的代表的数量增加，并且减少了一个事件发生和它的符号重新定义的时间间隔。这使活跃的辩证的相互影响进入了一个被扩大了的空间和意识形态结构的状态。马尔科姆·威利（Malcolm M. Willey）和斯图尔特·赖斯（Stuart A. Rice）曾经提到的重要一点就是通信的发展可能更多地增进了地方接触，而非远程接触。因此，可报道的地方邮件的增加会远远多于非地方邮件。

每个机构都会延长接触半径并增加远程接触的频率，而且还有可能增加地方接触的频率。哪里的变化相对最大？这之间的平衡无法被陈述出来。一方面，武装力量看起来有助于标准化，另一方面，武装力量也可能易于增强地方主义。两个进程可能会同时进行；从外表上看，文化水准是可能存在的，而内部旧的传统、态度和信仰也许会通过彼此的相互作用而得到强化。蓄意的相似不能保证主观的相似。②

扩大的第二手接触的最初效果可能是增加了世界事务中对和平的威胁，因为当需要新的调整时，不安全感的反应易被引发，而且许多地方利益集团能从不安全感的传播中受益。为了剩余的人口，可以通过第二手接触的方式来推广源于第一手接触的各种调整。在国外陷入困境的国民（第

---

① 关于特定的不同方向的领导榜样，参见 Charles Hodges, *The Background of International Relation*, Chaps. 22 and 23, New York, 1931；Paul F. Douglass and Karl Bomer, "The Press as A Factor in International Relations", *Annals of the American Academy of Political and Social Science*, 162（1932）：241－272；Henry M. Wriston, *Executive Agents in American Foreign Relations*, Baltimore, 1929；H. K. Norton, *Foreign Office Organization*, Phipadephia, 1929；Algernon Cecil, "The Foreign Office", in Sir A. Ward and G. P. Gooch, *The Cambridge History of British Foreign Policy*, 1783－1919, Vol. 3, Chap. 3, Cambridge, England, 1923；R. W. Rowan, *Spy and Counter-spy*, New York, 1928；以及我在《社会科学百科全书》（*Encyclopaedia of the Social Sciences*）中关于"Censorship"and"Propaganda"的文章。参见后文中带注释的有关传道总会和宣传活动的参考书目（文献目录），由 Harold D. Lasswell, Ralph D. Casey 和 Bruce L. Smith（为了社会科学研究委员会）编写，由明尼苏达大学出版社（University of Minnesota Press）出版。

② *Recent Social Trends*, "Communication", p. 217, Vol. 1, New York, 1933.

一手接触），可能会用令人兴奋的概念向与之有着共同国家认同符号的人们，讲述他们的处境。普通认同符号的重复是以低成本集合潜在同盟的方式之一，以满足在重要情况中产生的对支持的需求。由于在第二手情境关系中形成的自我组织（知识）是不完整的，对于以基本形式表现出来的对他们个性的所谓的轻蔑，可能会引起他们的回应。所有由劳动分工变化引发的不安全感，都是与接触的不断扩大相伴随的，并且这种接触被关于第二手环境的象征主义强化了。地方的"我们"符号和集体需求及期望符号经常以有利的形式被广泛传播，以至于很可能它们会被暴露在它们面前的个性品质所融合。由符号的重新定义所引起的不安全感就这样被暂时减轻了。

私人出版社靠传播危言耸听的信息来获得既定利益，这是众所周知的；当回答"报纸的卖点是什么"这个问题时，北岩勋爵（Lord Northcliffe）① 原来的工作人员回答得很坦率：靠"信口雌黄"呀！

第一个答案是"战争"。战争不仅创造了新闻的供给量，而且创造了对新闻的需求量。战争以及与它相关的一切都有如此大的魅力，以至于……只需要把标有"一场大战"的海报挂出来，这份报纸的销售量就会节节攀升。②

17 世纪的南北战争（指美国内战——译者注）在英格兰造就了《日间新闻》（*Diurnal*），18 世纪初的马尔堡战役创造了对伯克利《每日新闻》（*Daily Courant*）报纸的需求，法国大革命以及接下来的战争和警报于 18 世纪后期和 19 世纪初填饱了出版社的肚子，克里米亚战争给英国《泰晤士报》带来极大的成功并导致一便士日报的诞生；印度暴动、普法战争、

---

① 北岩勋爵（1865—1922），原名艾尔弗雷德·查理士·威廉·哈姆斯沃斯（Alfred Charles William Harmsworth），英国现代新闻事业的创始人，19 世纪末 20 世纪初英国现代报业的奠基人，被皇家封为北岩勋爵。19 世纪末创办了《每日邮报》，采用适应时代需要的办报方针，获得很大成功，成为英国现代报业之开端。他还以该报为基础组建了英国最早的报团，开始了英国报业垄断化的进程。——译者注

② Kennedy Jones, *Fleet Street and Downing Street*, p. 108, London, 1920.

埃及的和东部的战役以及布尔战争①推动了19世纪的出版社成长壮大。

追求轰动效应是每个人类情感领域的专家的既定利益，因为不仅仅是收入，就连顺从也主要是通过惹恼公众来获得的。演说家、演员、剧作家、评论家和小说家联合起来，为了这通过引起广泛的、即时的观众反应而产生的共同利益而努力。"利润动机"增加了（但不是创造了）通讯媒体追求轰动的效应。

读写能力的普及便利了民族符号取代地方符号，但是从世界的角度来看，民族符号相当于另一种形式的地方符号。只接受过一定程度教育的读者需要相对天然的刺激物来唤醒他们，随之而来的超级耸人听闻的新闻是为了适应新观众和新市场的需要。1894年，艾尔弗雷德·哈姆斯沃斯，也即后来的北岩勋爵和肯尼迪·琼斯（Kennedy Jones）接管了**《伦敦晚间新闻邮报》**（*London Evening New and Post*）并发表了以下公告，1898年由**《每日邮报》**重申：

从时尚和偏见中解放出来的**《新闻晚报》**（*Evening News*）将宣扬对帝国的忠诚之信条，并努力坚信能将人们联合在大不列颠的国旗下。

《每日邮报》在发行的第二天见证了赛西尔·罗兹（Cecil Rhodes）②的一个领导人用以下内容开头：

小英格兰的狗狗们在他的脚跟旁吠叫，就像在其他时代在克莱夫（Clive）和沃伦·黑斯廷斯（Warren Hastings）③面前做的那样。但是

---

① 布尔战争，英国人和布尔人之间为了争夺南非殖民地而展开的战争。历史上一共有两次布尔战争，第一次发生在1880年至1881年，第二次发生在1899年至1902年。——译者注

② 赛西尔·罗兹（1853—1902）是英国政治家、商人，罗得西亚（Rhodesia）的殖民者，罗得西亚即以他的名字命名。通过剥削南非的自然资源，罗兹取得了大量财富，死后设立罗兹奖学金。——译者注

③ 沃伦·黑斯廷斯，于1732年12月17日—1818年8月12日担任英国首任也是最著名的印度总督（1772—1785），回国后于1787年受到腐败弹劾，但1795年被宣告无罪，1814年被任命为枢密院成员。——译者注

大英帝国在印度的殖民统治依旧存在，而且赢得极好遗产的人们所犯的错误就被遗忘了。

索尔兹伯里勋爵（Lord Salisbury）的著名警句——"《每日邮报》只不过是'办公室男孩写给办公室男孩'的小薄纸片而已"，能和将法国出版社形容为"写给'看门人'的出版社"这样的诽谤相匹敌。但是很多这样的和"大众沙文主义"及"轰动报刊的过分行为"相关的侮辱轻蔑性的评论是对社会地位烦恼的一种表达，普通公众应该能够对任何世界大事有自己的见解，统治阶级掌握特权的时间太长了，他们实际垄断了接受更高教育的权利、旅游的权利和民主的权利。《每日邮报》是衬衫袖子里的《晨邮报》（Morning Post）；在谈话上它和后者是有区别的（不然的话就是在思想上）。

扩大的第二手接触通过迅速动员很多人的参与来加剧国际形势的紧张。梅森-斯莱德尔（Mason-Slidell）事件①发生时，英国部长莱昂斯勋爵（Lord Lyons）正在华盛顿，他写道："如果那里有电报通讯的话，就不可能避免要开战了。"②

扩大接触的长久效果也许会颠倒最初的结果。用来预防冲突的新设施

---

① 梅森-斯莱德尔事件又称为特伦特号事件，是发生在美国内战期间的一个国际外交事件。1861 年 11 月 8 日，圣哈辛托号战舰（USS San Jacinto）的指挥官查尔斯·威尔克斯（Charles Wilkes），截获了英国的特伦特号货轮（RMS Trent）和一些战争违禁品，以及两个美利坚联盟国的外交官詹姆斯·梅森（James Mason）和约翰·斯莱德尔（John Slidell）。他们两个是要前往英国和法国游说的特使，任务是使联盟国获得外交承认，同时以"棉花国王（King Cotton）"——指南部的棉花——对英法两国十分重要的理由，要求向南方提供支援。美国最初的反应是为了对英国表达抗议，以美英开战相威胁，但林肯总统和他的高级顾问们并不想有新的战争风险。而南方邦联则希望这一事件会导致英美关系的永久破裂甚至因此英国承认联盟国的地位。人们意识到他们的独立性可能依赖于英国和美国之间是否发生战争。在英国，公众都对此事表示强烈的愤慨，因为这违反英国的中立原则并侮辱了他们的国家荣誉。英国政府因此要求道歉和释放囚犯，而一方面则在加拿大和大西洋为加强其军力量而采取了措施。战争一触即发，经过几周的紧张和游说，这一危机才得以化解，但当林肯政府公布了特赦令和谴责威尔克斯船长的行为不当时，并没有发表正式道歉声明。梅森和斯莱德尔继续航行到英国进行他们的任务。——译者注

② Lord Lyons: A Record of British Diplomacy, London, 1913.

第九章 新渠道和关注区域：第二手接触的角色

也可能会被开发出来，作为一种对抗升级了的威胁的反应措施；但是要以此来形成对世界统一的期冀，这样的运作仍令人怀疑，所以我们应该现在就抓住展示的机会。因此从长远的世界历史的角度来看，变化地区的冲突既有利于维护地区和平，又限制了地区和平。最近一段时间里，第二手接触形式的传播已经为销售和利益控制提供了更广泛的支持，这种支持的范围超越了地方的限制，但仍旧局限在地球之内。

206

第十章 人格、文化与政治：以美国为例

政治符号和政治实践，是由一系列的文化符号和实践紧密交织在一起的，而这些正是扩大政治调查范围以涵盖文化背景基本特征的需要。文化模式是一种人类行为，或者是在人类的继承物基础上没有经过事先安排而创造出来的产物。当我们想强调个体之间由于他们所经历的、对比鲜明的文化环境所导致的个性差异程度之时，就会使用像"农民""贵族""牧师""外交官""政治家""官僚"这些词汇。这些概念指涉**社会**类型（social types）。当我们想强调个体差异程度是由先天的生理、心理特质所导致时，就创造了"遗觉型"（eidetic）①、"瘦长型"（leptosomic）这些词汇。② 使用**气质**（temperament）、**性格**（character），或者更普遍的**个性**（personality），这些性格类型分类用来指明个体之间的差异，逐渐为大家所接受。通过细致的对比，我们可以发现大部分词汇都涉及某种模式，这种模式通常都是人的天性（original nature）与周遭刺激物（environing stimuli）之间相互作用所产生的复杂结果。

政治学是对不断变化的价值等级，即安全、收入、顺从这个金字塔的研究。一些符号体现了明确的需求、期望或认同，从狭义上讲，可称之为

---

① 具有强烈遗觉象的人称为遗觉型。遗觉象（eidetic image）是指在刺激停止作用后，脑中继续保持的异常清晰、鲜明的表象。它是表象的一种特殊形式，以鲜明、生动性为特征。遗觉象多见于儿童。据研究，儿童中有40%—70%的人有遗觉象，并且在11—12岁时最明显，很少能继续保持到成年期。除视觉遗觉象外，还有听觉遗觉象、嗅觉遗觉象、触觉遗觉象等。——译者注

② 第一个术语指的是知觉机制（在印象形成之后）；第二个术语指的是形态学和生理学方面的特征。参见 E. R. Jaensch, *Eidetic Imagery*, New York and London, 1930; E. Kretschmer, *Physique and Character*, New York and London, 1925。

政治符号，这里并没有忽视它的现实意义，即在此基础上对价值金字塔的重新定义。狭义的政治符号与实践是和所有符号、实践和政治研究范围所必须涵盖的这种重要关联之间的复杂联系。所有重要的个性和文化模式最终必须要基于安全、收入、顺从的金字塔，对它们的影响力进行评估。

对文化的比较研究历来有众多方法。① 其中一种有意思的方法是基于

---

① 历史和批评研究，参见 F. Schneersohn, "Zur Grundlegung einer Völker- und Massenpsychopathologie", *Ethos*, 1 (1925 - 26): 81 - 120; L. Schweiger, "Philosophie der Geschichte, Völkerpsychologie und Soziologie in ihre gegenseitigen Beziehungen", *Berner Studien zur Philosophie und ihre Geschichte*, Bern, 18 (1899): 1 - 78; A. Leicht, *Lazarus der Begründer der Völkerpshychologie*, Leipzig, 1904; Carlo Sganzini, *Die Fortschritte der Völkerpshychologie von Lazarus bis Wundt*, Bern, 1913。普遍性理论，参见 Lazarus and Steinthal, *Einleitende Gedanken ueber Völkerpshychologie als Einleitung zu einer Zeitschrift für Völkerpshychologie und Sprachwissenschaft*, 1850 (reprinted in Volume 17 of the *Zeitschrift*); Wilhelm Wundt, *Elemente der Völkerpshychologie*, Struttgart, 1921; Gustav Adolph Lindner, *Ideen zur Psychologie der Gesellschaft, als Grundlage der Sozialwissenschaft*, Vienna, 1871; Gustave Le Bon, *Lois psychologique de l'évolution des peuples*, Paris, 1894; Aug. Matteuzzi, *Les facteurs de l'évolution des peuples*, Paris, 1900; P. De Rousiers, *L'élite dans la société moderne; son rôle*, Paris, 1914; Adolphe Coste, *L'expérience des peruples*, Paris, 1900; E. Hurwicz, *Die Seelen der Völker*, Gotha, 1920; W. Dilthey, *Der Aufbau der geschichtlichen Welt in den Geisteswissenschaften*, Berlin, 1910; Felix Krueger, *Ueber Entwicklungspsychologie*, Leipzig, 1915; L. Frobenius, *Paideuma, Umrisse einer Kultur und Seelenlehre*, Munich, 1921; Alfred Weber, "Prinzipielles zur Kultursoziologie", *Archiv für Sozialwissenschaft und Sozialpolitik* 47 (1921): 1 - 49; A. Fischer, "Psychologie der Gesellschaft", *Kafkas Handbuch der oergleichende Psychologie*, 2, 1922; Max Weber, *Wirtschaft und Gesellschaft*, Tübingen, 1922。关于原初民的心理研究，参见 F. Boas, *The Mind of Primitive Man*, New York, 1911; R. Thurnwald, "Psychologie des primitiven Menschen", *Kafkas Handbuch der oergleichende Psychologie*, 1, Munich, 1922; and the work of Lévy-Bruhl, K. Th. Preuss, Bronislaw Malinowski。

关于群体研究，参见 Alfred Fouillée, *Psychologie du people français*, Second Edition, Paris, 1898; *Esquisse psychologique des peoples européens*, Second Edition Paris, 1903; Emile Boutmy, *Essai d'une psychologie politique du people anglais au XIX siècle*, Paris, 1901; *Elements d'une psychologie politique du perple américain*, Paris, 1902; J. Bardoux, *Essai d'une psychologie de l'Angleterre contemporaine*, Paris, 1906; S. de Madariaga, *Englishmen, Frenchmen, Spaniards*, New York, 1928; Richard Wilhelm, *The Soul of China*, New York, 1928, and *Chinesische Wirtschaftspsychologie*, Leipzig, 1930; Wilhelm Dibelius, *England*, New York, 1930; Ernest R. Curtius and Arnold Bergsträsser, *Frankreich*, Stuttgart, 2 Vols., 1930; Karl A. Wittvogel, *Wirtschaft und Gesellschaft Chinas*, 1 - , Leipzig, 1931 - ; Leonard S. and Virginia Woolf, *After the Deluge: A Study of Communal Psychology*, London, 1931。

一种假设进行研究的，即一种文化的高度专业化模式是对这种文化的基本模式进行详细阐述；因此，一个既定文化的首要特征可能要经过专业详细资料的细致分析。这些高度专业化的模式特别适合进行严谨的研究，这是因为它们已经成为科学研究的对象。因此，被推荐的研究过程是审视在某个特定的情况下哲学、科学、美学的表现形式，并且和其他方面比较各自相似的形式，从而揭示其显著的特点。①这种方法应用到美国就涉及在这样一个哲学主题下，有选择性地运用那些被视为"代表作"的专著。本书之后会与其他文化的哲学论述进行比较，以表明假设的提出是没有争论的。威廉·詹姆斯（William James）着急撇开"绝对的"（abosolute）一词，转而想要马上颁布这个把他和其他人的困惑直接联系在一起的伦理规则（ethical rules），却没有具体说明他的基本假设。与此形成鲜明的对比的是康德（康德被视为德国哲学的典型代表），因为他花费大量精力反思其提出的基础假设（fundamental assumptions）的本质。据说，詹姆斯曾力求建立和其他个性（拥有一个"开放的自我"）之间的直接联系，而康德较少注重外溢的联系（展现出一个"封闭的自我"）。因此，美国和德国分别以开放自我和封闭自我为主要特征，形成文化结构上的鲜明对比。

如果只考虑方法而不是站在具体结论的某一方面，就可能会令人质疑这样是否能得出可信的研究发现。一些专业的文化模式可能是对当时时代主流的反向表述（counterexpressive），是对这一时期首要趋势的反应形态。没有为解决这种问题设定标准，在这样一个程序中缺少这些标准的存在，就有可能导致不可控制的形式主义（uncontrolled formalism）。此处的观点是，只有当文化相互联系成为一个整体时，文化的比较才是富有意义的。只有在塑造与该文化相联系的个性特质时，运用能表现具体文化模式作用的方法，才能体现整体的本质。

当前最适用的深度调查技术（intensive technique）是在既定的时间—空间结构中对样本个体进行长时间（精神分析的）的访谈。事件以这种方式沿着样本的发展轨迹（career line）进行设定。使用这种深度调查

---

① Erich Voegelin, *Ueber die Form des amerikanischen Geistes*, Tübingen, 1928.

第十章 人格、文化与政治：以美国为例

技术时必须通过**广度**程序调查法（extensive procedures）加以补充，对背景中的事件进行安排，而不考虑该事件与所涉个体的职业发展历程中的其他许多事件之间的关系。正如前面所强调的，深度调查的出发点和广度调查的出发点的相关运用之间存在着生产关系；在对个性的深度研究中所揭示的每一个重要细节，都可以用广度调查方法进行研究，以确定其分布状况。

深度精神分析法（intensive psychoanalytical methods）已经注意到，当前通过广度程序调查法所收集到的比较文化材料其实不太令人满意。精神分析学家发现，我们的文化中存在的一些与养育、照顾孩子的相关做法，会对孩子的性格特质造成一定的影响；曾经有一位专家研究了许多不同文化的人种数据，以试图找到养育孩童与个性特征之间的显著关联。（这并不意味着这种较为简单的联系是可以预测的。）仔细分析我们有关原始社会（simpler society）的研究数据，可以发现成人与儿童、儿童与儿童之间在微妙细节的处理方式上存在的差距，结果发现近期关于原始人（preliterate peoples）的田野调查一直致力于补充那些丢失的物质材料。①

甚至在我们自己的西欧地区，文化相互关系之间的细微差别都没有被充分地研究过，有关的研究报告是少之又少。众所周知，英国的管理人员具备一定的语音、语调（intonation）模式，这使得他们在世界不同地方都可以下达指示而又不冒犯别人。这些模式是通过何种精确的过程传递到处于成长过程中的孩子身上的呢？这些模式是何时成为历史文化结晶的呢？英国保姆对孩子的态度中是否有某种特殊性，而这种特殊性有助于创造英国成年人的行为风格？②

迄今为止，精神分析法还没有系统地运用于各种文化背景之中，但其产生的记录数据留下了许多不足之处。③ 的确，由于文化本身的某些形态，

---

① 参见我关于"Psychoanalyse and Sozioanalyse"，*Imago*，19（1933）：377 – 383 一文的讨论。

② 关于这些问题的简短参考偶尔会有所涉及。详见 G. J. Renier, *The English: Are They Human?*, Leipzig, 1932。

③ 关于记录问题参见我的《精神病理学与政治》（*Psychopatholgoy and Politics*, Chicago, 1930）一书的第十一章。

这种方法的完整程序可能无法运用于某些文化中。①最精心地执行分析，将继续为可能存在的联系提供更深的洞察与见解，但也有许多短期方法，可以在所使用程序的限制范围之内挖掘一些有意思的联系。这样可能可以与选中的人们建立足够的亲密接触，以在较长时间之内获得他们的梦想以及一些与数据相关的词句。②为得出相关数据而产生的各种短期研究方法已经被广泛应用，特别是生活史方法（the life history method），它已经成为美国社会学家常用的一种研究方法。③我们需要对这些通过不同程序而得出的结果进行比较，对这些问题加以关注。④

有价值的数据可能是通过收集技巧来获得的，这种搜集技巧不同于私密的生活史（intimate life stories）。这些技巧或职业史需要和被访谈者之间建立一定程度的亲密关系，但应该尽量不要有彻底自我暴露的心理分析访谈。我们需要知道如何在全世界的各种不同情况下完成其特定的功能，如何"获得"纽约、芝加哥、东京、上海、莫斯科、柏林、巴黎、伦敦以及其他地方的 100 名成功律师、公务员、大使、军人、记者、企业家、政治家。我们同时也需要补充 100 名不成功的职业人士以修正成功案例的视角。⑤

各种广度程序调查法可以加以完善，由通过相对深入的调查程序所获

---

① 参见 Géza Róheim, "Psycho-analysis of Primitive Cultural Types", *International Journal of Psycho-analysis*, 13 (1932): 1 – 224; and my discussion of B. Malinowski's *Sex and Repression in Savage Society*, Analysis 34 in *Methods in Social Science: A Case Book*, Stuart A. Rice, Editor, Chicago, 1931。

② 这由弗雷德里克·皮埃斯完成，参见 Frederick Pierce, *Dreams and Personality*, New York and London, 1931。这本书错误地假定表面联系法（method of superficial association）是对经由弗洛伊德确认的延长联系（prolonged association）结果的一种检测；这一单纯的观点不需要与这些调查联系起来。

③ 威廉·托马斯（William I. Thomas）、威廉·希利（William Healy）和保罗·雷丁（Paul Radin）都是不同领域的先驱人物。

④ 对不同形式访谈的研究已经取得了突破性的研究成果。参见 W. V. Bingham and V. B. Moore, *How to Interview*, London and New York, 1931。

⑤ 我手边有一些随机的研究材料，但是系统的研究需要持久的田野接触。关于管理者的一些零碎的参考传记或是自传可以参见查尔斯·梅里亚姆主编的几卷本的《关于公民形成的研究》（*Studies in the Making of Citizens*）。也可参见 Graham Wallas, *Our Social Heritage*, New Heaven, 1921。

第十章　人格、文化与政治：以美国为例

得的数据来进行补充。由林德（Lynds）制定的方式是各种规模、历史、结构的群体应当在世界各地进行选取，以便进行比较分析。① 在既定的时间间隔内对反应的分配的研究可以采用样本法（sampling methods）进行，这种方法需要与特定的个体建立直接联系。对许多词汇、行为和表述做出震惊的反应，可以用来判断他们的习俗以及反习俗模式。一般的，震惊的反应表明超我已经被动员起来去保护对禁止行为的镇压。根据社会联系和情况而进行的分配，可以从日记本中记录的观察情况到更为正式的过程方法范围中进行调查。②

作为政治学专业的学生，我们需要对所有文化的符号进行系统的比较。令人满意的收集材料将会包括所有有关政策、机构、个体和群体的词汇和涵义。赞美和责骂的语言，认同、需求和期望的语言都将会写入我们的比较文集中。政治诗歌、散文、歌曲的适当整理并没有遵循我们选材的一贯原则，在选择"代表性"时应当在随机的审美偏好与喜好、努力参半的范围内进行。在我们关于比较政治学的文库中，假设每种文化为一卷，执行一个相同的方案，该方案允许对阶级和区域差异进行分析。

可以通过一个初步的示意图来传达关于所涉问题的具体观点，虽然可能有些零散，但必须是一些有关美国政治、文化符号及实践的分析。

我们假设一下，如果在今后的若干年中，美国将会处于国内外的不安全感增加的形势之中。现有的政治符号及政治实践将被重新界定为群体的应变反应。笼统来讲，有一种预测似乎是很合理的，持续增加的不安全感会刺激符号的创造与传播，正如不安全感在西欧的长期存在已经设置了类似的符号。迄今为止，美国一直在国际交往方面持相对自由的态度，同时对阶级之间的权力平衡持开明态度，其结果是美国的政治词汇表现出与西

---

① Robert S. Lynd and Helen Merrill Lynd, *Middletown: A Study of Contemporary Culture*, New York, 1929.
② 关于态度测量的文献，我们早已明确指出。

欧模式之间的明显差异。①

美国公众生活的词汇是合乎法律、道德、神学的，而不是可分析的；一旦某个词可以分析，那它就是个体的、党派的词汇，而非客观的词汇了。在欧洲，历史唯物主义的宣传传播了一些诸如"阶级斗争"之类的客观概念。在现有的生产分配体系中，宪法文件、传统道德、教条神学都被视为创造利润阶级的次级衍生物（secondary derivatives）。所有传统权威符号都因此被提出质疑。在既定秩序的支持下，对法律的权威、良心的谴责以及神的旨意（the will of God）的呼吁都会贬值。法官、道德家和神学家会不假思索地把包含他们所吃面包的经济王朝的统治地位加以神圣化？历史唯物主义中具有侵蚀性的升华物通过把通向利益制造者的导火线暴露出来，把所有传统意义上的神都将变成了木偶。无法抗拒的现代技术、沉迷于金钱计算的恶魔、收入相对于支出最大化的强烈欲望，这些都体现为在不利的社会机制中杀出一条血路，以及根据自己进行专断统治的需求来裁剪法官或者神职人员的长袍等行为。

由外部权力平衡的争斗所强加的惩罚，补充了国内阶级斗争的不安全感的来源，而且这种国内的阶级斗争有助于为分析性概念的传播提供其所必需的接受性。法国、德国对外国侵略的长期恐惧，为拥有和维持归属于大不列颠、荷兰的海外属地进行的长期斗争，对转变中的战斗效力潜能的不断关注，使得世界政治在统治精英（ruling élites）面前能够稳定保持严厉、客观的现实。详细说明巴黎、伦敦或北京的权力制衡理论纯粹是多此一举；然而，对于芝加哥而言，这却是不可或缺的，因为，在这里，报刊新闻、报纸社论、漫画故事以及每周的专题讲座都可以用感性化的语言来探讨战争，而通常在特定的情境中却很少使用这种语言。当美国的大学生

---

① 关于美国观点的某些方面，可以参见 Charlotte Lütkins, "Demokratie und öffentliche Meinung in den Vereinigten Staaten", pp. 190 – 206, *Soziologische Studien…Alfred Weber gewidmet*, Potsdam, 1930; André Siegfried, *America Comes Of Age*, New York, 1927; J. H. Denison, *Emotional Currents in American History*, New York, 1932. 关于美国的国际地位参见 Lucien Romier, *ui sera maitre? Europe ou Amérique?*, Paris, 1927。

第十章 人格、文化与政治：以美国为例

从报道中了解到国王佐格①将留在首都而不是去温泉疗养胜地（watering place）旅行时，他们不会提出任何异议，但是欧洲的同龄人可能就会立即想知道这样的报道是否意味着佐格准备摆脱意大利的影响，并向南斯拉夫和法国示好。自从他提出从战斗潜能（fighting potentialities）的角度评价世界各国之后，世界新闻的各种细节方面都沿袭了文明欧洲的固定思维模式。

虽然美国相对远离世界斗争，而且美国的阶级平衡也主要应归功于其独立的地缘位置和丰富的经济机遇，这是事实，但美国政治象征主义（political symbolism）所具有的狭隘性质是造成后来的奴隶解放战争的原因之一。当工业资本主义在世界舞台上崭露头角的时候，美国人正专注于那些由种植园中的奴隶制度所引发的问题。改变奴隶的社会地位的斗争可以通过建立雇主和雇佣劳动者对抗农场主的统一战线来进行，这有助于分散美国人对现代工业主义的阶级内涵的关注。在北部从事工业活动的人们为争取成为公民和自由人，与在南部从事农业活动的人们和相关认同符号进行了斗争，这些认同符号在这场斗争中被神圣化，包括作为战斗伙伴而并非阶级反对者的生产者和雇佣劳动者。

关于奴隶制争议的辩论是具有法律性、道德和神学性质的。没有人成功地把时间的词汇灌输到对社会制度进行的各种成熟的经济分析之中，更不用说现代工业主义在离间资本与劳动之间的关系时的赤裸裸的角色。无产阶级或资产阶级的符号都是用语言来掩盖关于种植园主、自由人以及奴隶的事情。由于对于北部工厂的工人而言，奴隶都是黑人并且都身在南部，所以他们对《共产党宣言》（the Communist Manifesto）敲响的警钟虽有响应但十分微弱，工厂的劳动者们都是通过和他们的雇主共同战斗来对抗奴隶制的。

美国联邦宪法在形式上注重宪法论证，还注重始终存在的新兴国家社

---

① 佐格一世是阿尔巴尼亚国王，于1928—1939年统治阿尔巴尼亚。在四年的任期中，佐格至少躲过了55次暗杀。最危险的一次是1931年佐格到维也纳歌剧院参加演出时，暗杀者已经进入佐格的轿车，但最终却被佐格用随身携带的手枪击毙。——译者注

会制度的选择问题，社会制度需要从宪法律师手中申请获取许可。这些宪法律师们使用与我们所认为的包含在一份简短的书面文件中的前提假设相吻合的或者相背离的语言，来讨论相关问题。这些争论的模式与盛行的基督新教（Protestantism）的文化相似，并且与传教士按照符合、偏离《圣经》所争论的包括个人及公共政策问题的文化相似。奴隶制的争论按照宪法及《圣经》开展；所以美国的政治语汇中充斥着各种非系统性的社会分析专著，而且这些政治语汇的语言形式也是包罗万象的。有关奴隶制的全部争论竟然没有留下任何一本能够与《资本论》在欧洲所起的知识导向作用相媲美的专著。能够算作美国的政治过去留下的唯一遗产的就是《联邦党人文集》（Federalist），其中反复阐述了关于穷人、富人的经典语言，但没有上升到对于新兴资本主义的特殊构造分析的理论高度。因此，这个新出现的、令人惊讶的现象仍然在言语上"不受控制"。

因此在欧洲现代文明面对生产技术的重大变化，并形成了一种对这些创新技术所产生的世界进行命名的词汇能力的这些年中，美国却在专注地对已然过时的早期生产方法进行争论。

有一种有价值的言论是，那些对美国发展政治、经济激进主义感兴趣的人都没有为美国把社会主义重新定义成动态的、引人注目的词汇的特殊才能。人们期待社会主义者能对那些实际在美国环境中没有意义的词汇使用外来语："资产阶级""阶级""资本主义""中产阶级""食利者"（rentier）"无产阶级"。一些如"社会主义"或"共产主义"的词汇在一个共同体中再次被强调，这个共同体把如"个人""机会平等""自由竞争""行为自由"（free initiative）等词汇作为强有力的符号。至少社会主义有可能成为"有组织的个人主义"（organized individualism）。

激进主义者在谈论"剥削"问题时没有提及预期美国以后所获财富的限额，其过程是一场赌博、一项体育议题、一种风险，而且其中有一些精明、幸运的同伴。美国人仍然对经济活动持有一种竞技态度，会蔑视那些在他输球时抱怨的人们。他们对"大亨"（big shot）怀有应有的基本敬佩，并且偷偷承认"行业领袖"（captains of industry）是略显臃肿的中尉、下士和士兵。美国人对待金钱持有一种企业家的态度，而不是农民的态度；钱是一种计分器，而并非是放在袜子里的收藏品。性格的扩张可能会在新的世界对无限的可能性和宏大产生敬仰之情。当美国人被指控攻击大型企业"只是因为它大"时，他们在畏缩退避。如"不公平竞争"之类的短语是非常合理的，因为它可以通过制造不公平迹象来攻击大型企业。由于美国人有个体主义式的企业家心理，能够获得政治集体需求的忠诚支持的语言，必须用可以被这种心理接受的语言加以描述。所以，如果激进主义的需求已经被命名为"社会主义"之外的东西，如果他们已经主张按照美国的"股份制公司"（joint-stock company）付给每个公民"国家红利"（national dividend），"保证任何工作的人的收入"（guaranteed income to all who work），实质性的美国政策可能比如今的带有更强的集体主义色彩。

如果我们为美国的**资本**提供规范，他们将会按如下几点实行：（1）标题必须是一个口号标语。标题**资本**已经成为一个诊断并暗示着一个处方；因为如果资本应该为我们所处的困境负责，那么就必须要粉碎资本。帕累托的《普通社会学纲要》（*Treatise on Sociology*）就是应该避免什么的一个具体例子，无视分析的光彩辉煌。（2）书一定要厚。从厚度可以感受到书的权威性，并且劝阻只把本书作为象征一样崇敬的人阅读。（3）这本书必须具有系统性，并且定量分析（"科学"）。分析思维模式在当今社会已相当重要，所以必须使用卷章进行分类和子分类。同时，里面必须要有足够多的图表、图形、表格、脚注以及其他令人印象深刻的精密表达。（4）词汇量必须要多于分析——它必须涉及道德、法律（宪法）、科技、体育、个人主义、民族主义。（5）选中的"事实"必须主要指美国的经验。（6）关键词和风格必须是令人反感的。如"自然增值"（unearned increment）、"剩余价值"（surplus value）、"有闲阶级"（leisure class）等术语可以适当地讽刺影射。（7）卷章作为一个整体应当模棱两可、模糊不清，甚至有些相互矛盾。这样便于自己选择革命精英时重新定义它。（8）其风格必定是无趣的，以避免该书被广泛阅读，或防止在没有集中翻译的帮助下过于广泛轻易地产生错误理解的危险。（9）指示应该是激进强烈的；加入一个特定的组织，服从革命精英，为革命行动做好准备。①

---

① 关于心理问题的更深入分析主要涉及早前提及的马克思主义的引人注目的价值。参见 Karl Otto Erdmann, *Die Kunst Recht zu Behalten*, Fourth Edition, Leipzig, 1925。

在符号形成中的一个有意思的矛盾是资产阶级创造了能够在高度系统化的风格中发展社会主义的知识分子。但是在战后，他们自己无非是凭借墨索里尼和希特勒的演说和文章作为指导，闯入了政治活动之中。希特勒的《我的奋斗》（*My Battle*）中对马克思的小资产阶级的回答是绚烂的、个人的、闲聊的、多情的，这种方式也一直是美国政治写作的特色（通过不同的法律术语）。底层资产阶级在美国一直比在意大利或德国活跃得多，在意大利或德国的该阶级成员有些时候会冲入会场进行抗议；由于在美国爆发的冲突不是那么激烈，所以读者们对那些更加自诩不凡的分析性专著的接受度能够更高一些。在国外，小资产阶级对以讨论的方式来拯救自我的前景完全不抱幻想，而且盲目地将讨论主导权交给了"领袖"。在夺取权力之后，组织化的知识分子重新返回他们自己提出的"反智主义"（anti-intellectualism），并对此进行了唯智主义的合法化论证。

目前为止，对美国的社会秩序所产生的不满已经通过掌握在手中的法律、道德、个人和政党的符号而消散。为更迅速地巩固他们自己的权力而进行的集体抗议运动的失败，可以部分归因于这种符号过多，还有美国政府的分权实践也分散了人们的注意力。

美国分权制度本身就是一个过去安全的产物；它当前的作用是维持阶级斗争和世界权力平衡，服务于有关中央与地方政府界限、公共部门相对能力的技术性问题。这种统治制度阻碍了从国家和世界的视角讨论问题。从总统到在国家问题上没有长期记录的地方统治者，这种地方统治者可能和诸如英国等其他国家形成了对比，这些国家政府的领导者及反对者都是已经在国家立法机构从事国家政策方面事务多年的人。优秀的大脑（内阁）中有效的管理人员都是从国家和帝国争论期间那些一直在公众眼中的一代人中选拔的。美国总统候选人都是定期从一些州长中选择的，这些州长必须在大肆宣传的活动中被纳入国家人物。有一项处理过国家事务的工作经历是一种正面的劣势，因为这会招致其他一些批评；众所周知，参议员在与州长竞选总统时都是有不足的。这种偏狭的额外要求可能会有助于选拔出有能力的统治者和组织者，但它也必然会倾向于那些对处理国家事务没有经验的人。

在美国的实践中，能够在美国市政中找到类似于联邦政府和地方政府

第十章 人格、文化与政治：以美国为例

之间缺乏整合这样的术语表达，但是这对西欧人来说就很难理解。随着不安全感的增加，在事实和形式上都将刺激中央集权化趋势的发展，美国市政将会丧失其独特性，这一独特性是经过多年权力平衡斗争而产生的相对豁免权的产物。①

在西欧，城市和国家组织区域之间的关系比在美国要更加亲密。存在于城市和国家之间的狭隘领域是最小的，而且城市事务更直接地对国家在国际力量平衡中诠释其作用做出响应。无论中央控制的机制是资助赠款（大不列颠）还是内政部（法国、意大利），其效果都是参照国家的国际地位，对改善地方事务做出默许。社会主义的不断发展加强了中央集权化的趋势，这是在直接或间接地通过法院或行政人员镇压当地激进主义时，对保守势力发人深省地干预。德意志帝国在世界大战之后的发展是十分显著的。

可以预想到，国内和国际不安全感的增多将会使美国拥有一种默认的需求，需要国家和地方政府间建立更密切的关系。随着阶级斗争在大城市变得越来越尖锐，国家政府的武装部队将会按照已有的先例被引进来，并且将会加快整合巩固我们的统治结构。克利夫兰总统反对伊利诺伊州州长的抗议，1894年总统派兵到芝加哥，随后就出现了封锁贸易、邮递业务的铁路大罢工。罗斯福总统准备在1902年动用军队开采煤矿并经营煤矿生意。威尔逊总统介入了1919年美国印第安纳州盖瑞市发生的钢铁工人的罢工行动中。也有记录表明哈丁总统在1922年发生罢工、威胁要占用铁路的事件时，曾向军队求助。

可以预计到，马克思主义符号和中央集权实践的传播，与暴力在美国

---

① 外部威胁推进了集权化这一论点是先前关于政治研究的主要发现之一。如果能够对术语进行清晰界定，这一表述就更加有说服力了。一般都会有充分的符号认同来判断共同威胁是否存在；否则外部变化就不会被认定为"威胁"。关于这一主题的广泛研究，参见 H. Spencer, *The Principle of Sociology*; W. G. Sumner, *War and Other Essays*, New Haven, 1911; R. Pöhlmann, *Geschichte der sozialen Frage und des Sozialismus in der antiken Welt*, Third Edition, 2 Vols., Munich, 1925; V. Pareto, *Les systèmes socialistes*, Paris, 1902–1903; G. E. G. Catlin, *A Study of the Principles of Politics*, New York, 1930。

的重组过程是同时进行的。与美国传统生活中存在的慷慨大方、道德情感、热闹活跃和大肆宣传等现象共存的是帮派战争、山地争夺、种族骚乱、种族私刑、工业战争以及公民腐败等黑暗世界中常见的那些现象。毫无疑问，美国民间暴力的重要作用部分源于对抗法国、英国及印第安人的历史斗争中使用的暴力行为；由于暴力会在大陆殖民化之后仍然持续很长时间，所以必须要有其他一些因素以维系其继续存在。世界权力平衡舞台上的相对隔绝使社会的侵略性指向内部，而并非外敌；在严格的道德准则暴露在危险的情况下逐渐发生变迁，就使民间暴力形成了独有的特征。

　　严格的行为准则，一旦植根于崛起一代的良知之中，就会试图保护自己免受焦虑感的影响，这种人格中的焦虑感成分却禁不住去公开挑衅这些严格的行为准则。不安全感的大小与威胁的严重程度成正比，方法的活力也同样取决于冲突的强度。针对不相容的冲动，超我为保住自己支配地位所采取的最强有力、最原始的方法就是进行野蛮镇压，这种镇压会导致将自身的某些侵略性冲动转化为自身可控制的其他部分。难以抗拒的诱惑几乎会再度激发早期冲突的爆发，但是由此而来的紧张关系就可以通过描绘远离内心生活和接触环境的轨迹等方式得到部分缓解。侵略可以因此转而面向世界，内心冲突也就得到了缓解。①

　　当所处环境不能提供常规的帮助时，严格的超我就会遭受消极威胁。而当环境提供明确的违反准则的诱因时，严格的超我也会产生积极的效果。美国人在道德良知方面的严谨要求在早期是为了保护他们自己免受新环境在地缘、功能方面的积极和消极危害而进行的抑制结构斗争的产物。早年美国新的地缘环境发挥了决定性的作用。来自欧洲和非沿海地区的人们远渡重洋，来到一片新的疆域，丢下了所有行为正确的传统道具。牧师、警察、邻居和朋友往往是完全不存在的。在形成时期，熟悉的面孔和地方不再认认真真地把庄重和礼仪的准则扎根培育。在这个新的地缘环境中，机遇和挑战比比皆是，这似乎都使之前准则中的绝对命令化为乌有。狩猎、杀戮、偷盗和非法擅自占用（土地或房屋）都违背了神圣的日子，

---

① 详细的材料可以在殖民记录以及一些标准的文明史料中找到，如 V. L. Parrington, *Main Currents in American Thought*, 2 Vols., New York, 1927. 1928.

第十章 人格、文化与政治：以美国为例

而且与良知相悖的上百种其他行为似乎为人们提供了安全、收入以及顺从。当超我因有形的利益诱惑而丧失了外部支持时，超我就还能孤注一掷以寻求自我保护。其所使用的残忍的、原始的和直接的方法都代表着所遭受威胁的顺序。那些与道德观念联系最为密切的人，采取武断甚至暴力的手段攻击那些行为威胁到性格和文化形态的人，从而他们自己得以生存下来并且显得与众不同。有历史记载的马萨诸塞湾殖民地血腥事件反映出对于那些在新的世界中所引起的不安全感的防御斗争。由于人们认为只有逐步堕落到采取野蛮行径才能继续存活下去，向西部地区进行的人口扩张就被视为是对东部沿海地区敲响了警钟。

人们每向西发展一块地区都要先进行勘探，然后才能确定是否要定居下来或是继续驱车前行。第一批边境居民抛弃了定居生活的束缚，并且以他们的方式向印第安部落征战、偷窃或者讨价还价。所有传统形式的对人类生活的敬畏、虔敬以及性储备（sexual reserve），都经受了生存实用性要求的具体考验，而且经常发现它们存在不足之处。第二批边境居民，他们带着妻子、女教师（来自英格兰）、牧师和律师一同前往边境地区；他们正是试图恢复、延续正在消失的那些残留的道德行为准则的那些人。在这个过程中，女性起到了主导作用，这是因为稀缺性导致她们的经济价值提高，还因为在远离老人们的家乡的第一个边境地区，在歌曲和故事中有着让人感伤的女人。①

对边境地区居民行为约束的终结与晚期阶段工业化扩张所推动的国家发展在时间上是吻合的。现代工业资本主义为生活于其中的人们创造了全新的、闻所未闻的生活情境。目前，针对新劳动分工的调整问题也没有合适的先例可供借鉴。为吸引私人优势而创造的机会成倍增加，因为原来需要由个体亲自完成的许多行动现在都可以通过中介机构来完成；每一个接替人员在潜意识里都是扭曲私人动机的源头。在不断扩张的社会中涌现出了一些新功能，这些新功能毫无疑问被进行了界定，并且被不适当地进行

---

① 任何边境歌谣都可以在关于女性的情绪化的例子中找到丰富的证明材料。关于最后一个边疆地区，可以参见 John A. Lomax, *Cowboy Ballads and Other Frontier Ballads*, New York, 1911。

了管理监督。它们与传统实践相冲突的现象也并不少见。那些总是认为新的准则一定有缺陷的人,小心谨慎地遵守一种方法,其使用方法是通过正式重新定义而获得的,一般而言,制定规则的前提是要有明确想了解的知识和为了对经验进行超然思考而必需的闲暇。在城市环境中所做的各种行为不是都能被别人看到的。一旦你把目光集中在埋伏在大树后面的印第安人时,你要知道你也中了埋伏。但是可能你在几年中每天花几小时的时间观察一个办公桌前的金融家,却没抓住任何他伏击投资者的安全架构的本质线索。

与现代工业资本主义的发展相联系的适应性困难并不只是美国特有的,在欧洲新的功能环境所产生的不安全感已经像在美国一样相当突出了。由于胜利的不断推进,传统社会形态在许多地方已经消失殆尽,而且这些地方已经允许对资本主义的一些含义重新进行更完整的表述;但是,这些含义是源于严格道德要求的各种紧张关系的一种混合体,同时受到新地方以及新功能在积极方面和消极方面的双重威胁,这些就导致了美国所独有的一些补充的发展。

从情感关注对"原则"的绝对重申,是受到威胁的良知所产生的忧虑之一。① 这可以通过在美国政治中一直很强大的社会形态以及所谓的政教合一思维习惯体现出来。这表明一种态度,即对人们来说遵守道德以及用立法来维护道德都被视为非常自然的行为。人们试图把异常严格的道德准则制定为法律,并希望执法人员可以迫使所有人都遵守这些法律。卖淫嫖娼、赌博、酗酒等行为不仅受到限制,而且是明令禁止的。

经验表明,行政道德败坏是在政治上持有政教合一态度的必然结果。宣布市场为违法的并没有消灭人们的需求,人们通过采取除合法手段以外的其他手段使市场的组织成为必需。合同契约必须由私人雇佣的打手来执行,而非公开雇佣的士兵或警察。②

---

① 关于相关展示,参见 John Chamberlain, *Farewell to Reform, Being a History of the Rise, Life, and Decay of the Progressive Mind in America*, New York, 1932。

② 参见 John Landerson's report on "Organized Crime in Chicago", Part 3 of the *Illinois Crime Survey*, Illinois Association for Criminal Justice, Chicago, 1929。

第十章 人格、文化与政治：以美国为例

这种被深深嵌入美国文化的政教合一的思维习惯，在道德标准不存在争议的同质社会中同样适用。不符合标准的家庭成员就是一个"害群之马"，他在精神或是身体方面是低人一等的，或者是一个"丧失了灵魂"的人。人们通过动员家庭、邻里形成有组织的势力来对抗犯罪分子。但"害群之马"模式对于城市世界的复杂性而言是不适用的。违反习俗的一部分人不能或不愿意向自己的家族准则屈服，这也是真实存在的，而且他们仍然是个体化的反叛者。但是，出现了一个截然不同的问题。有统计显示，实施所谓的犯罪行为的地点主要集中在一个城市内的特定地区。事实上，被命名为犯罪或行为不良的行为未必是"害群之马"的异常行为，而是附近区域的统计规范。①

政教合一态度所导致的结果之一就是，在美国城市里通常之所谓警察的问题，其实是一个术语错误。那些希望大城市各地区的警察可以像具有同质性的小城镇警察一样发挥职能作用的人们，没能对警察行动依赖于道德共识的事实给予应有的重视，但是，这些人现在已经消失了。没有这个道德共识，警察行动就不再是完整意义上的警察行动，就变成了一种军事行动——只需效率，无需感情，事实上仅凭这些却不能在情境中有效地将他们动员起来。那些支持无效标准的人，虽然不是正式地，实际上却与所有导致司法部门道德败坏的影响因素一起产生了影响。

在使正式的原则宣言适应现实世界的过程中所遭遇的强大情感阻力，明显已经导致我们的犯罪问题陷入了僵局，所有常规的解决路径都被堵死了。在目前的情况下，既不能废除某些商品或服务的需求，也不能减轻准则的严谨性；因此，通过改变公开行为的发生频率，或通过改变所谓的犯罪行为的定义，都不能减少犯罪活动的发生。这种解决方法似乎是在整体形势下做一些重大改造，这将会导致把帮派斗争转变为阶级斗争或者世界大战。如今的帮派战争是指不同类别的企业之间的阶级内部的斗争。

通过允许更大的冲突取代小冲突，来应对日益增长的一波又一波的不安全感，在美国，公民暴力也许就会进行重新组合。用华盛顿的方式来实

---

① 相关材料的排列形成于罗伯特·帕克（Robert E. Park）和伯吉斯（E. W. Burgess）的教唆之中。参见 Clifford Shaw, *Delinquency and Crime Areas in Chicago*, Chicago, 1929.

现政府的中央集权化，可能有望召集到足够的力量来减少帮派，并且为转移对抗阶级、反对阶级敌人和国外敌人而转移的道德能量铺平了道路，这可能会使国内一些和禁欲、节俭相联系的准则实现一定程度的自由化。

在某些方面，美国文明虽然稳固，却少有针对文化冲击的缓冲带。美国文明中没有对统治精英确立的牢固的组织服从态度，也没有统治精英所掌握的最适用于对人类事务进行平稳和自信管理的闲暇、分析和技艺，也没有有经验和声望的官僚，也没有由残留的封建贵族演变而来的统治阶级。声望归奸商所有，他们明目张胆地公开牟取暴利。当社会开始尊重统治精英们所代表和实现的多元价值之时，就可以用分离来对统治精英们进行奖赏。必须要有一个心照不宣的共识，这能够推动精英们对社会活动所关注的共同目标进行协调。美国对于利益的追求是其个性表达的主要模式，所以对美国来说，这种共识是外来的。在这个国家，没有发现完整生活方式的本源，在那里，从摇篮到坟墓的任何一个问题都是在没有预先告知的情况下进行争论或修改的。开创性的原子弹爆炸和工业化进程已经摧毁了所有的秩序，除了一些还残留的古代准则以及在短暂的权宜之计中头脑一热就默许的那些准则。

美国在调和残酷的阶级斗争方面所留下的一个文化资产是在边境地区推广和发扬了友爱原则（fraternal code）。边境地区出于实用主义的考量，为保存自己的优势，逐渐抛弃了从欧洲贵族那里沿袭而来的礼节制度。礼仪的民主化形成了"人与人"之间的社会交往形式，它在减少对有钱人的敌视方面十分有力，还可以让人们做"好人"。这个尊重要求的相对普遍化趋向于逐渐抵消由财富分配金字塔所带来的人们之间的悬殊差异。①

毫无疑问，在美国，外向型个性有利于大众操控方法（methods of mass manipulation）的发展。对于外部刺激做出的复杂和间接的回应，内向型个性比外向型个性更为典型。美洲大陆上丰富的经济资源如何促进个体活动的倾向是显而易见的；但是精神病理学的研究已经开始揭示我们文化

---

① 参见我在《社会科学百科全书》（Encyclopaedia of the Social Sciences）中关于"友善"（Fraternizing）一词的界定。一般的，关于边境生活的民主影响，可以参见 F. J. Turner, *The Frontier in American History*, New York, 1920。

中外向性的其他来源。我们所收集的证据证明，精神障碍患者在每种文明中的分布都是完全不同的，这样每种文化都倾向于在性格中形成十分独特的内在紧张关系。在美国，大量的精神分裂症案例以及青春期骚乱的案例，都暗示了长大成人的问题比在早期生活中形成的某些调适性形态要更加复杂。传统美国文化中的严格习俗，不仅对早期有关性的好奇心（sexual curiosity）以及实验施加了严格的限制，而且也遵循了明确的、受到限制的成人对于性欲的普遍准则。在美国生活的结果之一就是，父亲统治家庭的模式就会开始趋于瓦解。家庭生活的民主化，使得母亲的权威增加，这往往掩盖了男性与女性之间的巨大差异。严格的超我所强加的禁止行为就这样被母亲直接认可了。虽然男性与女性的功能在民主化家庭中的差别在不同程度上被掩盖，成年异性准则中对此还是进行了明确的区分。不像在早期，孩子以往的情感经历并没有为他们遵守行为准则做前期准备，巨大的压制和适应负担还是落在了孩子的身上；因此我们有充分的理由预测到神经衰弱症（nerosis）、精神病、变态个性的形成，再加上粗鲁的调整措施，如过度酗酒、性滥交，使得此类病症的发病率相对较高。在美国，极端外向型个性，很可能是一种在所描述的条件下为克服与性变态发展（psychosexual development）相关的焦虑感所做的相对粗糙的努力。把顺从分配在慌乱的忙碌、言过其实的销售以及操控活动中，一般的部分是源于潜在的忧虑感，这种忧虑部分可以被行动主义（activism）所平息。①

上述讨论的结果是，除非运用技巧、运气以及毅力处理美国的情绪紧张关系，否则国内外不安全感的增加将使美国走上一条僵硬的中央集权之路，引发革命动乱、卷入国际战争。如果反复出现的不安全感已经确认是来源于美国文化内部，那么精神病理政治学的发展对美国而言就显得极其重要。

某些集团与美国政治家是否能顺利地调整人类关系有很大的利害关

---

① 这里我们不会进一步研究母性超我（maternal superego）的结果。如果我们的分析是正确的，由于积极培育男性气质与女性气质相融合的模式，我们就能够期望新俄国会支持外向型性格。对当下观点的进一步阐释将会在下一章探讨小资产阶级时进行表述。

系。在世界大战爆发之后,三 K 党的扩张表明那些居住地远离主要城市中心位置的重要少数民族正处于岌岌可危的境地。在经济不景气、国际局势不稳定的时期,犹太教徒和天主教徒都符合大众产生敌意的条件,成为仇恨的目标。这些集团的领导人最好能处理好在 1919 和 1920 年所发生一切事件所产生的严重后果。如果美国逃离了法西斯主义,通过某种意义上的大规模运动的暴力抗议,这将是以较低的成本获得同样效果的一种能力管理。如果美国不借助于有力的法西斯主义,就会由于有组织的劳动力是如此软弱,以至于没有必要为削弱其对于经济生活的控制而采取激烈的措施。在一些如钢铁、汽车、包装等主要产业中,有组织的劳动力都较为软弱;其中西弗吉尼亚州在中央竞争领域的支出增长,使得有组织的劳动力在煤炭领域瓦解了;有组织的劳动力在铁路行业中是比较保守的。如果国家政府看上去赋予劳动者对于工资、工时、集体谈判权的优先地位,那么可以预料到,严重的矛盾一触即发。为了执行文件中的所有让步条款,工人们将会做出罢工的努力;而官员们则倾向于强制使用执行仲裁。发生罢工,劳动者似乎是和平的干扰源,小型企业和农业集团将对激进主义产生恐惧,他们将会被醒悟的劳动者们的革命行动的增长以及大型财务企业集团的"红色标签"的宣传所刺激。尽管威廉·詹宁斯布莱恩(William Jenning Bryan)、西奥多·罗斯福和伍德罗·威尔逊对于怀有不满的小型企业以及农耕要素煽动性的呼吁获得了成功,这些中等收入群体已不再具备共同用于识别的符号,没有明确的需求符号以及期望符号。如果处于中等收入水平的美国人有一种对于所得税需求的自我意识,用适度的数字消除部分收入,那么因为财务分配不公而引发的问题就不会那么严重了。如果他们通过商业银行的消除,把存款从投资功能中分离出来的需求还可以被满足,那么在经济发展的稳定上就可能取得一些进展。(这同时也假设了政府对无通货膨胀货币政策取得成功的需求。)在美国生活中充分领导力的问题是用于在中等收入群体中刺激有效的阶级意识觉悟的。①

---

① 亦可参见 A. N. Holcombe, *The New Party Politics*, New York, 1933; Julian Gomperz, "Zur Soziologie des amerikanischen Parteiensystems", *Zeitschrift für Socialforschung*, 1 (1932): 278–310.

第十章　人格、文化与政治：以美国为例

在作战效能方面的能力相对薄弱（因为是德国的国家社会主义者）是显而易见的事实，这是不受限制的，这也将大力推动美国精英们从在拉丁美洲、太平洋地区进行扩张的内部困境中逃离出来。

在实验阶段，对于政治精神病理学治疗法（political psychiatry）的论述并不意味着将心理治疗法运用于个体的案例之中，但是对这种心理疗法的偏好确实在许多案例中都有体现。通过运用一些重要的符号（其中包括集体不安全感的无害释放，或废止一些制度生活模式中反复出现的压力来源），将精神病理学疗法运用于政治之中的这种方法，是一种对公众进行管理的权宜之计。通过对代表人员的深入研究，更深一层含义的符号和实践可以确保这些建议的有效性，这些符号及实践按照地区和阶级所进行的常规划分可以通过广度分析法对其进行具体研究。美国的物质及意识形态的关联与世界政治的发展进程是一个整体，这意味着分析工作不能以所谓合理正当的成功希望，以民族隔离（national isolation）的方式来完成。

233

第四部分

■ 控 制

第十一章　寻找一个神话：世界统一的问题

建构一个稳定的世界秩序的前提条件是有一整套普遍的符号和实践，这些符号和实践用以维系精英统治，并且他们声称其运用的是和平手段，而避免使用强制独裁方式进行统治。这意味着秩序所立基的共识必然是非理性的；世界神话（world myth）必须被绝大多数人认为是理所当然的。人类使自己摆脱上古图腾传说的能力是微不足道的，如果我们提出了世界统一的问题，我们就必须寻找一个可以迅速实现非理性共识的途径或方式。围绕建构有效符号的目标，我们必须全身心投入，来开创和稳定这一调节机制。这些符号必须具备足够的潜力去制造或是产生顺从，以允许统治者能够尽量不用武力就可以挑选自己的接班人。发现这些符号，在某种现实意义上讲，足以引发人类反应的再次变动，以开创一个稳定的秩序并使之惯例化，这是世界立法（world legislation）的本质。① 发现预兆性符号是向着一个潜在的整体结构发展的一种创新行为。在创造性或问题性态度本身就增加了这种格式化符号出现的可能性的情况下，创新的态度是由自主的立法者培养的。他的任务就是让自己不断制造出重要的符号，实际上，他也是这么做的。在善于分析的态度增加了指导性符号产生的可能性的情况下，就会进一步养成善于分析的态度。在与人或物相关的丰富体验有助于创造性个体成长的情况下，这种自传性交流与接触的多样性会得到培养。经验已足以表明创造性是变幻莫测的。试图努力去模仿那些被认为具有创造性的人的那些人，他们抓住了多种细节，储备了大量

---

① 参见 E. Jordan, *Theory of Legislation: An Essay on the Dynamics of Public Mind*, Indianapolis, 1930。乔丹（Jordan）教授在其《个体的形式》（*Forms of Individuality*, Indianapolis, 1927）一书中对法理学学科体系的基本概念进行了具体阐述。

的"知识""技术""方法""对真理的热爱""观察的天赋",或者,当提到"天才"时,真心厌倦了表现除赞美之外的其他反应。图书馆、大学和研究机构都习惯性地猜测产生创造性的因素或条件;大学与真理之间的冲突就揭示了这些猜测是有多么糟糕。

到目前为止,用来阐述世界统一的条件因素的形式,虽然强调了世界神话的重要性,却又忽视了世界物质水平发展状况的影响。我们在这里顺便提及意识形态一致性取决于物质水平一致性的可能性,而且传播世界神话的首要问题也许是如何实现世界物质环境的标准化。这与先前使用的与世界统一相关联的语言之间是没有矛盾的;然而,它带来了一个新的前景,这个前景是:重点强调一个组织上的符号不足以应对这一任务在物质方面的变化。我们在对帝国主义的讨论中已经展示了一个新的通用符号是如何在一开始与一些地方范围联系在一起的,以及辩证过程如何阻碍了这一联系过程的实现。然而,我们假设暂时忽视先前进行的分析,并沿着不同的路线去追寻关于世界统一性问题的答案。在之前讨论过的需求,从本质上看是外部强加的,是在民主或无产阶级性的名义下来证明暴力的实施是合法正当的。如果我们要探寻其他意识形态上的可能性,就需要对问题进行重新界定。

考虑到世界统一问题的美国人往往倾向于遵循本国历史的先例。但是当时美国是因为面临着脱离英联邦的殖民统治的共同外部威胁,所以,美国的先例对世界统一问题的参考价值不大,因为我们不可能通过让世界摆脱更大统一体的方式来实现世界统一。在那些日子里,大不列颠和印度人曾经是集团敌人①;但是我们不能在没有把已划定的冲突界限划清的情况下来组织对抗共产主义。安德烈·莫洛斯(André Maurois)已经发现了从月球造成的共同威胁中来拯救世界的问题②,但是这样的话,就导致了把未来的责任转移给了那些应该找到太阳系内行星间联系方法的天体物理学家们。而且假设地球能联合起来反抗月球的想法实在是太乐观了,因为月

---

① 参见我对"Der amerikanische Präzedenzfall und das Problem der politischen Einigung der Welt"[*Amerika-Post*, Hamburg, 4(1932), pp. 21–28]一文的评论。

② *The Next Chapter: The War against the Moon*, London, 1927.

第十一章 寻找一个神话：世界统一的问题

球上的少数派集团可能会和地球上的多数派集团联合起来，而且地球上的少数派集团也可能会和月球上的多数派集团联合来创造一种惯常模式下的太阳系内部的平衡。

在美国先例证实了"人们不会联合起来，除非是与特定的集团组织**对抗**"这一公理的情况下，这看来就像是给那些想把全人类联合起来的人提供了一个非常脆弱的保证。确实，对统一的追求本身就是一个人类想象的未实现的幻影。在人类有记载的历史上，庞大的组织区域之所以能够存在，是因为有外部威胁的存在。尼罗河文明或底格里斯河－幼发拉底河（Tigris-Euphrates）文明或黄河文明容易遭受来自地缘位置不佳的族群的侵略；罗马的边区村落也经常遭到敌对部落的袭击。一个统一的世界，无论如何，都只能说是太阳底下的新鲜事物。

也许，美国联合的先例的一些其他细节能够证明它有助于为解决更大的问题提供创造性思维方法。美国历史学家重构了美国获得了"一个更完美的联盟"（a more perfect union）的故事，而且他们已经强调了追求明确经济利益的少数派已掌握了主动权，这种说法将被人们回忆起。① 拥有联邦债券的人想要一个强有力的征税当局来支付利息并恢复重要地位；实力足够强大的、能够支撑州际市场的大商人渴望扫除关税壁垒；而西部的投机分子想要一个足够强大的中央政府来抑制印第安人的扩张并且壮大定居者的势力。

我们是否可以通过增加实实在在的动机来实现统一全世界的目标？我们是否能够通过增加国际机构发行的债券，从而创造既定的利益以保护并巩固他们的国际地位？以国际联盟为例，我们也许会为债券发行来激发我们的想象力。毫无疑问，我们可以增加国联大厦的数量，在各大洲建起用雪花石膏造楼、用金子装修的洲际办公大楼。但是像这样的无收入的经费支出很快会达到一个饱和点，以至于没有什么实质性的东西能够实现。紧随美国先例的是，牢记"更完美的联盟"是如何给美利坚联邦政府带来债务的，我们也许会建议把所有政府存在的公共债务合并，让具有明确收入

---

① 参见查尔斯·比尔德（Charles A. Beard）的经典著作《宪法的经济学解释》(*Economic Interpretation of the Consitution*, New York, 1931)。

来源的世界权威当局来承担全部的债务。

公共债务在不同国家代表着许多不同的事物，以至于要迈出这一步是非常困难的。在一个国家，公共债务可能代表着战争开支，在另一个国家公共债务却意味着是地方公共工程的支出。在一个国家，对公共财政的控制意味着对占有巨大比例的国家收入的支配；而在其他国家，可能只占到国家收入的一部分。这样一个被建议的巩固工程所带来的损失与收益会在这里和那里体现出来，而在设计防御工事过程中所产生的逆流虽然容易预见但不易操控。从长期来看，实现联营的安排在一定程度上可能是阻碍而非推进统一体的发展这一更宏大的目标，这是我们需要记住的，因为在世界体系实现平衡的过程中，地方集团的壮大并非必然地对整体平衡的和谐有所助益。

也许我们没有考虑世界范围内在选定的区域通过获得来自中央赞助的贷款（作为代价，主要赞助者能够控制收入和具有一些监督权力）而得到的发展？托管地区（mandated areas）也可以在世界控制下实现统一和进行管理。托管原则可能会被令人信服地用于所有的具有异族文化的殖民地和地区。随着这一托管原则在全球的逐步传播，美利坚合众国可能会被要求把对菲律宾和波尔图（Porto Rico）① 的控制权让渡给世界，还有可能被要求把像南卡莱罗纳州和密西西比州这样的以黑人人口为主的州的控制权让渡给世界。这样的提议当然是没有可行性的，这是显而易见的；的确，托管这一整个设想，在这个民族主义盛行的时代是过时的。菲律宾再也不可能对托管人和管理员感到满意了；他们要求实现自治。主要托管地区因纳入当下国际联盟的管理而产生的持续压力，已经表明了民族主义理想的力量有多么强大。②

如果这样野心勃勃的计划看起来不合时宜并且困难重重，我们可能会希望平稳地扩大国际结算银行的范围，在它的职权范围内吸引更多的操作经营，使中央银行形成整体，为了世界经济的稳定发展而施加持续的压力。在银行运营获利的情况下，有效施加的压力能够缩减银行的功能，只

---

① 波尔图，葡萄牙港口，由于交通便利，是铁路、公路枢纽和葡萄牙的重要海港，成为葡萄牙北部经济中心，同时也是蒙德古河以北地区的工商业中心。——译者注

② 关于这一系列问题，可以参见 Ernest E. Hocking, *The Spirit of World Politics*, New York, 1932; A. de Kat Angelino, *Colonial Policy*, 2 Vols., Chicago, 1931; Quincy Wright, *Mandates under the League of Nations*, Chicago, 1930。

第十一章 寻找一个神话：世界统一的问题

要在一些国家的区域型群体是受到限制的（就像同盟国），它将会推进在世界平衡下的地区结盟。①

设想一下，我们正在考虑如何推进我们想要推动的现有世界代理机构（world agency）的良性运转。这意味着除非像胰岛素这样的收入资本化的（为了创造我们期望有政治因素在内的长期投资利益网络）产品已受到了控制，否则是不会产生财政问题的。

我们是否应该组织一个世界航空公司来操控航空运输业的发展呢？这么做明显的阻碍是私人利益已经确立了，而且众所周知，航空线路具有战略意义，另外，要通过我们的世界代理机构设立一个巨大的航空舰队的可能性是微乎其微的。② 同样的限制在我们思索建立对世界钢铁工业、化学工业或任何其他生产性工业企业的控制时也是同样存在的。③ 当然了，也存在着在尤为不利处境当中长期运营的情况，而且这种负担很可能最后就被推给了公共机构。在这种公交车时代，在世界各地的大街上使用轿车的特权也有可能以特价被买光。但是，国际代理机构对废弃工业的掌管可能不久就会产生更多的问题，比它所能处理的问题还要多。

也许我们能直接设计出一些创造多数的个人利益以抵制战争的方法。我们也可能考虑组织一个大型的国际公司来以一个较低的价格将个人保险政策纳入其中，保险金被有条件地用来节制个人政府参加反对暴力的行为。个人也许会被世界普遍的风险分配所造成的非常低的价格所吸引，而且也许会被那些在危机中对世界代理机构所推荐的政策有利的影响所动

---

① 参见 Eleanor Lansing Dulles, *The Bank for International Settlements at Work*, New York, 1933; Hans L. Schlüter, *Die Bank für internationalen Zahlungsausgleich*, Berlin, 1932; René Escaich, *La banquet des règlements internationaux et l'économie internationale*, Paris, 1932。

② 参见 J. M. Spaight, *An International Air Force*, London, 1932; David Davis, *The Problem of the Twentieth Century*, New York, 1931。

③ Jean Louis Costa, *Le role économique des unions internationales de producteurs*, Paris, 1932; James Cooper Lawrence, *The World's Struggle with Rubber, 1905 – 1930*, New York, 1932; M. Olivier, *La politique du charbon, 1914 – 1921*, Paris, 1922；以及对于石油和其他商品的专门研究。

员。但是因为保险是有利可图的,世界代理机构被允许去采取这种形式的可能性是很小的。

通过将那些投身于反对政策的国民在国外拥有的私人财产合法化,既得利益就得以产生。毫无疑问,这样的处罚措施会弱化国家在危机前和危机初始期的政策效力,但是一旦战争爆发,随之而来的不可避免的没收充公(除非胜利)必将会延长抗争的时间。

在没收充公的影响下,可能会创造特殊的世界基金以防止反对官方行为。这样的基金的建立可能是由捐赠捐款得来的,但是应该具有直接的公共收入来源(如果能够找到愿意让渡的国家)。①

上述对作为实现统一方式之一的既定利益之吸引力的分析是为了展示成功路上的障碍有哪些,并且强调仅仅是局部实现统一的危险将会阻碍更宏大的统一理想的实现。

因为世界联合所需要的共识的实现是一个无法被反映出来的过程,它可能首先在如何成功整合特殊利益的研究中显得无足轻重。它也可能在考虑哪些符号应被选择从情感上融入多数人的个性方面显得尤为重要。我们究竟将如何为世界选择"我们"这个符号?在英语中,"地球佬"(Earthians)是形容笨拙的,虽然不是像"火星人"(Martians)那样,而且说"世界"公民(world citizens)要比"地球"公民好一点。但是谈及"世界人(worldians)"是不可能的。如果我们考虑用"人类"这个英文单词来表达,如 Mankind, Humanity, Men, Human Beings 或 Cosmopolitans,不受欢迎的联想或者文法上的困难就会出现。

在实现世界统一的目标下,我们应该宣传哪个地图符号?我们的制图技术必须运用最佳计算法以寻找可能承载完整的、相关意义的方式。现在仍被广泛应用的"墨卡托"投影(mercator projection)②导致了由赤道向南北方向的神奇失真,并且多样的"橘黄色果皮"投射法(organe peel pro-

---

① 参见 Evans Clark, Editor, *Boycotts and Peace*, New York, 1932。
② 墨卡托投影,又称正轴等角圆柱投影,由荷兰地图学家墨卡托于 1569 年创立。假想一个与地轴方向一致的圆柱切或割于地球,按等角条件,将经纬网投影到圆柱面上,将圆柱面展为平面后,即得本投影。墨卡托投影在切圆柱投影与割圆柱投影中,最早也是最常用的是切圆柱投影。——译者注

第十一章 寻找一个神话：世界统一的问题

jections）和眼睛所见也是相异的，还会给人以视觉紊乱的感觉。和世界徽章、旗帜、歌曲、行礼方式、语言、胜利与失败的神话、英雄和坏人的神话等选择相关的问题是存在的。①

当世界符号主义和现实存在的地区型表达进行激烈竞争时，给发展中世界的认同机会就会增多。世界符号的力量能够通过降低国家在分类活动上的地位而增强。在城市间的基础力量方面进行的激烈竞争，而非国家间的基础力量方面进行的竞争，有助于揭下国家的标签。这应该是芝加哥同纽约或柏林对决，而非美国和德国的对决。城市间的艺术展览会、城市间的大学联谊会、城市间的行政安排，这些都会渐渐在某些方面削弱国家的效能。对现存的分界线进行想象的重新划分，以使其符合多样的理性目的，能够增添一些现存安排的可塑性。②

在世界范围内寻找体现共同期望的符号，这一点强调了每种文化特征的地方特性。我们是否应该用"世界收入平等"的口号并且将大自然授予太平洋岛屿人们的天赋礼物与西欧工人对物质和精神收入的复杂需要视为平等？我们是否应该谈论"世界最小化"并期望以积极的感情来使之具体化？我们也许会利用如"法律"之类的术语的威望，并将"世界法律共同体"口号化。也许通过主张世界法律统一体比地方自治法律要更优越更高级，这对于弱化地方群体的主张而言可能是一个有吸引力的技术。自然法（natural law）的理论已经在历史上体现其有用性，以貌似合理的符号的名义推进了新事物的发展，一个确定的、适用的文献体系已经足够行政当局

---

① 对民族主义特点的详细分析对世界象征主义这一更大的问题拥有富有价值的建议，凡·格奈普（Van Gennep）在他未完成的《特点》（Traité）第一卷里运用了这一方法。赫伯特·珊顿（Herbert N. Shenton）、爱德华·萨丕尔（Edward Sapir）和奥托·叶斯柏森（Otto Jespersen）在《国际沟通》（*International Communication*, London, 1931）里对语言的问题进行了广泛讨论。奥格登（C. K. Ogden）拥有仅有800个单词的简化了的英语，他把它当作世界统一语来推广传播，参见他的 *Basic EngLish*, New York, 1934。

② 参见 H. J. Laski, "The Problem of Administrative Areas", *Smith College Studies in History*, 4（1918）: No. 1; C. B. Fawcett, *The Provinces of England*, London, 1919, and the debates of the Constitutional Convention of 1919 at Weimar.

进行引用了。①

在世界事务中，和谐的朋友找到了一种通过强调战争的可怕性来发展对和平的需求的方法。"战争"一词本身就是很容易引起歧义的。考虑到1931年确定性的延长与日本在"满洲"的行动相关，在"和平的战争"（peaceful war）与"像战争一样的战争"（warlike war）之间进行区分也许就是适当的，前者是一种暴力行为，其合法名称是不确定的。因为渴望和平的朋友想要改变的是有组织暴力的事实，而非对国际关系重新进行命名，其任务不是去废除战争，而是去减少对暴力的运用。

我们能够通过描绘战争的恐怖来达到减少暴力的目的吗？弗洛伊德已经在他的《禁欲、症状和焦虑》（Inhibition, Symptom, and Anxiety）一书中做了清楚的解释：恐惧的反应既表现为情感的爆发又表现为防卫的行为。这种模式是很稳定的，不管这种恐惧心理是由外部世界的危险存在造成的，还是由威胁到超我控制的、对危险冲动的恐惧造成的，第一种恐惧是"真实的恐惧"，第二种恐惧是"神经过敏性恐惧"（neurotic fear）。在真实世界里由"神经过敏性恐惧"引发的防卫反应激起他人的反防卫反应，这种情况的存在并不少见，也因此补充了由环境中确定的危险所引发的内部恐惧感。

对战争带来的恐怖的生动描述吸引了人性深处在斗争中爆发的内驱力的释放。这些冲动是残酷成性的，而且它们保护对战争幻想的详细阐述的局部满意感，人们看待战争时因虔诚的恐怖产生的超我控制正在逐步减退。对超我的承认允许了对本能冲动的放纵，就如改革的热情允许一些改革者接近并享受性幻想以及类似的堕落方式。个人的毁灭性冲动没有得到完全的满足，却被局部控制住了，因为超我的限制作用实在是太强大了，以至于不允许直接而且完整地表达出来。本我和超我之间的张力在人类个

---

① 参见 Alfred Verdross, *Die Einheit ds rechtlichen Weltbildes auf Grundlage der Völkerrechtsoverfassung*, Tübomgem, 1923; *Die Verfassung der Völkerrechtsgmeinschaft*, Vienna and Berlin, 1926; 又见 Johannes Mattern, "Problems of Method in International Law; Alfred Verdross, "Concept of the Unity of the Legal Order on the Basis of the International Constitution", Analysis 6 of *Methods in Social Science: A Case Book*, Editor S. A. Rice, Chicago, 1931。

第十一章 寻找一个神话：世界统一的问题

性的不安全感中得以揭示了自身。反过来，这种不安全感也许会部分因为对外部世界的投射而产生由内在冲动导致的危险需要而被摧毁，认为周边环境持续存在威胁。在一个建立在暴力基础之上的世界里，这种情况的存在增加了引发真正的暴力危险的神经过敏的因素。一个人易于支持自卫措施，并且因此而更改他人的真实环境，反过来根据自己的环境做出反应并查证战争的危险。战后的世界在许多方面都要比1914年更军事化，尽管反对武器军备的口头抗议十分激烈。对战争的谴责比以往更加普遍，对战争恐怖的描绘比以往更加显著，但是对战争的准备明显超过了对和平的准备。多种个性在他们自己因谴责战争中的大屠杀行为而产生的无意识的愉悦情绪中产生，并且他们的兴奋情绪传播了普遍不安全感的反应，这种反应会被那些渴望促进"正当防卫"（legitimate defense）的人所利用。①

对战争与军备持续的成见引起了世界政治对战争与军备角色的注意，并且提高了军备作为各国共同威慑力的价值。根据确定的分类方法控制军备的努力不仅体现了严格度量控制是多么不可能，还培养了将军备开支比例作为衡量国家地位标准的运用方法；众所周知，日本与意大利做的"分类"引发了国家"恐慌"。

对战争的恐怖和危险的不断重复增强了对必然性的设想，并且在这种程度上保存了对暴力的期望。一个人或一个群体的符号相对而言会更明确清楚。但是战争使许多暴力形式变得阴暗，暴力逐渐减少却又包含许多强制手段，这些强制手段虽然有效却不残忍。因为世界上任何政权的维持都需要使用威胁和暴力，问题不是要引出绝对放弃使用强制措施，而是要创造一种情境，在这种情境中强制措施可以成为整个政策体系中一个协调的部分。

把感情与符号联系起来，这些符号是支持一个为了应对危机而设立的具体程序或机构的符号，这种努力到目前为止已经导致了可疑的结果。精力已经都投入在了培养对国际联盟和"调查""调停"或"仲裁"等程序的忠诚度上面了。牢记这一点很重要：除了安全、收入和顺从按照某种惯例进行分配的制度秩序，没有什么程序步骤是存在的。国际联盟由那些内在结构显现出显著多样性的国家组成，但是多数和国际联盟相联系的国家

---

① 也可参见 Edward Glover, *War, Sadism and Pacifism*, London, 1933。

都是资本主义国家，这些国家对其他被称作苏维埃社会主义共和国联盟的国家联盟的态度却并不友好。同盟国的统治精英必然会确保他们位于权力之峰的社会模式；他们在自己的领土范围内受到无产阶级社会主义的挑战，在外则受到苏维埃社会主义共和国联盟的挑战。如果说在我们的历史时间点上，增强国际联盟就是增强资本主义，而且一个人认为资本主义利己主义是一种时代错误的、人类邪恶的特许权，那么对国际联盟的支持就是一种不道德的行为。对程序步骤的支持总是发生在具体的情境中，而且对程序步骤的支持总是倾向于保持或保护某种安全、收入和顺从关系的金字塔，并且会破坏其他价值。

世界政治试图对程序步骤或各种地区机构感情用事的方法，假设人类应该接受命令而非接受作为一种价值的正义。但是人类被正义的幽灵所引导，对枯燥乏味的秩序要求感到不满；在一个存在多种价值观的世界里，对正义的呼吁就是对自我实现的呼吁。无产阶级的社会主义需要物质上的平等，并且把整个历史描绘成向着无阶级社会发展的过程，在这种无阶级社会里，所有人都是兄弟姐妹，一切和平，因为正义已经来临。乌托邦让人类拥有丰硕的欲望果实，和平景象是饱食的结果。如果马克思在细节上对无阶级社会的描述是模糊的，他至少没有忽视去立下正义的原则，这就是他宣称能够指导无阶级社会的原则。

实现作为一种价值的秩序而非正义的努力，除了幻想以外什么也不能保证。和平主义已经促进了不那么活跃的终极正义、最大实现的神话的发展，来激发人类的想象力。因为对于正义的符号没有形成共识，推进崇拜秩序符号的努力分散了人们的注意力，本来应该把注意力放在寻找正义的梦想这种更宏大的任务上的，正义的梦想可以通过代表世界统一秩序的、自主的统治精英来开拓实现。所有基本的历史神话都向信徒许诺除了单纯的和平之外的其他东西；民主国际主义为资产阶级获取更多的声望和财富打开了大门，扫除了社会障碍。无产阶级的社会主义将会摧毁导致某些人富有、某些人贫困的社会秩序，从而获得了那些工厂工人、临时工和佃户这些在"自由竞争"市场中无法获得直接而明显的好处的人的关注。

在资本主义崛起的过程中，对世界秩序而非正义的需求，对当下欧洲的思考风格而言是非常有吸引力的。伍德罗·威尔逊是近年来这种思想理念最

第十一章　寻找一个神话：世界统一的问题

重要的代表人，这种理念赞美"法律"而非赞美"正义""平等""社会主义化"与"面包"。威尔逊一直在重复民主国际主义的话语，民主国际主义已经帮助正在崛起的中产阶级去废除不利的社会结构，去发展一个可以从中获益的竞争性的市场游戏规则。威尔逊反复提及上世纪的文明；列宁在一个已经变革的世界里提倡的是实实在在的正义问题。威尔逊因礼节感到满意；列宁则抓住了问题的核心：建立从各国征募精英的统一方法规则，认识到如果没有就正义符号达成基本共识，那么就没有所谓的持久和平。①

作为普通实践与普通符号产生源头的共同文化经历的发展，虽然已经开始，但进展缓慢。在世界上，很少有能够进入平民百姓生活的普通目标，世界秩序的符号甚至更少，它们与地区性、功能性名誉和象征一起争夺人们的认同。文化特征在世界范围内的分配在相当程度上而言是随机的。火柴、邮票、烟草全都进入了百姓的日常生活里；但是如果一个人考虑中国或者非洲的内部本质，他又会想起人们之间存在缺乏相互联系的问题。拉斯基（H. J. Laski）建议一张世界邮票应该是一种缺乏联合性的符号的观点是正确的，因为只有这样，它才能进入任何地方的几乎所有人的日常生活之中。

个人对自己受到制约的文化符号与实践的全身投入，在某种程度上，可能由于那些能够费力传播的各种技术，而导致无效。当我们讨论华盛顿是美国的"国父"时，我们可能会偶尔发现列宁或马萨里克（Masaryk）②在其他地方也发挥了同样的作用。当我们谈及美国革命时，我们也学会讨论其他革命，比如说瑞士人从赫茨伯格人的控制中解放出来。从各方面看

---

①　关于和平主义的各个维度可以参见 Franz Kobler, Editor, *Gewalt u. Gewaltlosigkeit*, Zürich, 1928; Leo Gross, *Pazifismus und Imperialismus*, Leipzig, 1931; C. M. Case, *Nonviolent Coercion*, New York and London, 1923; Max Hildebert Boehm, "Cosmopolitanism", *Encyclopaedia of the Social Sciences*。

②　托马斯·加里格·马萨里克（Tomáš Garrigue Masaryk），捷克斯洛伐克共和国的缔造者和首任总统。曾在维也纳国会中支持捷克民族独立事业，揭露哈布斯堡当局旨在使斯拉夫少数派的政治领袖不受信任而公布的文件是伪造的。1914 年他逃亡到伦敦，成为捷克国民大会主席，并开展捷克独立运动，在 80 岁退休前曾三次当选总统。因他在争取独立中所起的作用，同爱德华·贝奈斯和米兰·雷斯提斯拉夫·什特凡尼克一起，被称作捷克斯洛伐克开国三元勋。——译者注

待"我们"这一符号的习惯,就它的典型特征而言,意味着"我们"这一符号被剥夺了它完全的专制的独特性。"我们"这一符号是普遍条件中的一个特别情况,普遍条件产生可比较的结果。这就是科学态度的含义,而且与刚被阐明的思考方式在功能上是等同的。教育学上对找寻有效的和"我们"符号的每个细节对照的持续重点强调,并不主要取决于物质,而是取决于教学专业方面的技术发展情况。当然,也就会有对世界历史的编辑有助于创造共同世界的观点。毫无疑问,诸如火焰、字母表或过圣诞节用的综合设施①等文化特性的传播表创造了一个心理场景,这一场景呈现了全球相互影响的互惠的复杂关系。不容置疑,文明理论,像奥斯瓦尔德·斯宾格勒(Oswald Spengler)在《西方的没落》(Decline of the West)一书中所建构的理论分析框架一样,这一理论框架反对地区性细节有助于暂时维系地区秩序的观点。但是这种物质死了,除非在整个教育学的、对话的环境里带来现存的表示方法,严厉地、连续地惩罚独有的主张行为。但是个体融入自己文化的进程太频繁了,以至于这种反疗法只可能有一个小小的成功机会来缩小对"我们"符号的快速调查并做出非决定性的评估。②

作为对一个人卷入文化假设程度的一种说明,联合的问题已经被讨论过了,这个问题可能会被这样评价:好像这个问题主要就是选择一个局外人或群体敌人的问题。但是为何我们要想当然地认为敌人必须是一个人或

---

① 参见 Wilson G. Wallis, *Progress and Culture*, pp. 117ff., New York, 1930。
② 关于教育学的近期著作,参见 D. A. Prescott, *Education and International Relations*, Cambridge, 1930; *La revision des manuels scolaires*, International Institute for Intellectual Cooperation, Paris, 1932; Florence B. Boeckel, *Between War and Peace*, New York, 1928; 教育机构列表可以参见 J. E, Harley, *International Understanding*, Standford, 1931。关于世界组织观念演进的基本材料,可以参见 Jacob Ter Meulen, *Der Gedanke der Internationalen Organisation in seiner Entwicklung*, 2 Vols., The Hague, 1917, 1929; A. C. F. Beales, *The History of Peace*, New York, 1931; Fr. Meinecke, *Weltbürgertum und Nationalstaat*, Seventh Edition, Munich, 1928。对于世界观点的个案研究,参见 Ludwig Waldecker, *Die Stellung der menschlichen Gesellschaft zum Völkerbund*, Berlin, 1931。关于历史学家的方法可以参见 Ferdinand Schevill, "Voltaire, Historian of Civilization and Exponent of Rationalism", *Methods in Social Science*, Analysis 29, S. A. Rice, Editor, Chicago, 1931。

第十一章 寻找一个神话：世界统一的问题

是一个群体呢？我们不能成功地找到一个非人类的敌人吗？这一非人类的敌人可以用来组织起人类的憎恨，并且创造对世界符号的认同反应的成长环境有利的情景。致病的微生物杀死人类的数量难道不比战争多吗？它们难道不是人类的致命敌人吗？我们也许把时间都浪费在为了联合世界而调动巨大的好莱坞资源对抗致病细菌，对抗"害虫"。想象阴险的害虫，巨大的、黏滑的、阴险的害虫，计划着攻击尚在襁褓之中的婴儿，攻击少女和运动员，攻击政治家和科学家，攻击劳动者和管理者……

总有一天，人类将面临共同的灾难，人类只有联合起来，协调行动，才能够战胜这一灾难并活下来——这是一个值得思考的问题。我们假设：科学应该现在就发现每个物种的胚芽经过每千万代之后就会失去再生的能力，而且人类就会遭遇这种结构上的损失，除非用一种特殊的由专业研究员发明的赋予其免疫力的疗法才能够治愈。面临这种共同威胁，那些拥有救济垄断特权的人也许会利用自己的特权来联合全人类。但是并非一定要这样才可以；特权阶级也许会自乱阵脚。那些被升至高位、掌握至高权力的人可能在当下没有几个世界能供他去征服，而且那些没能够通过常规路线方法将自己的侵略野心具体化并付诸实践的人也许会转向反对和个性密切相关的符号，特别是互相反对。① 精英中的少数派分子将会在共同体中找寻能结盟的人来反对多数派，在惯常的动态平衡过程之后，冲突会变得普遍并向着革命的形式发展。老的精英通过展示自己的弱势或者用"面包和马戏团"等小伎俩诱使人们去妨碍领导阶级实现理想，放开对反对独裁统治的超我行为的控制，并使革命行为合法化。在这种观念下，群众革命运动是使权威符号恢复的基本驱动力，这种当局的权威符号是能够受到尊重的，而且不再和与统治阶级相符的模式相违背。革命在紧张的压力下兴起，并在个性品质中建立起基础；他们通过向那些背叛他们的符号进行报复来推进革命的进程；最后他们通过臣服于拥有新符号的新统治当局的新模式来使自己得以长期存在下去。

技术上的进展也许和这种专横傲慢的态度是同时产生的，以至于它在

---

① 布鲁克斯·亚当斯（Brooks Adams）在其《社会革命理论》（*The Theory of Social Revolution*, New York, 1913）一书中强调了与秩序相关的行政技术。

253 减少多数人种向机器人转变方面变得可行，即通过让人类感染疾病，来令他们处于一种常态的快乐陶醉状态，以此来胜任多种常规工作任务。的确，前一阵子，一个奥地利医生提议：如果社会能够使绝大多数成员染上痴呆症，那么多数肮脏的事都能被愉快地完成了。当然了，未被感染的人会继续产生对其他人的敌意，逐渐减少幸存者，也许直到，仅有一个单独的神志清醒的个体能够完全掌控着自己的能力，并且他可能对快乐的痴呆症变得充满愤恨，以至于最后他可能会为自己接种痴呆症，并且最终在普遍嘲笑中终结人类的传说。

如果我们在运用我们的技术能力时就对独创性进行了完善，我们也许能通过创造一种让每个人都能置身于某个顺从金字塔顶的情境来消除社会阻力。有的人能成为称霸世界的老千（card shark）、玻璃雕塑家或者树人（tree sitter）。能够影响顺从关系的人类身体的特性的数量几乎是用不完的，能够给予声誉威望的操作手段的数量也是无限的。

在当下的现代社会，有些行为模式被相对地高估了，所以问题在于如何去减低它们的价值。管理，不论是在企业里还是在政府里，都处于被高估了的运营操作中。我们也许通过把所有消极符号与这种管理行为联系上的方式来减少管理的声望；但是我们当然必须安排一群管理者来忙于降低其余的管理者的价值。毫无疑问，我们应该鼓励抛弃那些传统理想——通过令君主制理想自身贬值为一个巨大的不合理的体制、一种不合理的纵容，来让哲学家称王。从一种观点来讲，从同时代的人中引起顺从反应的煽动者和组织者是所有工作的洗碗女仆，他们通过向后面的人大嚷大叫来

254 维持一种"我很重要"的幻觉。管理从事某一行业的企业，这是不会创造什么骚乱的事情；这种企业有助于发展私人亲密关系的价值观念，而且是一个不会自我终结的企业。

对于实现我们统一的任务，这种投机性的解决方法可能和"行得通的"（practicable）想法一样"实用"（practical），如果行得通的方法失败了，就像他们从前一贯的那样。但是回到更惯常的分析中，我们也许会思考一些现代社会和竞争性的神话相关的问题。天主教义、民主国际主义和共产主义是存在于西方世界和多数欧洲世界之外的地区的相互竞争的主要意识形态。马克思主义符号已经在人类历史上以强大的建设性活力不断扩

第十一章 寻找一个神话：世界统一的问题

张着，而且这种扩张已经能在它的拥有某些特定优势的符号结构里被追溯到之前的重大历史时期。马克思主义在 19 世纪胜过了简单的贸易联盟主义（trade unionism）、合作主义及空想社会主义，而且现在它是被普遍接受的、维持稳定的世界秩序的基础的最自信的倡议者。

过去存在的对传播马克思主义的一些限制，和将来可能产生的一些对马克思主义的限制，已被讨论过了，但是仍旧留下了一个重大的问题。马克思主义在雇佣劳动者中传播很快是很合理的，但是却没能赢得普通中产阶级成员的持久支持。资本主义已经显露出能够增加把纯无产阶级和纯资本主义分开的物质配置的巨大能力。促进资本主义标准化的效果已经被它促使多样化的倾向给抵消了。形成鲜明对比的物质环境维持了意识形态的差异，而且中产阶级是社会的组成部分，他们展示了所有意识形态之间的细微差别，这些差别的存在对多样的现代工业主义的物质矩阵来说是适合的。

作为首要的统一神话，马克思主义的未来也许取决于它赢得中产阶级支持的能力。我这么说并不是武断的，因为这些革命战略家可能是对的，他们说由于中产阶级累积起来的胆怯心理，中产阶级在革命危机中会被吓得像一只沉默的羔羊。从这一观点出发，革命的任务是去保持革命符号（"共产主义"）的纯洁性，使其不受"社会主义"或"社会民主"等词汇的玷污，并且发展出一批专业化的、活跃的革命者，这些革命者能在革命危急关头打头阵；这些革命危机是无法避免的，因为资本主义社会的基本矛盾已经浮现出来了。从这个观点来看，中产阶级的支持，虽然不能直接摒弃，却很难获得。

最近的一些事件已经对这种分析的正确性提出了质疑。意大利和德国的中产阶级不是沉默的羔羊，而是狮子；为反对无产阶级主义，他们或他们的子孙已经开始不知疲倦地为法西斯主义竭力而战。他们在物质层面上已经被"无产阶级化"了，但是他们在精神层面已经摇摆到民族主义和爱国主义的符号上了，并为反对俄国马克思主义的保守运动提供了大量的金钱和人力支持。中产阶级已经表现得很活跃、很积极了，而且它有可能因此会用比以前认为的更加重要的方式去赢得马克思主义的支持，如果马克思主义将要赢得整个世界的话。

255

中产阶级中的激进主义并非是一种全新的现象。虽然不能用确切的数字来展示奥地利或德国的中产阶级在世纪之交比在从前每况愈下，不可否认的是他们的相对威望已经随着有组织的雇佣劳动者地位的提升及上层资产阶级地位的提升而减少了。因为，小资产阶级正在下降的地位意味着由社会环境中产生的顺从需求尚未得到满足，而由此产生的怨恨和不安全感已经改变了整个阶级的反应标准水平。

对顺从的否定导致了对环境产生极大的敌意，与之相关的个性品质依旧保持在缺乏安全感的状态，直到他们找到表达自我的积极方法。随着小资产阶级逐渐黯然失色，个性压力广泛地分散开来；紧急状态中的疯狂感觉几乎没有了，这种感觉曾因战后的通货膨胀危机而引发。但是这些不安全感的存在足以创造人们支持各种群众运动的接受能力。在德国奥地利一次强大的反犹太人的、支持日耳曼人的煽动行动孕育了维也纳的卢埃格尔（Lueger）的政治事业，而且这个运动的很多理论与策略在后来都被阿道夫·希特勒所采用，希特勒在青年时期就已对它们了如指掌。①

19世纪晚期，反犹太人运动在欧洲的死灰复燃是一种普遍现象，而且它的大本营是在小资产阶级中，这些人是基督徒、民族主义者和爱国主义者。因社会地位下降而产生的敌对情绪能够通过强调犹太人拥有丰厚财富的方式从资本主义中转移开来，也能够通过强调犹太"煽动者"的方式从民族同胞中转移开来。②

小资产阶级以最清晰的形式将资本主义的矛盾纳入其中。阶级里的每个成员以自己的个性体会着不安全感，这种不安全感是由自我合理的计算功能引起的，以超我和本我冲动为代价。在这里，被当作是典型社会结构中更底层资产阶级的是那些已经结婚的小业主，他有自己的小家庭，他的老婆打理打理家务事并有可能帮着照看一下生意。为了鲜明地描述一幅清晰的、有用的画面，在不同环境中找到的大量的模式上的变化将不会被描

---

① 希特勒在《我的奋斗》（*Mein Kampf*, Munich, 1925, 1927）一书中巧妙地提及了这一点。

② 与德国的关系可以参见 Paul Kosok, *Civic Training in Germany*, Chicago, 1933。

绘出来。①

小资产阶级所需要的经济状况能够通过有计划的个人努力引起他在价值层级中对地位上升的期望。也就是这一点加强了自我意识的角色,在实现确定的有意识的目标方面,根据其适用性对冲动不断进行调整,就构成了必要条件。

有一个被有意识地培养的活动,那就是工作,它在非具体式性行为中的表现具有一定的规律性,这种性行为活动的要求是建立在对安全、收入和顺从有需求的社会上的。②

节俭（thrift）是指谨慎地花钱并认真地攒钱,而且会明显体会到迟来的喜悦感。通过节俭来获取增加生产设备的收入,通过企业的扩张,来获取累积盈余。

体面（respectability）是在公共场合与习俗保持一致。一致性（conformity）对必须通过迎合共同体的偏见来扩大生意的店主来说很重要。在一定程度上,这个店主是个公众人物,许多人的注意力都集中在他身上。

---

① 关于中产阶级地位的大量著作主要有：Theodor Geiger, *Die soziale Schichtung des deutschen Volkes*, Stuttgart, 1932; Werner Sombart, *Der Bourgeois*, Munich, 1920; Max Weber, *Gesammelte Aufsätze zur Religionssoziologie*, 3 Vols., Tübingen, 1922 (Vol. 1 translated as *The Protestant Ethic and the Spirit of Capitalism*, London, 1930); R. H. Tawney, *Religion and the Rise of Capitalism*, London, 1926; S. Kracauer, *Die Angestellten*, Frankfurt, 1930; 近年的著作参见 *Die Tat*; Roberto Michels, *Problem der Sozialphilosophie*, Leipzig, 1914; Bruno Archibald Fuchs, *Der Geist der bürgerlich-kapitalistischen Gesellschaft*, Munich, 1914; B. Groethuysen, *Origines de l'esprit bourgeois en France*, Paris, 1927; Kurt Wiedenfeld, *Das Persönliche im modernen Unternehmertum*, Leipzig, 1911; Felix Pinner (Frank Fassland), *Deutsche Wirtschaftsführer*, Charlottenburg, 1925; F. W. Taussig, *Inventors and Moneymakers*, New York, 1915; F. W. Taussig and C. S. Joslyn, *American Business Leaders*, New York, 1932; Helen R. Wright, "Capitalism of Industry", *Encyclopedia of the Social Sciences*。对于手头问题进行精神分析,这一方法,我是得益于一位柏林的精神分析学家威廉·赖希博士（Dr. Wilhelm Reich）所写的关于法西斯主义的专著, *Massenpsychologie des Fascismus*, Copenhagen, Prague, and ZüRICH, 1933。关于方法论,我的观点与埃里希·弗罗姆（Erich Fromm）的类同, "Ueber Methode und Aufgabe einer analytischen Sozialpsychologie", *Zeitschrift für Sozialforschung*, I (1932); 28 – 54; *Die Entwicklung des Christusdogmas*, Vienna, 1931。马克思主义著作中对精神分析保持敌视态度的是 W. Jurinetz, "Psychoanalyse und Marxismus", *Unter dem Banner des Marxismus*, I (1925): 90 – 133。

② 例外的是妓女和无爱婚姻中的依赖方。

对由营利的利益中产生的冲动进行审查,是由人们对他的位置的竞争性依赖来掌控的。

对那些善于思考的人来说,欺骗能带来很多好处(在审慎的范围内)。精明的讨价还价和弄虚作假是做生意过程中的一种有用工具。确实,"聪明人都是骗子"这种普遍的心理偏见确实是有些基础的,因为敏锐的人找到了许多方法来利用同伴易受骗的弱点。对营利的自我功能的运用给超我带来了持续的负担①,因为能够不断发现偷食禁果的机会。结果就是产生了有负罪感的一代,而且这一结果不久之后直接紧随某些推论而出现。

对性欲的节制源于个人对感染疾病、误了早晨上班、精力消耗过多、惊动地狱三首猎犬(ceberi)②和伤风败俗(cerberae of the mores)的谨慎防范。

在工作时间,对那些针对环境的敌对情绪的直接放纵被谨慎地避免了。"顾客永远是对的。"即使顾客是无礼的、愠怒的、爱吵架的,但他们意味着购买力,所以卖家学会了"自我控制"。

虔诚和道德主义使个人能够排遣一些不安全感,这种不安全感是在反抗乱性倾向、独断倾向、说谎冲动时所产生的。焦虑和负罪感能被庄严的仪式驱除,这样的仪式表达了一个对外部符号的内疚感的负担,焦虑和负罪感还提高了对整个宇宙体制的重要性的认识。富有侵略性的品行存在于环境中的攻击性表现中,这里的环境中充满对个人的受抑制生活的强烈诱惑。通过从一个烦扰的情境中逃离来进行自我保护,或者赶走情境中的烦扰因素,这些都是保持自我控制和超我控制的主要方法。

在第一世界里过着精打细算的生活使人们偏向于夸大次要符号的作用。对侵略行为的禁止容易产生对外部世界敌意的投射反映;"魔鬼"或

---

① 参见 B. Kidd, *The Science of Power*, New York, 1918。
② 三首猎犬又名刻尔柏洛斯(Cerberus),是堤丰(Typhon)和爱克特娜(Echinda)的后代,希腊神话中的地狱看门犬,这条狗有三个头(赫西奥德的《神谱》中记载有50个头,为了雕刻方便而减为三个),狗嘴滴着毒涎,下身长着一条龙尾,头上和背上的毛全是盘缠着的条条毒蛇。布特勒把它比作主教的三重冠冕(主教是天堂的看门人,刻尔柏洛斯是地狱的看门犬),它负责将死后未被埋葬的灵魂驱逐出冥界。三首猎犬后来被赫拉克力斯抓获。北欧神话里也有一群名为嘉尔姆(Garm)的地狱犬,它们拥有四只被鲜血染红的眼睛,性情十分凶残,与刻尔柏洛斯一样看守着通往地狱的大门。——译者注

第十一章 寻找一个神话：世界统一的问题

"犹太人"被当作专门暗中破坏正义与忠诚的阴谋家。对直接要求的抑制也使对浮夸的"我们"这一符号的认同感更容易产生了，"我们"这一符号也在无穷魅力中勇敢地存在着，它所从事的事业也很成功。这种由战前德国的泛日耳曼同盟（Pan-German League）酝酿的带有感情色彩的扩张主义运动在小资产阶级店主、职员和知识分子中获得了一个和它的实力不成比例的份额。① 千禧年的上帝王国（地球天国）梦想是帝国主义成功的白日梦，但它曾吸引了为数不少的中产阶级的关注。

由于小资产阶级商人希望提高自己的地位，他的注意力放在了如何使自己变得"更好"上面，而且他倾向于复制那些在收入金字塔上比自己站得更高、更受尊敬的人的外在表现。对受到那些位居更好职位者的接纳（重视）的渴望遭到长期的回绝，这部分可以归结于手工劳动者对势利眼的报复。这种被拒绝的过程和与经济及社会竞争者的差别增加了小资产阶级群体客观上和他们不同的程度。有时为了炫耀，丈夫会不让妻子参加外面的创收活动②，因此她把注意力集中在搞好卫生、烧好饭菜、照顾好孩子和许多上层社会的技巧上面。

家庭成员之间孕育了亲密的接触。女性和孩子之间有了持久接触，独立解决自身遇到的和孩子有关的困难和挫折（性别和公众范围内的），关心孩子的饮食、健康和自慰行为，关心孩子的言行举止，并且普遍地让孩子屈服于家长的过度干涉（overinterference）。这有利于母亲超我的发展，在母亲的超我中充满了大大小小的禁忌。孩子从小被关在家里，这样他们就能"有所作为"，就不会和坏孩子交朋友，就不会学坏。在小家庭里，家庭成员之间的持续不断的接触增加了孩子恋母、恋父情结产生的几率。在对孩子的回应方面，父母之间的竞争增加了，父母对孩子的照顾变多了。父母在管教孩子的过程中于过度放纵和过度严厉之间摇摆不定，而且朝着激化矛盾情感形成的方向发展。

孩子遭受的挫折往往能激发他们的好胜心。对工作的欲望可以替代对遭到抑制的力比多的表达，而且孩子们产生的不安全感会持续地被诸如

---

① Mildred S. Wertheimer, *The Pan-German League*, New York, 1924.
② 参见 Thorstein Veblen, *Theory of the Leisure Class*, New York, 1899。

"名列前茅的重要性"和"有所作为"等表达方式所再符号化。对孩子当下的剥夺被当成是将来令他获得成功和名望所必须做的。自我控制和严守纪律是获得统治别人的权力的方法。对自我控制的狂热信奉（"我是我灵魂的主宰者"）被当作成功的辅助者。能够掌握自我控制能力的人是与众不同的人；他们生来就有做地球统治者的天赋，因为他们最终会接管地球。如果一个人有能力、不懒惰、身强力壮、守纪律，所有的事情都能靠他来办。未来的符号是由培养一个孩子获得财富和顺从的潜力的经验来定义的。孩子会认为未来的放纵行为是对当下放弃享乐的一种回报。信念深深扎根于未来的仁慈的意图之中，以使节欲、工作、节俭和谦卑获得回报。

小资产阶级商人所需的全部品质中的一个基本部分就是运用足够的语言技巧来应付人际关系交往。语言技巧对他来说很重要，因为他需要以此来说服他的顾客，而且还要掌握社会交往的语言技巧。语言的好辩方面和劝诱方面的功能使他的言语方式具有了辩证的特点。他的商品和顾客提到的商标不是一样的好吗？语言作为引起他人回应的工具，它的效用为语言和善于运用语言工具的人带来了极大的顺从感；因此也为小资产阶级脑力劳动者（比如：小律师、牧师、教师、演讲者、新闻记者）提供了一个有识别力的观众。辩证关系的展示会比涉及描述和感谢的语言的演示获得更热烈的好评。

前述的分析足以说明为何小资产阶级家庭的青少年危机特别严重。在持续的纪律严明的氛围里，当孩子达到性成熟和社交能力的顶点时，家长和孩子之间亲密的感情交流所导致动荡的可能性增至最大。持续的监督管理、来自野心和自我控制的无尽挑战、环境的封闭，给少年儿童潜力的积累带来了巨大的压力，而且少年儿童还正在经历着向成年人过渡的快速转变。

青春期危机实在是太严重了，以至于我们在孩子们身上能找到许多严重受伤的个性品质。我们发现在他们身上由感情斗争造成的严重心理失常的发生率相对很高。① 我们能在他们身上发现轻微的心理障碍，比如说歇斯底里症（hysteria）、恐惧症（phobia）和强迫症（obsession）。我们会发

---

① 纽约的哈里·沙利文（Harry Stack Sullivan）博士（研究精神分裂症中功能性因素所扮演的角色的领先说明者），拥有能够证实这一预期的相关分析数据。

第十一章 寻找一个神话：世界统一的问题

现他们经常坐飞机回家，逃到海上或者去参军，我们常遇到这种青少年为了释放压力和进行自我惩罚而发生过度酗酒、强制乱交和其他乱性行为的情况。神经过敏的个性结构应该是比较多的，体现在用激烈方式处理烦躁冲动，并且对它们加以抑制，直到表现出社会的可接受性。

小资产阶级家庭的言语文化有利于取代对谈话中常涉及的遥远的社会目标的反独裁主义内驱力，并刺激对专业讲话者的吸纳，以此来补充像布道、律师、教师、讲师和新闻记者这些职位的空缺。言辞上的灵巧机敏是一项能够化解很多私人不安全感的技能，而且实际上它是使你能够轻易获得社会接受的方法，而且这使小资产阶级的孩子能够把谈话职业作为自我治疗的一种形式。

在青少年危机期间，环境中的抑制因素实在是太难以忍受了，以至于激进主义狂热信徒对青少年来说有强烈的吸引力。这是通过传奇化的大胆的职业，或是通过投身激动人心的社会运动体现出来的。社会激进主义的突出性对于从资产阶级家庭中逃跑的年轻人来说是众所周知的，而且这种突出性在讨论知识分子脑力劳动者在现代文化中的角色时已经提到了。对英雄的狂热崇拜兴起了，它是满足深层情感中对全知全能的上帝的服从这一迫切需要的手段，还是恢复和个人符号（父母）的关系的方法，这种个人符号（父母）已经被日益增加的现实批评所摧毁（父亲已经不能再扮演上帝的角色了）。

当我们考虑"抗议"符号在吸引那么多小资产阶级知识分子方面的成功时，总的来说，在以获得"权利"（正义）为目的的运动中，小资产阶级的表现有点矛盾。当然了，马克思对语言的概要性的、辩证性的运用更像中产阶级（马克思正是来自中产阶级家庭），而不是无产阶级（虽然他为无产阶级说话）；无产者（工人）本质上是直接的行动主义者，对知识分子的隐晦曲折毫无耐心。只要领工资者与小资产阶级持有自己不是无产阶级的同样心态，小资产阶级模式就能够立即永久存在下去，小资产阶级就能在"劳工运动"中恢复原状，这一点是众人皆知的。个体为自己在政党机构、市议会、合作社会、贸易联盟或者政党文件中留有一席之地，在口头语言表达上虽然会有一点点激进主义的痕迹，但仍然会注意小心谨慎地以最小的风险改变自己以维持收入和顺从关系。

为了可以将人类联合起来的无产阶级神话的利益，有没有什么方法可以从整体上快速瓦解中产阶级的力量？当然了，现有的侮辱和威吓中产阶级的方式已经强化了法西斯主义的力量。是否值得去展示社会主义者的革命国家是唯一一个赋予有能力的组织者和技术家以安全感和视野的国家？是否值得去展示社会主义者的革命国家是唯一一个对努力付出的回报持开明态度的社会，在这种社会中不稳定的、失去协调的资本主义经济是无法阻止人们通过付出努力获得回报的？这个贬义词——"资产阶级"，可不可以被重新定义，可不可以被改造成需要它的人们能够很容易识别的词语，然后通过它可以建立与整个无产阶级主义的关联呢？小资产阶级要求顺从他们权力的符号，因为其在管理中的节制、和平主义和勤奋的表现；他们沉醉于不断猛烈地攻击无产阶级的言论。

　　毫无疑问，资产阶级中最脆弱的部分是那些有着严重的情感危机的青少年。他那不稳定的性生活，他那充满挫折的自恋，他那充满欲望的行动，可以相当容易地被认为是一种用大写符号所书写的抗议。在19世纪末的青年运动中，小资产阶级青年表达了不安全感，这些不安全感也能够部分反应出这些小资产阶级青年的父母们由于阶级声望衰落而产生的不安全感。①

　　小资产阶级家庭生活中对性好奇的禁忌，创造了对于性启蒙的宽容接受性，并且可以利用这个与无产阶级的社会行动符号之间建立关联。②

　　以上关于革命宣传策略与中产阶级反应结构相关联的评论，并不意味着对这一问题的明确判断。经过进一步考虑之后就可能得出的结论是，争取到资产阶级群体的支持，或者甚至仅仅是争取让资产阶级群体中的相当

---

① 参见 Ernest H. Posse, *Die politischen Kampfbünde Deutschlands*, Second Edition, Chap. 1, Berlin, 1931。

② 根据精神分析的发现，威廉·赖希（Whilhelm Reich）被认为是为数不多的对无产阶级宣传再思考比较敏感的人。参见 *Geschlechtsreife, Enthaltsamkeit, Ehemoral, Eine Kritik der bürgerlichen Sexualreform*, Vienna, 1930, 他为年轻人写的著作为 *Der sexuelle Kampf der fugend*, Berlin, Vienna, Leipzig, 1932（已被年轻的共产主义者翻译成俄文版）；也可参见 *Zeitschrift für Politische Psychologie und Sexualökonomie*, Band I (1934), *Verlag für Sexualpolitik*, Copenhagen。

一部分人保持中立，这样的任务根本无法完成。几个取得成功的爱国运动可以支持这个观点。①

事实上，通过调查发生于俄国、意大利、德国的事件的发展趋向之间存在的意义深远的相似之处，个体就可以对问题进行重新界定。正在朝向社会主义国家转型的中央集权的专政，到底是谁在获益呢？答案似乎是：那些**具有技能的人**（*skilled*），那些**做出牺牲**（*sacrifice*）去获取技术的人。在专政国家和社会主义国家（区别于空想社会主义**社会**），不平均的物质奖励是不能被容忍的，尽管巨大的财政收入不再允许被金融家、实业家、商人和地主所获得。

这表明社会主义的理想事实上是小资产阶级的理想，源于对寡头统治（plutocracy）兴起时被资本主义关系所扭曲的**分配**（*reward* and *sacrifice*）制度所产生的不满。从感情上来说，用法国大革命的用词就是潜移默化的寡头统治，而众所周知的是小资产阶级已经极度缺乏自我意识。它的一些成员，如马克思，那个呼吁反对寡头统治并导致第一次资产阶级革命的人，其唤起中产阶级联合行动的努力受挫，从而转向了呼吁"无产阶级"。但是真正的无产阶级并不是靠自我牺牲来获得一种复杂的技能。团结符号——"无产阶级"，是一个对抗议进行表述的泛化概念，如"人权"也是一个泛化的概念，所抗议的是在法国大革命中最有力的、最终的受益者。而俄国精英却是具有具体技能的精英。

这个第二次资产阶级革命，是以无产阶级的名义进行的，已经暂时排除了俄国的阶级斗争。只有小技术的手工劳动者，他们之间的联合行动是没有前途的。虽然废止了寡头统治和贵族统治，为了恢复更公平的分配制度（以获取技术为代价的自我牺牲以及奖励），阶级斗争处于中止状态；不同技能群体之间的斗争逐渐走到前台。

在西欧，由于发生于俄国的变迁，拥有技能的中产阶级群体之间的紧

---

① 关于有关"爱国社会"的敏感的心理学图画，参见 Vicki Baum, *Fehme*, Berlin, 1926; E. v. Salomon, *Die Geächteten*（由一个卷入本拉特瑙谋杀案的人所写）；关于系统的相关细节可以参见，E. J. Gumbel, *Verräter verfallen der Fehmel*, Berlin, 1929. 关于革命的宣传战略，特别参见 Lelin, *What Is to Be Done?*, New York, 1928.

张局势加剧了，由于受失望、失败和贫困所驱使，由于受俄国革命的直接发言人所采用的无理的、反国家的离间计策略的影响，传统的中产阶级成员被迫与寡头统治携手合作，而且甚至是与贵族统治携手合作，就是为了除掉那些从属于俄国无产阶级符号的新兴中产阶级群体。

在美国，这个俄国革命并没有产生很重要影响的地方，在这个有着独特的工人运动的地方，拥有较为熟练技能的中等收入群体并不公开威胁新的社会阶层；因此与寡头统治的结盟之中就少有摩擦。这创造了一个良好的实现自我意识（对于中等收入的美国人来说）的机会，因为发现了一个明确的计划（关于有力的国家所得税计划），和一个能够自我合法化的词汇（以道德的牺牲来获得对社会有利的技术进步，从而减少分配失调所导致的牺牲）的采纳。

当我们审视复杂的历史资本主义的模式时，特别是作为一个资产阶级社会形成的阶段时，我们要认识到这种可能性——我们要审视的是一个短暂的、其中表达了许多本土化倾向的、主要被解释为表现出简单的主导模式的时代文明。有很大可能我们对待历史资本主义的一切看法体现出我们社会从中世纪晚期所表现出来的对于**幻想外化**（*the externalization of fantasy*）的倾向性和特点。对自然权力资源的操纵，根据金钱计算对人和机器进行的操作，对原子化存在体之间分散的控制，这些都是通过外化的幻想来推进的更为复杂的活动分工的细节部分。

没有什么新的东西出现在个人或是文明的幻想表演中。婴儿和儿童的幻想生活的展开仅仅在最低限度内考虑了外部参照符号。当发展中的个体学会清晰地区分参考了外部世界的符号和没有参考外部世界的符号时，他便会被训练以对内心世界的跌宕起伏进行掌控，这种不断参考外部世界的行为就被称为现实原则（reality principle）。

在文化上，我们知道最好的内在经验已经密切地与公开的物质化（materialization）联系在一起。创始人的环境以及作为持续刺激物的其他人的存在环境，其中的每一个外化行为都会继续存在以保持关注和采取行动。对**大环境**（*environment*）进行改造以细分为多个组成部分的行为大大增加了可能的关注焦点，从而重新定义了每一个新矩阵中的**小气候**（*milieu*）。要注意积累人与环境的专业经验，进一步启动对大环境的重新

第十一章 寻找一个神话：世界统一的问题

整理，从而区分人们的关注焦点，并积累进一步重新整理当时的大环境的经验。这个像迷宫一样的细分活动我们就认为是经过几代人的努力，幻想和外化之间的复杂互动推动了现代文化的成长。因为幻想是外在的，根据期望、需求和认同对与大环境相关的符号进行重新界定，复杂的关系以及各种不同外部结构就会从这些符号中产生。与环境的专业化同时发生的是专业化的心理取向，这意味着日益复杂的技术、科学、语言、手势和个性特质。

幻想和环境之间的辩证关系比我们自己的文化与其他文化之间的关系更强烈。我们的外倾型幻想可能与某些东方文化的内倾型幻想截然不同。很有可能的是未来的历史学家将能够对西方模式的结构细节以及复杂的变化进行阐释，甚至能够识别出西方模式与东方世界的发展走上分岔之路的关键时刻。

在我们的文明中，幻想外化的一个结果是训练出了一种独特的思维模式，我们称之为分析性思维。幻想的展示一直隶属于物质世界。幻想的目标已逐渐成为物质环境中的预测序列。这个假说的作用在于预示着现实，而且推测性的幻想一次又一次地变成了外部世界中代表日常事务的那些符号。如果个别思想家不屑于这些经验事实，那么这种表达式就可能被别人改变了，主要是那些希望直接观察"自然"（Nature）的人。对那些想要对大自然进行直接描述的思想家而言，可能就需要有人能够对那些非常抽象的符号进行重新安排，而这些符号有助于指导那些思想家了解需要对哪些地方进行观察，就好像现代实验者需要求助于数理学家的"经验提示"一样。有时符号设计者可能已经提前安排好了符号结构，这些符号结构有助于实现直接观察者对大自然那些受限制细节进行细致考察的目的。我们可能会回想起在实验者认识到需要他们提供的是追求物质世界中秩序的任何线索之前数学家对非欧几何的表述。分析思维模式享有声望的原因是那些已发展为任何事物的权宜之计的接受能力，事实上这种能力对于发现日常事务具有"领导"的性质，其中部门可以运用于对环境的重塑。

当术语经常和结构有关并且关系已经确定时，对行为的分析就已经完成。符号的设计者会偶尔在他的自传里说明术语之间的联系，这些术语涉及结构，而且它可能之后在他的自传里将自己和结构联系起来，他以此来把这随后的关系行为看作对在他以前的自传中所提及术语的一种说明。理论家也许会克制自己去进行确证的观察,但是其他专家也会这样做。

事实上,在西方世界,对分析性模式经过日积月累形成的尊重应归因于它持续的对环境重组的成功。幻想已成为外在性的奴隶,为了幻想能够掌控外在性的可能性;对于现实来说,开始的时候,这是自讨苦吃的受虐,只是为了最后能够向现实施虐。然而这种对现实的屈服实在是太普遍了,以至于它可能会丧失创造性掌控的能力。

的确,在西方,现代文化发展的突出阶段就是从分析模式转向幻想的发展。思想的分析模式实在是太专横傲慢了,以至于它已经开始力图在更大的结构中对幻想的行为进行定位,这些更大的结构中包括之前和之后所有重要的幻想行为。使用幻想生活的特殊模式已被设计出来,它通过引发对相关数据的关注度来加快这一进程。这就是弗洛伊德的自由幻想步骤(free-fantasy procedure)的重要性所在。幻想关系是他们自己嵌入生理构造中的,这种构造的结构也是为了识别的方便而被提议设计出来的。

任何符号构成或许都是分析程序的出发点,它们定位了自身与全部符号以及与生理的、物质的、个体—文化环境之间的动态联系。通过使用自由幻想的方法,物质就可能被关注以揭示既定情境下所有活动的局部构成要素。对事件进行排序就要求对个体的全部过往进行广泛的探究,并且对这些关系暂时的解释总要受到根据未来的发展演变而进行的更改的持续影响。

将分析性模式运用于自身,就降低了在个体历史中那些被强制赋予重要性的词汇的价值。个体能够识别自身所处的形势,诸如"国家""正义""真理"这类敬语在这种形势下能够以语言和非语言的程序获得影响力,而且个体就是通过这种方式来唤起或是消除自己的紧张感。在各种各样的偏好下,个体会感觉自己在一个特定的时间被卡住了,不是将此看作简单的受命进行的工作,而是看作分析的出发点以揭示与整体构成的各种联系。偏好就是行为冲动的剩余物,而这总是在一个分析程序后留下的,并且它们受制于在进一步分析基础上毫无征兆的变化或是在不断变化的未来的影响下的更深入的经历。"价值"是用来表明在特定的时间里与自我符号相联系的某种冲动的一个词汇;在发展中的情境中,对分析程序的重复

第十一章 寻找一个神话：世界统一的问题

产生了相似结果，在这种程度上而言它们是永恒的。

对"神圣自我"（sacred ego）分析过程的应用潜在地引起了所有的个性能够导致的不安全感。所有来自周围环境的外部支持，仅仅是因为被置于一定的研究视角之中的行为而降低了其价值，而且内部环境（超我的形成）的绝对需要经常被剥夺。超我的结构产生焦虑，作为维系控制权的一种方式，也是对不兼容冲动保持反抗的一种方式。作为减少这些不安全感的方法，人们或许会转而寻求对个体或是对物质环境的操控，或许会形成许多涉及自身的妥协形态（征兆）。

到现在为止，在西方文化中，分析模式在产生不安全感方面的深远影响已经被其他的调节压力来源所掩盖了。由于新奇的事物总是产生不确定性并且导致良心的冲突，所以环境的不断拓展已经形成了各种各样的困难。由科技创新的新环境（matrices）提供了特别的关注焦点，并且推动人们有意识地去追求那些有价值的机会。那些用来维持或是延伸安全、收入以及顺从要求的必需行为通常违反了较早期及较简单的社会秩序范畴的命令，而作为超我，这些通常是在婴童时期就属于已经被灌输的早期的社会秩序范畴。超我保证靠个性的盲区来维持自身的领导权，这通常表明自身处于自我惩罚的反作用中。新的环境不仅需要新的自我调节，也经常无法提供超我的外部援助，使良心处于无助的状态。

因此，那些与调节新的及不能被充分理解的环境中的人际关系产生必然联系的困难，就被产生不安全感的内部冲突所复杂化了。感到不安全的人被置于形成了环境处理原始模式的迅速再生条件下的其他人所超越了。最可能使他们的侵略客观化的就是那些拥有最好的成功生存机会人；但是这种客观化必须在科技得到最好运用的情况下形成。如果个体是处于竞争性的市场之中，这就意味着进取精神和技能正处于交涉运用中（in bargaining）；如果个体处于一个不存在竞争性市场的环境中，这或许就意味着进取精神和技能正处于灭绝中（in killing）。自信与科技的必要结合总是被那些成功使得自身"不道德的"人们所取得，他们进而在需要的范围内从传统禁忌对特定行动模式的约束中解放出来，以便更好地在变化的世界中活下来。

在西方世界，有关神话和实践所形成的共识的瓦解往往是讨论的话题，并且学习文化专业的学生对此通常感到非常悲哀。对自我功能在个性方面的强调意味着每一个生活的细节都受制于权益的改变。资本主义把强调有利可图的权益作为检验，但是在州际事务中战斗权益保持着尤其突出的地位；战斗试验和利润试验本身就与不能轻易地用表面标准测量的顺从需求有着解不开的联系。

在当代文化中存在的这种和谐是建立在通过当代环境价值观讨论过的权益以及以前资本主义文化的遗产之上的。为了有形的、尊敬的、满足自身需求的价值而进行的"不道德的"竞争已经在某种程度上成功地维系了地方共识。在不同区域内，民族主义符号已经成为替代宗教对行为进行调节的有效替代品，但是，现在这些符号在不同地区内和地区外已经受到了无产阶级主义的挑战。

关于权宜之计、习俗和反习俗的冲突，关于自我、超我和本我的冲突，总是在现代文化中被反复提及，这一点是非常显然的。科技的扩张在产生不安全感方面的惊人结果常常用于强调摆脱思考分析模式的影响。由于少数人可以长时间忍受不断地与"神圣自我"进行一致性分析所产生的焦虑感，分析程序就加强了面向环境的行动主义发展趋势。因为分析程序裹挟了较深的焦虑源，逃向教条主义、激进主义和集体主义的渴求就被强化了。

然而，由于分析模式和现代文明联系得如此紧密，因此废除分析模式是不可能的。甚至对自由探究、科学、个人主义的抛弃，以及对反智主义、忠诚、顺从、领导、共同体的颂扬都不能战胜分析模式。只要保持我们的科技，我们就能保持使头脑的分析习惯长存的原型，保持不能阻止主观事件内部序列延伸的模型。唯一确定的及激烈的疗法就是物质环境的灭绝，这一物质环境已经通过发现和对现实日常事务的重新整理而被创造和更新。

分析技艺的局部应用形成了不安全感，这种不安全感或许会被对盛行的意识形态的重申或是对新的乌托邦的肯定所削弱。因此沉思的被动性很快地就被用于满足关于现实的激进主义需求。那些使沉思专门化的人或许会足够积极地去激发对别人的自我分析，这样做的效果就是同沉思形成矛盾。在较轻的程度上，听者或读者或许会融入循环的自我审查的模式，但

第十一章 寻找一个神话：世界统一的问题

是如果他们在一个满是抛弃内心焦虑的激进方式的文化面前暴露了，由此产生的不安全感不久就会被同环境的新联系所平息。

在战后的紧张时期，一个小沉思与一个迅速的现实冲撞之间的矛盾总是不断激烈地展现出来的。仔细地区分纯粹的自我中心主义与沉思是极其重要的。许多被剥夺了尊重或者收入的名人们，他们的强化内省主义，是完全孤僻的：情绪大起大落，从意气消沉到得意忘形，并且幻想测量宏伟的高度或者探测自我贬低的沼泽。自我分析涉及沉思在自我与其他事件的关系中的用处，包括主观序列、生理序列以及人际序列的过往。从全书来看，以清醒的关注为中心去获得细节必须始终被考虑到。

人类关于内省主义的绝大部分内容都是正面积极的，而且意味着以前参考环境变化而表现出的外部化破坏性趋势，正在转而反对主要的自身符号（self-symbol）。个体或许会在洞察力的方向上、在全方位的自我沉思方面以及在将反应系统的数个组成部分整合成稳定的运作整体方面有小的进步。当从远离现实的转向是神经质的拒绝而不是自我分析时，个体或许就会以迅速的接受一系列容易理解的符号和惯例的方式快速地回到与世界充满仇恨的联系中。

许多中等阶层人士对自我的全神贯注与自我分析没有什么关联。内省主义常常加强了个性系统中的压力，并且赞成通过爱国主义或者乌托邦主义程序的激烈解决方式。在某种程度上，自我分析作为一种技艺通常是与自我攻击联系在一起的，并且操作中的破坏性成分可能会被强化，以至于自杀成了没有选择的选择行动。①

虽然思考分析模式的初期后果强化了环境中的激进主义，但是，最终的结果却或许带有被动性。也许针对自我的分析模式的稳定应用将会稳定地贬低外部参照符号的重要性并且重视深思内部参照符号的过程，开始在西方文化中调查作为与东方文化相区分标志的持续内省主义。或许在未来物质和意识形态的辩证逻辑会陷入拒绝承认物质而赞成意识的唯心主义

---

① 关于这些问题的某些方面，参见作者的"Psychology of Hitlerism"，*Political Quarterly*，July-September，1933。

中，之所以会这样是因为在环境中形成的有序化地运用自我分析的做法。①

如果目前外化幻想被颠倒了，外化的幻想能达到的范围就会没有限制。对一个与本身内容有关的给定符号进行定位意味着将它置放在后天的生活顺序中，但这要求不是处于探索的终点。一个人胎儿时期的故事发生在他作为物种的成员之一还不够"个体化"的时候；实际上，他更接近于物种起源以前的生物发展历史和生物起源以前的基本进化时期。弗洛伊德的自由幻想方法被他用于清晰地表示与生命次序相关的成人事件，并且这个或多种辅助的技艺可能被应用于恢复前文提及的更早期的胎儿时期的、物种起源以前的、生物起源以前的构成。

如果针对自我分析模式的应用结果最后贬低了外部参照符号并且以独立的方式将个体融入其中，哲学与佛陀的实践之间的并行性就表现出来了。在一份值得注意的文件中，弗朗兹·亚历山大比较了佛教的训练与精神分析。②他注意到弗洛伊德和佛教都强调克服情感阻力和自恋来帮助回忆而不是重复早期的反应。但是在弗洛伊德和佛教之间有着深刻的差别，说明了印度文化和欧洲文化之间"不可逾越的"差异。

> 佛教的关注点在回归的方向上要进行得更深远一些，但是佛教也必须为这个深度的回归付出高昂的代价。通过这样做，佛教允许整个的外部世界逐渐湮没，战胜自我，但也因此失去了这个世界。精神分析的目标更为宏大和自负，他试图战胜自我而不失去这个世界。

---

① 由于不断增长的压抑负担而产生的焦虑感，或许是文明衰落的另一种选择（Freud, *Civilization and Its Discount*, New York, 1930）。我们的不安全感在深度上近期主要是源自于我们的文化。关于神经症对于世界政治影响的引领性研究可以参见 C. E. Playne。一个非常有趣的研究是其同事医生关于个体疗法在治疗战争创伤中运用的研究，Theodore Huzella, *L'individu das la vie sociale en temps de paix et temps de guerre, essai sur la sociologie médicale*, Paris, cir, 1925。

② "Buddhistic Training as an Aitificial Catatonia (or) The Biological Meaning of Psychic Occurrences", *The Psychoanalytic Review*, 13 (1931), pp. 129-145. 本文于1922年9月25日在柏林国际精神分析协会第七届代表大会上宣读，后被印刷在 *Imago*（早期的精神分析杂志——译者注）上。

第十一章　寻找一个神话：世界统一的问题

我认为没有理由假设这个文化差别是不可超越的。分析性模式最近已经延伸到我们文明的自我中了，并且早期的精神分析学家因为一直面对环境的激进主义，被迫向比他们更早期的文化条件妥协。对这一过程，既没有合乎逻辑的缘由停止分析，也没有一个普遍的精神制约。

如果我们的预知证明是正确的，并且通过对自我运用分析性模式使幻想内在化的趋势形成，它就会与佛教在某些层面上有所不同。这一过程中也不会有道德家的和佛教的优先词汇。它会使用西方的客观语言。精神分析是由主要的文化中心的一个内科医师介绍的，他使用的是一种至少部分根据科学口头语（scientific verbalism）进行调整的语言，在这类语言中我们的文化变得更喜欢某种将要形成的交流方式。在自由幻想阶段，引人关注的物质将会在完全清醒的关注阶段成为性格描述分析的目标。

由于在激进主义和消极主义之间形成妥协的可能性是巨大的，近似的精神分析法（psychoanalytic approximation）对佛教模式产生的有效影响可能会支持一个蕴含东西方文化元素的临时组织的出现。这个组织不是萧伯纳在《回归玛士撒拉》中以自我思想家的方式所描述的；这个思想家必须掌握特别的技艺以唤起人们对经由直接思考的传统习惯所自动排除的许多数据的关注。

我们对世界政治与个体不安全感进行的结构分析可以暂时告一段落了。虽然目前的研究已经致力于阐明立场而不是强烈要求特定应用的有效性，在包括过去和未来的连续体中对正确定向的探寻已经获得了一些关于社会起源、特别技能、生物心理特性、主观观点以及如何辨别崛起的世界精英的方法。

在俄国夺取和掌握权力的精英的社会起源并非寡头统治者，也并非贵族统治者。最近世界革命形式的出现已经激化了资产阶级与全世界其他社会阶层之间、资产阶级内部之间、中等收入群体与寡头统治之间的矛盾；但是在半社会主义国家内部长期运行的主要结果可能会导致从阶级斗争向技能斗争转型的发展逻辑。

可以根据技能与暴力、宣传、物资和服务的关系，对技能进行分等。专政为暴力及宣传的精英的智慧提供了宽阔的视野。经济生活的政府化废除了自由竞争，交易技能减少了，但是在等级社会中，在官方等级制度内部获取特权的技能却增加了。在一定程度上，这是依靠知识分子和半知识分子的口头表达技能的，所谓的半知识分子是指那些在向自己及别人引导和证明他们的行为时将官方间接提到的前提进行系统化和通俗化表达的人们。宣传的数量不是专政或民主的职能，却是在行动中进行调整的人数的职能，以及在他们之间的物质与意识形态的差别的职能。如果专政是背后在生产的过程中有着深刻差异的表面，那么这般多样的物质环境将会因此保护和培养意识形态中关注的焦点。如果民主是人们在简单的物质环境中生活的官方模式，那么矛盾就不重要了（就像是在瑞士某一个老的民主行政区）。不满的悸动也许总是会在手工工人之间发生，但是在把这些悸动放入有效的群体表达中所形成的矛盾却是如此势不可当，以至于发展的主要轨迹都会从阶级斗争的广大联盟转向技能斗争。那些与医疗、工程及相似群体结盟的知识分子将会同那些与其他技能群体结盟的知识分子进行战斗，在等级化的、局部社会化的国家忍受着斗争的冲力。

作为通常都是无言的冲突的一种职能，在个性的类型之中，人的个性特点因精英的不同而不同。在长久的辩证历史上，多种多样的生物心理学类型的斗争已经发现了阶级斗争在宏伟表象之后的表现以及技能竞争的急剧上升。就像所涉及的表达团结的符号、需求和期望的完整意思一样，将来毫无疑问地会见证问题的尖锐性。在美国和前苏联，侵略扩张的个性已经导致了反对内敛型反应的类似灭绝性战争的事情。儿童的社会化已经被看作需求最小化的私人生活和在群体中最大化的亲自参与直接性的活动。

美化激进主义或消极主义的主观观点之间的斗争，虽然与个性类型的斗争紧密相连，却又不同于人格类型的斗争。对于环境塑造存在巨大机遇并且这些机遇已经被很好把握住了的地方，精英的主观观点已经展示了那通常和极端形式的外倾性联系在一起的肤浅。在控制人类和控制物质材料之间做出直接区分这一追求，抑制了朝向可能产生自我理解的自我反省的倾向发展。内省主义的出现通常被现实中直接的断然拒绝所煽动，并且表现出自我攻击而不是自我适应的尝试。处理自我分析的严重焦虑造成了现实中疯狂的急流；因此一点点的沉思也可能会产生直接的矛盾。我们复杂的物质环境是已过去的幻想具体化的剩余物。过程中老一套的思考分析模式最近已经延伸到了自我，引起了对行动中必然性的强烈渴求。从长期来

第十一章 寻找一个神话:世界统一的问题

看,只要复杂的物质环境能够承受,思考分析模式就可以使自己长期存在并且以曝光来威胁自我,所以消极主义可能会克服那些直接的矛盾。

由于精英不断变化的方法主要取决于生存条件,当下宣传的和可供选择的权力手段之间的紧张关系就可能被希望去开创一个新的起点。现代科技使物质和符号环境都复杂化了;操纵符号、宣传的低成本,总会引起社会中的不满因素来依靠它攻击精英招募和辩护的普遍原则。受到威胁的精英善意地加以回应,由不同物质和符号构成所形成的矛盾因此被强化了,使不安全感最大化,不同于控制宣传手段的作用也导致产生了主要压力的决心。

虽然专政力图垄断对宣传的使用,但是由于符号操纵是难以捉摸并且廉价的,他们不断地遭受破坏性宣传的威胁。在自我防御中,他们对隐私进行系统化的入侵,甚至调查偏常儿童,这些儿童在发展与众不同的内在生活上的倾向被视为一种警戒。

在来自人类生物反宣传和多元化潜力的持续挑衅之下,专政可能会被希望用来保持甚至是延伸他们对宣传补充的信心。如果由符号管理引发的反应是不稳定的,生理学的手段就可能被用来增加它们的耐用度。在政治学中,生理学的新时代可能被期望使用灭菌和接种的手段去详述导弹和信件之间的粗糙辩证关系。因此,正如矛盾被激化及新知识被卷入反对异议的斗争一样,马基雅维利将会成为一个更加与众不同的人物。

已经提出的关于精英的组成以及对他们手段的表述,形成了与寻找我们的发展方式的包罗万象的连续体相联系的两种补充性的分析模式和对矫正自我定位问题的思维态度的运用。发展的和平衡的分析模式、沉思性态度和操作性态度,都包含在外在的政治定位的构成方式中。目前暂时的发现将会根据过往的新细节及将来的新状况不断地进行重新考虑。

我们已经对发展性假设给予了特别关注,即我们目前的状况是处于从上一个世界革命向下一个世界革命的过渡、从打着社会主义之名的无产阶级向新兴群体的崛起的过渡,这些新兴群体是从技能斗争取代阶级斗争的过程中涌现出来的。就像先前的世界革命一样,最近的世界革命已经受到了地缘和功能的分化以及局部兼并过程的限制。在某种程度上,平等化、集中化和地方化的俄国模式的符号和实践已经在别的地方加以应用了。

考虑到目前提及的关于地区化和普遍化后果的所有趋势，结论就是一个联合的世界是遥远的和不确定的，并且这样的联合一旦在一个现在尚不能预见的过程中实现，就会变得不稳定。在我们的文明中，不安全感最深刻的根源从一开始就存在于与幻想外化有关的过程中。这一点已经详细说明了越来越多的同时使符号世界复杂化的物质差异。

不安全水平的重要性也在用平衡性术语表述政治变迁的时候提出了。科技创新改变了人们的生活条件，实施了许多过去对符号和实践不恰当的忠诚行为；不安全感的结果对于废除参考新符号和新实践是适用的。许多关注的焦点提高了众多认同、需要和期望符号之间长期处于竞争之中的可能性。通过对符号的重复，知识分子和半知识分子们可以"固定"一些在特定的条件下出现的不稳定的突发情况，因此确立对收入和顺从的主张。考虑到重复过程中的既定利益，他们反对那些提供矛盾符号的人。关于符号的斗争去除了表面的不安全感。那些由源远流长的文化和个性所形成的矛盾，不是由这些局部的适应所处理的，而是爆发性地达到顶点的。

最后，或许有人认为对安全、收入和顺从金字塔进行的结构分析揭露了许多过程，这些过程之间复杂的内部关系阻碍了任何一个个人的圆满成功。物质—物质、物质—符号、符号—符号、符号—物质各方面的改变都是互相关联的。为了给过去和将来寻找简单规则而使用结构分析的思想家，主要是那些对操控感兴趣的传道者。手段的分析性使用时常贬低了特定的控制目标的价值。虽然彼此之间存在富有成效的交往，特别是思想家阐明了未来的重大可能性，思想家的怀疑主义、多元主义和消极主义与传道者的教条主义、朴素主义和激进主义是相对的。

然而，分析结构可能会被一个做事极有条理以至于坚持强迫自己同发展可能性的特别成就联系在一起的思想家使用。就像马克思和恩格斯一样，他或许会拘泥于帮助从资本主义到社会主义的段落篇章。或者他可能会领悟那些历史上开创了更长久的历史新纪元的其他的辩证过程。他或许会对安全、收入和顺从的生物心理类型之间的斗争印象深刻，并且分配一些精力支持自己更偏爱的有代表性的类型的范例。他变成了一个在识别

第十一章　寻找一个神话：世界统一的问题

（联盟）时能够做出某些自主决定的人。①

那些善于预言各种文化发展趋势并且能够将这些发展趋势具体描述出来的人们，已经被从特定的不安全区域中挑选出来。最激进的抗议符号是由一个犹太人（马克思）提出并加以发展的，而且我们文化中消极主义的发展趋势也是由一个犹太人（弗洛伊德）提出并做出详细阐述的。他们都是资产阶级的后代；他们成为了职业化的知识分子，展示了这个社会形态中许多典型的个性。通过自己创造的不安全感符号来化解自身的不安全感之后，他们在处理不安全感的英雄中变得卓越显赫，成就突出。

在我们的文明中，幻想的外化已经创造了一个重现思考分析模式的环境，当被应用到自我的时候，这个分析模式就能促成通常被行动所平息的不安全感。但是就算环境以逃离不安全感的加速频率进行重新安排也不能带来片刻宁静，而且大步向前迈进的历史将会经过目前激进主义的紧张危机阶段，而转向贬低对物质的重新安排以支持幻想的内化过程。

明显的，在政治学的范围内是符号的管理关系到社会价值形式的形态和组成实践的管理，政治学可以假定没有静止的不确定性；它可以为人类本性在文化中形成的不安全潮汐进行动态的科技奋斗。

---

① 艾尔伯特·爱因斯坦对世界的观点表明了一种复杂的互动关系："我只匹马单缰，不成群结队。我从来未能全心全意地属于国家、属于朋友圈、乃至我自己的家庭。这些关系，我总以茫然的态度远离处之，而退居到我自己的小天地中。这一心态，于我而言，是随岁月流逝与日俱增……我对社会的正义感和责任感的这种热情，却与我明显的对人有疏离感之行为形成了鲜明的对比。" *The Forum*, October, 1930.

索 引

（索引页码为英文原书页码，即本书边码）

A

Abbott, Edith 伊迪斯·阿伯特, 173n.

Abstinence, and middle income skill group 禁欲, 与中等收入技术群体, 238

Abundance, crises of 过剩危机, 114

Activism, and passivism as developmental processes 作为发展过程的积极主义和被动主义, 276

 of youth of middle income skill group 中等收入技术群体中年轻人的行动主义, 263

Activity area, defined 行动领域的界定, 10n.

 relation to attention and other areas 与关注及其他领域的关系, 185ff., 192

 and world unity 与世界统一, 123

Adams, Brooks 布鲁克斯·亚当斯, 123n., 253n.

Adjudicating agencies 仲裁机构, 183

Adler, Aflred 艾尔弗雷德·阿德勒, 103n.

Administration, British 英国行政当局, 211

 over-rated 高估的, 254

 and theocratic attitude in politics 与政治学中的神学态度, 227

Adolescence, crises of, in middle income skill group 中等收入技术群体中的青春期危机, 262

 disorders of, in America 美国的混乱, 230

Affects, displacement of 移情, 39

Agencies, international, and contacts 国际机构与接触, 180ff.

索引

Aggressiveness, in deprivation and indulgence 剥夺与放纵中的攻击性, 154ff.

    of much introspection 诸多反思, 275

    passive 消极的, 102

    projection of 投射, 71

    and provocative behavior 与挑衅行为, 106

Agitators, in mass movements 群众运动的鼓动者, 160

Alcoholism, in America 美国的酗酒, 230

Alexander Franz 弗朗兹·亚历山大, 133n., 277ff.

Aliens, attitudes of and toward 异乡人的态度及对异乡人的态度, 165ff.

Allport, Floyd 弗洛伊德·奥尔波特, 196n.

Almond, Gabriel 加布里埃尔·阿尔蒙德, 160n.

Ambassador, as contact agent 作为接触代理的大使, 183

Ambiguity, of future reference symbols 未来参照符号的模糊性, 134

    of terms of reference 参照术语的模糊性, 38

Ambivalence, toward other intimidated persons 对其他受惊吓者的矛盾情绪, 103

America (see United States) 美国（参见美利坚合众国）

Analysis, as a pattern of thought influencing insecurity level 作为一种影响不安全感水平的思维分析模式, 270ff.

    political 政治的, 3ff.

    symbols of, in Europe and America 在欧洲和美国的符号分析, 214

Andrews, Fannie Fern 范妮·弗恩·安德鲁斯, 172n.

Anecdotal technique, in relation to some topics 与某些主题相关的趣闻轶事技巧, 150ff.

    in reporting 报道中的趣闻轶事技巧, 200

Angelino, A. de Kat 凯特·安赫利诺, 242n.

Anonymous-one-to-many relationship 匿名的一对多关系, 197

Anthropology (see Cultural anthropology) 人类学（参见文化人类学）

Anti-imperialistic nationalism 反帝爱国主义, 98

Antithesis, in revolutionary situation 革命形势中的对立面, 142ff.

Anxiety (see Insecurity) 焦虑（参见不安全感）

Appeals (see Symbols) 吁求（参见符号）

Application of impersonal energy to production, a trait of capitalism 非个人化能量在生产中的运用, 资本主义的特征之一, 124

Areas, of organization, of activity, of sentiment, of attention　组织、活动、情感、关注的区域，10n.

Aristocracy, characteristic demands　上层社会，典型需求，148ff.

 relation to other classes　与其他阶级的关系，112

 supplanted by bourgeoisie　被中产阶级取代，4

Armament, measuring　测量与军备，57ff.

 stocks, naval publicity and war scares　储备，海军公共宣传与战争恐慌，87ff.，151

Army and navy journal　陆海军日志，90

Assertiveness (see Aggressiveness)　自信的魄力（参见侵略）

Attention (see Focus of)　关注（参见关注焦点）

Attention area　关注区域，185ff.

 measurement　测量，186ff.

Attitudes, class consciousness or class　态度，阶级意识或阶级，153

 contemplative and manipulative, in configurative analysis　结构分析中的沉思性与操作性态度，5

 of elite　精英的，3，21，280

 measurement of　测量，194

 toward strangers　对陌生人，165ff.

Australia, and prestige nationalism　澳大利亚，威望民族主义，97

Authority, symbols of, andemancipation from　权威，符号，解放，98

Autistic (see Fantasy)　孤独症患者（参见幻想）

Autobiography (see Intensive techniques of personality study)　自传（参见人格研究的深度调查技术）

Aviation, and world unity　航空工业与世界统一，242

B

Back to Methuselah　《回归玛士撒拉》，278

Bakke, E. Wright　赖特·巴基，160n.

Balancing of power, and attitude toward strangers　动态的权力平衡，与对陌生人的态度，171ff.

 and balance of power　与均势，55

索 引

Blocks world unity　阻碍世界统一，239，242，244，253

　　convertibility and　可转化性与权力制衡，59ff.

　　and decentralized practices of government　与政府的分权实践，221

　　and division of labor　与劳动分工，164

　　encircling and encircled states in　在开放的和封闭的国家，56

　　and expectation of violence　与暴力期望，52ff.

　　and four conditions of peace　与四个和平条件，57ff.

　　functional universalization in　功能性普遍化，54

　　and future insecurity of united states　美国未来的不安全感，214ff.

　　geographical universalization in　地缘性普遍化，54

　　and insecurity level　与不安全感水平，66ff.

　　measurability of　可测量性，57ff.

　　restricts revolution　限制革命，115，148

　　sentimentibility and　过度情感与，61ff.

　　visibility of　可见性，60ff.

Baldensperger, Fernand　费尔南德·伯顿斯伯格，174n.

Ballis, William　威廉·巴利斯，191

Banks, and world unity　银行与世界统一，242

Bardoux, J.　J.巴杜，209n.

Bargaining, and violence　讨价还价与暴力，23

Barnes, Harry Elmer　哈里·埃尔默·巴恩斯，148n.

Bauer, Otto　奥托·鲍尔，48n.

Baum, Vicki　维基·鲍姆，266n.

Bavaria, and separatist nationalism　巴伐利亚与分离主义式爱国主义，97

Beales, A. C. F.　A. C. F.比尔斯，252n.

Beard, Charles A.　查尔斯·A.比尔德，48n.，240n.

Benda, Julien　朱利安·本多，113n.

Benign crises　良性危机，86

Bergsträsser, Arnold　阿诺德·博格斯塔瑟，209n.

Bernard, L.　L.伯纳德，83n.

Berth, Edouard　爱都尔德·伯思，113n.

Biases　偏见，195

Bingham, W. V.　W. V. 宾厄姆, 212n.

Biography (see Intensive techniques of personality study)　传记（参见人格研究的深度调查技术）

Biopsychic traits, of elite　精英的生物心理特征, 21, 280

Blakeslee, George H.　乔治·H. 布莱克斯利, 54n.

Blum, Oskar　奥斯卡·布卢姆, 169n.

Boas, Franz　弗朗兹·博厄斯, 42n., 208n.

Body movement, as a personality reaction　作为人格反应的身体运动, 113

Boeckel, Florence B.　弗洛伦斯·B. 伯克尔, 252n.

Boehm, Max Hildebert　马克斯·希尔伯特·贝姆, 250n.

Bömer, Karl　卡尔·鲍默, 203n.

Bogardus, E. S.　E. S. 博加德斯, 72, 196n.

Bogeng, G. A. E.　G. A. E. 博庚, 183n.

Bonds, as means of world unity　作为世界统一手段的债券, 240

Bosnians, and "Valch"　波斯尼亚人和"瓦拉几亚人", 108

Boston Globe　《波士顿环球报》, 189

Boston Post　《波士顿邮报》, 189

Bougle, C.　C. 布格勒, 137n.

Bound energy, and symbols　捆绑能量，与符号, 115

Bourgeoisie, class relations of　资产阶级的阶级关系, 112

　　and division of labor　与劳动分工, 163

　　and nationalism　与民族主义, 48

　　plutocracy and middle income skill group and　财阀与中等收入技术群体, 266ff.

　　as symbol　作为符号, 6

　　typical demands of upper　上层的典型需求, 149

Bourne, Randolph S.　伦道夫·S. 伯恩, 85n.

Boutmy, Emile　埃米尔·布特密, 208n.

Bowman, Isaiah　艾塞亚·鲍曼, 172n.

Boynton, Percy H.　坡西·H. 博伊顿, 180n.

Brailsford, H. N.　H. N. 布莱斯福德, 61

Brandt, O.　O. 勃兰特, 183n.

Brassey's Naval and Shipping Annual　《布拉西海军和海运年鉴》, 88

索 引

Braun, Werner 瓦纳·布朗, 87n.

Briefs, Goetz 戈茨·布瑞夫斯, 137n.

Broadly, A. M. A. M.布莱德利, 167n.

Broda, R. R.布莱达, 137n.

Browning, Elizabeth Barrett 伊丽莎白·巴莱特·布朗宁, 109n.

Buck, Carl D. 卡尔·D.巴克, 44n.

Buddha, and Freud 佛陀与弗洛伊德, 277ff.

Buddhism, and psychoanalysis 佛教与精神分析, 277ff.

Budish, J. M. J. M.布迪士, 173n.

Bukharin, N. I. N. I.布克海因, 50n., 127n.

Bureaucracy, as symbol 作为符号的官僚阶层, 7

Burgess, E. W. E. W.伯格斯, 227n.

Business (see Division of labor) 商业（参见劳动分工）

C

Cambon, Jules 朱厄斯·卡伯恩, 183n.

Capital 《资本论》, 219

Capitalism, and crises of abundance 资本主义，与过剩危机, 144

 as a culture pattern 作为一种文化模式, 124ff.

 differentiating tendencies of 资本主义的分化趋势, 13, 255

 and externalization of fantasy 与幻想的外化, 268ff.

 revolution and economic oscillations of 革命与经济动荡, 160ff.

 and world politics 与世界政治, 10ff., 149ff.

Careerism, of middle income skill group 中等收入技术群体的职业主义, 261

Case, C. M. C. M.凯斯, 250n.

Casey, Ralph D. 拉尔夫·D.凯斯, 203n.

Cassirer, E. E.凯斯尔, 30n.

Castration anxieties 阉割焦虑, 66, 102, 129

Catharsis function, of propaganda (see also Insecurity level) 宣传的精神宣泄功能（参见不安全感水平）

Catholics, targets in America 美国天主教徒的目标, 255

and world unity 与世界统一, 255

Catlin, G. E. G　G. E. G. 卡特琳, 3n., 221n.

Cecil, Algernon　阿尔杰农·塞西尔, 203n.

Centers of dominance, and nationalism　统治中心, 与民族主义, 48

Centralization, future in America of　中央集权在美国的未来, 288

Chamberlain, John　约翰·张伯伦, 226n.

Change, social, and ambiguous and concrete protest symbols　社会变迁, 与模糊和明确的抗议符号, 134

 in America　在美国, 223ff.

 and externalization of fantasy　与幻想的外化, 268ff.

 and fighting effectiveness　作战效能, 57ff.

 and mores, counter-mores, and expediencies　习俗、反习俗、权宜之计, 65

Character　性格, 207

Charles-Roux, François　弗朗克斯·查尔斯—鲁, 183n.

Cheyney, Ralph　拉夫·切尼, 108n.

Chicago Tribune　《芝加哥论坛报》, 188

China, and anti-imperialistic nationalism　中国, 与反帝民族主义, 98ff.

 assimilates conquerors　同化征服者, 171

 in crisis with Japan　在与日本的危机中, 90

Civic training (see symbols of identification)　公民训练（参见认同符号）

Civil war, and American political symbols　内战, 与美国政治符号, 216

Clark, Evans　伊万斯·克拉克, 244n.

Clark, Jane Perry　简·佩里·克拉克, 172n.

Class, attitude rather than consciousness　阶级态度而非阶级意识, 153

Consequences rather than struggle　结果而非斗争, 153

 and division of labor　与劳动分工, 163

 struggle in United States　在美国斗争, 215

 as term of analysis　作为分析的术语, 4, 279

Class-less society, as utopian symbol　无阶级社会, 作为乌托邦式空想符号, 134

Clayton, H. H.　H. H. 克莱顿, 201n.

Clemens, Severus　赛维拉斯·克赖门斯, 183n.

Cleveland newspapers　克利夫兰市（美）报纸, 189

索引

Clusters, of symbols 符号集, 47

Coercion, and propaganda (see also instrumentalities of violence) 高压政治与宣传（参见暴力工具），114

Cohen-Portheim, Paul 保罗·科恩-波瑟姆, 176n.

Cole, Charles 查尔斯·科尔, 108n.

Cole, Fay-Cooper 费-库博·科尔, 78n.

Collective, limits as term of analysis 集体的, 分析术语的限度, 17

Communication, act of 沟通行为, 196ff.

 technique of, and total configuration Communism, restriction of 共产主义的限制、总体结构、技术, 203

 symbols analyzed 经过分析的符号, 128ff.

Competitive market, and political theory 竞争性市场与政治理论, 23

Compulsions, and dialectical materialism 强迫, 与辩证唯物主义, 135

Concessions, in revolutionary situation 革命形势下的妥协, 144

Conciliating agencies 协调机构, 183

Conditions, economic and political 经济的与政治的条件因素, 141

 as a general term of political analysis 作为政治分析的普遍术语, 16

Conferences, and contacts 会议与接触, 180ff.

Configurative method, an instance of the analytic pattern of culture 结构方法，文化分析模式的一个例子, 270ff.

 relation to dialectical materialism 与辩证唯物主义的关系, 22ff.

 stated 阐明的, 4ff.

 summary of findings 结论, 278ff.

Conflict, emancipation and unconscious 冲突，解放与无意识的, 99

 social, and contact 社会冲突与接触, 206

Consciousness (see Attitude) 意识（参见态度）

Consensus (see Symbols; Ideology) 共识（参见符号；意识形态）

Considerations, economic and political 经济的和政治的因素, 141ff.

Consumption and production, and war 消费、生产与战争, 91ff.

Contact, agents and occasions of 接触的机构与场合, 183

 anxiety and fear of stranger 陌生人的焦虑与恐惧, 166

Categorical and impulsive reactions in 接触中明确与易冲动的反应, 168

Cultural technique and 文化技术与接触, 170
 influence of preorganized attitudes on 预先组织好态度的影响, 168ff.
 initial pattern of 初始模式, 177
 and internal balance of power 与内部的权力平衡, 172ff.
 in official agencies 官方机构, 180ff.
 of peoples through time 历史上人们的接触, 183ff.
 primary 第一手接触, 165ff.
 rate of introduction and 导入的比例与接触, 174ff.
 secondary 第二手接触, 185ff.
 and standards of morality and propriety 道德与礼节的标准, 176ff.
 transference in 转移, 168
 transitory and permanent 短暂的和永恒的接触, 178
 and world balance of power 与世界均势, 171ff.

Contemplative attitude, an aspect of configurative analysis 沉思性态度, 结构分析的一个方面, 5
 and insecurity 与不安全感, 275

Context, includes future in political analysis 背景, 包括政治分析中的未来, 4

Contradictions, in revolutionary situation 革命形势中的矛盾情景, 143ff.

Control, agencies 控制与机构, 183
 areas (see organization areas) 区域（参见组织区域）
 as division of book 书的分类, 17

Conversion experiences, and symbols of expectation 转化经验, 与期望符号, 46

Convertibility, a condition of smooth balancing of power 可转化性, 稳定权力制衡的一个条件, 59ff.

Cooley, Charles H. 查尔斯·H. 库利, 166n.

Coordinating agencies 协调机构, 183

Costa, Jean Louis 琼·路易斯·科斯塔, 243n.

Coste, Adolphe 阿道夫·科斯特, 208n.

Counter-elite (see elite) 反精英（参见精英）

Counteridentification 反认同, 37

Counter-mores 反习俗, 64
 activities of strangers 陌生人的活动, 177

and propaganda 与宣传, 129

Credit, and revolution 信贷, 与革命, 161

and world unity 与世界统一, 240ff.

Crime, in America 美国的犯罪, 227ff.

Crises, of abundance and scarcity 过剩危机和稀缺危机, 144

of adolescence in middle income group 中等收入技术群体的青春期危机, 262

when equilibrium is disturbed 当均衡被打乱之时, 114

general war 总体战争, 82

insecurity, exasperation, and indignation 不安全感、恼怒与愤慨, 79

and political and economic conditions and considerations 政治与经济条件和因素, 142ff.

Croats, and "Vlach" 克罗地亚人与"瓦拉几亚人", 108

Crowd, defined 界定明确的"群体", 82n.

relation to attention, activity and other areas 与关注、活动及其他领域的关系, 186ff.

Cultural anthropologists, and diffusion 文化人类学家与传播, 47ff.

and psychoanalysis 与精神分析学, 210

Culture, and analytic pattern of thought 文化, 与思想分析模式, 270ff.

Contact of complex 复杂接触, 170

and externalization of fantasy 幻想的外化, 268ff.

intensive and extensive techniques of analyzing 深度分析法和广度分析法, 170

methods of studying 研究方法, 208ff.

and nationalism 与民族主义, 42

pattern 模式, 207

and personality 与人格, 207ff.

possible synthesis of eastern and western 东西方的可能综合, 278

technical and intimate life-histories 专业的和私人的个人经历, 212

in United states 在美国, 214ff.

world 世界, 250

Curiosity and intellectuals 好奇, 与知识分子, 135

Curius, Ernes R. 欧内斯·R.库里乌斯, 209n.

Czech nationalism and success 捷克民族主义与成功, 109

D

Dalmatians, and "Vlach" 达尔马提亚人, 和"瓦拉几亚人", 108

Danton, George H. 乔治·H. 丹顿, 178n.

Davie, Maurice R. 毛里斯·R. 大卫, 78n.

Davis, David 戴维·戴维斯, 242n.

De Balla, Valentine 瓦伦丁·德·巴拉, 53n.

De Callieres 德·卡利勒斯, 183n.

Decentralization, symbols and practices of governmental 分权, 政府分权的符号与实践, 220

Deception, and middle income skill group 欺骗, 与中等收入技术群体, 259

Decline of the West 《西方的衰落》, 251

Defensive violence 防御性暴力, 175ff.

Deference, excessive demand for 顺从, 过度的尊重需求, 70

    middle income skill group and denial of 中等收入技术群体与对尊重的拒斥, 257

    as a value 作为一种价值, 3

Definiteness, of opinions 观点的明确, 195

Delevsky, J. J. 特列夫斯基, 137n.

De Madariaga, Salvador 萨尔瓦多·德·马达里亚加, 58n.

De Man, Henrik 亨利克·德·曼, 19, 13n.

Demand, symbols of, in America 美国的需求符号 223ff.

    and attention area 与关注区域, 185ff.

    for deference 尊重需求, 70

    defined 定义, 8

    and ego, superego and id 需求与自我、超我和本我, 81

    and focus of attention 与关注焦点, 110

    and identification 与认同, 44

    of middle income skill group 中等收入技术群体的, 257ff.

    for order and justice 秩序与正义, 249ff.

    and primary contact 与第一手接触, 167ff.

    in prosperity and depression 繁荣与萧条时的需求, 154ff.

    for security 安全需求, 81ff.

    typical of aristocracy 贵族的典型需求, 148

    typical of upper bourgeoisie 上层资产阶级的典型需求, 149

Demartial, Georges 乔治斯·德马辛, 86n.

Democratic, internationalism and world unity 民主国际主义与世界统一, 255

    nationalism 民主民族主义, 95

Democratization, of family in America 美国家庭的民主化, 230

    tendency toward, in revolutionary situation 趋向民主化的革命, 144ff.

Denison, J. H. J. H. 丹尼森, 214n.

Depression, consequence of 萧条的后果, 153ff.

Deprivation, by denial of deference 拒绝尊重所导致的剥夺, 257ff.

    in depression 萧条中的剥夺, 154ff.

    by new environment 新环境导致的剥夺, 169

De Rousiers, P. P. 德·罗思尔, 208n.

De Stieglitz, alexandre 亚历山大·德·施蒂格利茨, 57n.

Deutsch, J. J. 多伊奇, 137n.

Developmental analysis 发展性分析, 5

Deviations, in revolutionary situation 偏离革命形势, 145

Dialectical materialism, as compulsive formulation 作为强迫性表述的辩证唯物主义, 135

    and configurative analysis 与结构分析, 22ff.

    as symbol 作为符号, 130

Dibelius, Wilhelm 威廉·西贝流士, 209n.

Dictatorship, contradictions of 专制的矛盾, 142ff.

Differentiation, of world revolutionary pattern 世界革命模式的分化, 6

Diffusion, contribution of cultural antoropologists 传播, 文化人类学者的贡献, 47n.

    of nationalism 民族主义的, 48

    of revolution restricted 限定革命的, 121ff.

    of revolutionary pattern 革命模式的, 6

    of technology and revolution 技术与革命的, 11

Dilthey, W. W. 狄尔泰, 208n.

Diplomacy, and business 外交, 与商业, 152

Displacement of affects 影响的替代, 39

Division of labor, and attention area 劳动分工, 与关注区域, 192

    balance of consumption and production, and war 消费与生产的平衡, 与战争的平衡, 91ff.

    consequences of expanding, in revolutionary situation 革命形势中扩张的后果, 146

diversification of environment and focus of attention 环境和关注焦点的多样化,110, 114

and goods and services 与货物和服务, 141ff.

and historic connection with profits 与利润的历史性联结, 126

improved methods of studying 改进的研究方法, 153

and insecurity level 与不安全感水平, 272

and mores and superego 与习俗和超我, 223ff.

and political consequences of prosperity and depression 与繁荣和萧条的政治后果, 154ff.

and primary contact 与第一手接触, 167ff.

and robots 与机器人, 254

and slavery controversy 与奴隶制的矛盾, 217

Division of labor, and specialized agencies of communication 劳动分工, 和专门的沟通机构, 202ff.

and symbols of identification 与认同符号, 46

technology and nationalism 技术与民族主义, 48

as term of political analysis 作为政治分析的术语, 9

Dixon Roland B. B. 罗兰·狄克逊, 47n.

Dobb, Maurice 毛里斯·多布, 143n.

Dogmatism, as defense against doubt 教条主义, 用来抵抗质疑, 135

Donnadieu, Léonce 莱昂斯·唐纳狄欧, 57n.

Dore, R. R. 多尔, 182n.

Douglass, Paul F. 保罗·F. 道格拉斯 203n.

Droba, D. D. 德罗巴 196n.

Dulles, Eleanor Lansing 埃利诺·兰辛·杜勒斯, 242n.

Dunn F. S. F. S. 邓恩, 182n.

Dupuis, Charles 查尔斯·迪普斯, 18

Durkheim, Emile 埃米尔·涂尔干, 83n.

E

Economic conditions and considerations (see also division of labor) 经济条件和因素（也可

索引

参见劳动分工）141

Economics, and politics (see also competitive market) 经济学与政治学（也可参见竞争性市场）

Eddy, Charles B. 查尔斯·B.埃迪，172n.

Education for peace, and technique of functional equivalence 和平教育，和功能均衡的技艺，251

Efficiency, and contradictions in revolutionary situation 效率，与革命情境中的矛盾，143

Ego, aggressive introspection and self-analysis of 自我，攻击性内省和对自我的自分析，275

Environmental referencesand references to 环境参照与对自我的参照，38

 impulses in America 美国的冲动，223ff.

 impulses in prosperity and depression 繁荣与萧条中的冲动，154ff.

 insecurities and analytic pattern of thought applied to 不安全感与应用于自我的分析模式，270ff.

 of middle income skill groups 中等收入技术群体的自我，257ff.

 open and closed 开放与封闭的自我，209

 as a personality structure 作为人格结构的自我，63

 primary and secondary symbols of 自我的主要符号和次要符号，72

 and primary contact 自我与第一手接触，204

 provocative behavior and 挑衅行为与自我，106，109ff.

 rudimentary 早期自我，72

 and secondary contact 自我与第二手接触，204

Ego, self-destruction, the internalizing of aggression against the 自我，自我摧毁，对"自我"攻击的内化，102

 subordination of central symbol of 附属的自我中心符号，101

Einstein, Albert 艾尔伯特·爱因斯坦，284n.

Elaboration of symbols 对符号的阐释，39，195

Elite, defined 对精英的界定，3

 in depression 萧条中的精英，160

 official 官方精英，150

 position of revolutionary 革命精英的地位，142

 review of world 世界精英纵览，278ff.

Elliott, W. Y. W. Y. 埃利奥特, 4n., 54n.

Emancipation, in full psychological sense 在完整的心理学意义上的解放, 98

    propaganda problem of 解放的宣传问题, 129

    successful movement of 解放的成功运动, 109

    symbols of proletarian 无产阶级解放的符号, 108

Emigration, and contact 移民, 与接触, 165ff.

Émigré, attitude of 移民的态度 169

    attitude toward 对移民的态度, 172ff.

Emotions 情绪, 35ff.

Encircling and encircled, a feature of balancing of power 开放的和封闭的, 动态权力平衡的一种特征, 56

Energy, free and bound 能量, 自由的和被束缚的, 115

Engelbrecht, H. C. H. C. 恩格尔布雷希特, 152n.

Engels, Friedrich 弗里德里希·恩格斯, 22ff, 128ff, 284

Enterprisers, relations to nationalism 企业家与民族主义的关系, 48

Environment, composed of instruments of production, of violence, of symbols, of persons 环境由生产工具、暴力工具、符号工具、人力工具组成, 9

    diversified by expanding division of labor 由劳动分工的扩大造成的多样化环境, 110

    and externalization of fantasy 环境与幻想的外化, 268ff.

    geographical and functional, in America 美国的地缘性的和功能性的环境, 223ff.

    and milieu 环境与情境, 185

Eötvös, József 约瑟夫·厄缶, 50n.

Equality, demand for 平等需求, 94ff.

Equilibrium, mode of analysis 均衡分析模式, 5

    and propaganda 与宣传, 114

Era of world wars and revolution 世界战争与革命的时代, 25

Erdmann, Karl Otto 卡尔·奥托·艾德曼, 219n.

Escaich, Rene 雷内·艾斯坎, 242n.

Ethical symbolism, in America 美国的伦理符号主义, 214

Eulenburg, Franz 弗兰兹·伊伦堡, 83n.

Expansion, relation to imperialism 扩张与帝国主义的关系, 117ff.

Expectation, in America 美国期望, 223

索 引

and attention area 与关注区域，185ff.

and contradictions of revolutionary situation 与革命形势的矛盾，142ff.

and focus of attention 与关注焦点，110

regarding former authority 关于之前权威的，110

and identification 与认同，45

in Marxism 马克思主义中的，130，133ff.

of middle income skill group 中等收入技术群体的，257

modesty of British symbols of 英国符号的谦逊，119

of official elite 官方精英的，150

and primary contact 与第一手接触，167ff.

of profit and world unity 利润与世界统一，240ff.

in prosperity and depression 繁荣与萧条中的，154ff.

symbols of 期望符号，8

of violence 暴力期望，52

Expediencies, of middle income skill group 权宜之计，中等收入技术群体的，257ff.

mores and counter-mores 习俗与反习俗，64

in new environment 新环境中的，177

in prosperity and depression 繁荣与萧条中，154ff.

and revolutionary situation (see also profits; fighting effectiveness) 与革命形势（也可参见利润；作战效能）

Exports, and imports, and politics 出口，进口，与政治学，153，161

Exposition, as a problem of configurative analysis 曝光，作为结构分析的一个问题，16

Exposure, frequency of, and spread of symbols 曝光，曝光的频率，曝光与符号的传播，46

Extensive technique, and intensive technique 广度分析技术，深度分析技术，24，210，213

Externalization of fantasy, in society 社会中幻想的外化，268ff.

Extraversion, in America 美国的外向性，229

F

Fact, symbols of 事实符号，8n.

Family, in America 美国家庭，230

    in middle income skill group 中等收入技术群体，261

Fantasy, and act 幻想，与行动，35

    externalization of 外化，268ff.

    of intimidated people 受威吓人群的，102

    and personality 与个性，113

Far Eastern crisis 远东危机，90ff.

Faris, Ellsworth 埃尔斯沃思·法里斯，78n.

Fascism, in United States (see also revolution) 美国的法西斯主义（也可参见革命），231

Fassland, Frank 法兰克·法斯兰德，258n.

Fawcett, C. B. C. B. 福塞特，245n.

Fear (see also insecurity) 恐惧（也可参见不安全感）

Federalism, and American symbolism 联邦主义，与美国符号主义，217

Federalist 《联邦党人文集》，217

Ferenczi, Imre 伊姆雷·费伦齐，172n.

Fighting effectiveness, a political consideration 作战效能，一个政治因素，141

    and social change 与社会变迁，54ff.

Finger, R. R. 芬格 183n.

Finot, Jean 琼·菲诺特，42n.

Fischer, A. A. 费希尔 208n.

Fleets (see Naval) 舰队（参见海军）

Flugge, G. G. 弗拉吉，83n

Focus of attention, and decentralized governmental practices 关注焦点，与分权的政府实践，220ff.

    environment and milieu 环境与情境，185

    and expanding division of labor 与劳动分工的扩大，114

    measurement of press and parliamentary debates 出版业与议会辩论的衡量，186ff.

    relation to conditions 与条件的关系，87ff.

    restricted in war crisis 战争危机中的限定，86

    restriction to ultimate opponent 限定至最终对手，87

    from symbols of other to symbols of self 从他者符号到自身符号，87

as term of political analysis 作为政治分析的术语，8

Follett, Mary P. 玛丽·P.福利特，77n.

Ford, Guy Stanton 盖伊·斯坦顿·福特，183n.

Foreign trade 对外贸易，153，161

Foster, Schuyler 斯凯勒·福斯特，86ff.

Fouille, Alfred 艾尔弗莱德·福伊尔，208n.

Fox, R. M. R. M.福克斯，108n.

Frames of reference, circumscribed or ambiguous 参照框架，限定的或模糊的，37

France, and barbarian 法国，与蛮族，107

 democratic nationalism in 法国的民主民族主义，95

 diplomacy in 法国外交，152

 and imperialism 与帝国主义，120

 in world politics 世界政治中的法国，12

Fraternal ideal, nature of 同志般情谊理想的实质，135

Fraternizing, class role in America of 同志情谊在美国的阶级角色，229

Free association (see also psychoanalysis) 自由社团（也可参见精神分析）

Free energy, and symbols and practices 自由能量，与符号和实践，115

Free fantasy (see psychoanalysis) 自由幻想（参见精神分析）

French revolution 法国革命，4，5ff.，10ff.，48ff.

Frequency of exposure, and success of symbols 曝光频率，与符号的成功，46

Freud, Sigmund (See also psychoanalysis) 西格蒙德·弗洛伊德（也可参见精神分析），36n.，83n.，103n.，276n.，277ff.

Freyer, Hans 汉斯·弗雷尔，50n.

Freidlander, A. A. A. A.弗雷德兰德，183n.

Friendship and revolutionary situation 友谊与革命形势，145ff.

Frobenius, L. L.弗罗贝尼乌斯，208n.

Fromm, Erich 埃里希·弗洛姆，24n.，258n.

Frontier, and American mores 边境，与美国习俗，225

Fuchs, Bruno Archibald 布鲁诺·阿基班德·福克斯，258n.

Functional differentiation 功能分化，6

Functional environment, and American mores 功能环境，与美国习俗，223ff.

Functional equivalence, an educational technique 功能均衡，一种教育技巧，251

Functional role of this type of writing 这种写作方式的功能角色，18ff.

Functional separatism in revolutionary situation 革命形势中的功能分离主义，146

Functional universalization 功能性普遍化，55

Fundamentalist movements, in depression 原教旨主义运动，在萧条中，159

    in revolutionary situation 革命形势中，146，253

Future, in Marxism 未来，马克思主义中的，130，133ff.

    in relation to world revolution 与世界革命的关系，4

    of socialism 社会主义的，128

G

Gablentz, O. H. von der O. H. 冯·德尔·盖布兹，115n.

Gang wars, and class war 团伙战争，与阶级战争，228

Gargas, Sigismund 西吉斯蒙德·加尔加斯，96n.

Garth, T. R. T. R. 加思，42n.

Geck, L. H. Ad. L. H. Ad. 格克，83n.

Geiger, Theodor 特奥多尔·盖革，83n.，258n.

Geographical conditions and mores in America 地缘条件与美国风俗，223ff.

Geographical differentiation, of world revolutionary pattern 地缘分化，世界革命模式，6

Geographical distribution of symbols 符号的地缘分布，30

Geographical isolation from world balance 世界平衡的地缘隔离，216

Geographical universalization, a feature of the balancing of power 地缘性普遍化，动态的权力平衡的特征，54

Gerlich, Fritz 弗里茨·格利希，134n.

Germany, fundamentalist movement in 德国，原教旨主义运动，160

    middle income skill group in 中等收入技术群体，257ff.

    in world politics 世界政治中的德国，7，12

Giese, Fritz 弗里茨·吉斯，21n.

Gill, Conrad 康拉德·吉尔，118n.

Ginsburg 金斯伯格，77

Ginsburg, isidor 伊西多·金斯伯格，30n.

Glover, Edward 爱德华·格洛弗，247n.

索 引

Gomperz, Julian 朱利安·冈珀斯, 233n.

Goods, management by elite see also division of labor (see also Division of labbor) 商品, 精英对商品的管理（也可参见劳动分工）, 3

Gosnell, H. F. H. F. 戈斯内尔, 174n.

Gooch, G. P. G. P. 古奇, 117ff., 170n., 203n.

Graham, Marcus 马可斯·格拉姆, 108n.

Grandiosity, of middle income skill group 中等收入技术群体的雄壮, 260

Great Britain, administrative skill in 英国的行政技能, 211

    democratic nationalism in 民主民族主义, 95

    expansion and imperialism in 帝国主义的扩张, 117ff.

    "hypocrisy" of 英国的"伪善", 71

    in world politics 世界政治中的英国, 10, 12

Greaves, H. R. G. H. R. G. 格里夫斯, 182n.

Grey, Lord 洛德·格雷, 71

Groethuysen, B. B. 格罗索森, 258n.

Gross, Leo 里奥·格罗斯, 250n.

Grossman, Henryk 亨里克·格罗斯曼, 127n.

Guilt, and middle income skill group 内疚, 与中等收入技术群体, 259

    reaction of 内疚的反应, 102

Gumbel, E. J. E. J. 冈贝尔, 266n.

Gurian, Waldear 万迪尔·格里安, 43n.

H

Handman, Max 马克斯·汉德曼, 113n.

Hanighen, F. C. F. C. 哈尼根, 152n.

Hankin, F. H. F. H. 汉金, 42n.

Harley, J. E. J. E. 哈利, 252n.

Hart, Hornell 候乃尔·哈特, 196n.

Hartman, D. A. D. A. 哈特曼, 21n.

Hartmann, Richard 理查德·哈特曼, 184n.

Hauser, Henri 亨利·豪泽, 54n.

Haushofer, Karl　卡尔·霍菲尔，53n.

Hawtrey, R. G.　R. G. 霍特里，50n.，142n.

Hayes, Carton J. H.　卡图恩·J. H. 海斯，18，43n.，47n.

Healy, William　威廉·希利，212n.

Hecker　赫克，83n.

Hellpach, Willy　威利·海派其，83n.

Hennig, Richard　理查德·亨尼希，54n.

Hermes, Gertrud　格特鲁德·赫米斯，137n.

Hertz, Friedrich　弗里德里希·赫兹，42n.，48n.

Hertzler, J. O.　J. O. 赫茨勒，134n.

Herring, E. Pendleton　E. 彭德尔顿·亨利，198n.

Hilferding, R.　R. 希法亭，127n.

Hill, Helen　海伦·希尔，54n.

Hill, Joe　乔·希尔，108n.

Hill, N. L.　N. L. 希尔，182n.，183n.

History（see Developmental analysis）　历史（参见发展性分析）

Hitler　希特勒，220

Hobhouse　霍布豪斯，77

Hocking, Ernest E.　厄内斯特·E. 霍金，242n.

Hodges, Charles　查尔斯·霍奇，203n.

Hoijer, Harry　哈里·霍洁尔，78n.

Hoijer, Olaf　奥拉夫·霍洁尔，56n.

Holcombe, A. N.　A. N. 霍尔库姆，233n.

Holland, and democratic nationalism　荷兰，与民主民族主义，95

Hoover, Calvin B.　加尔文·B. 胡佛，143n.

Horrors of war, as peace propaganda　战争的恐怖，作为和平宣传，246

Hostilities（see aggressiveness; Negative identification）　敌意（参见攻击性；消极的认同）

Hovde, B. J.　B. J. 霍夫，127n.

Hume, David　戴维·休姆，18

Hunt, Edward Eyre　爱德华·埃尔·亨特，182n.

Hurwicz, E.　E. 赫维茨，208n.

索引

Huzella Theodore 西奥多·赫泽拉，276n.

I

Ichihashi, Yamoto 市桥润子，172n.

Id, a personality structure 本我，人格结构，63

 and propaganda 与宣传，129

Idealization, and contact 理想化，与接触，169

Identification, in America 认同，美国的认同，223ff.

 and attention area 与关注区域，185ff.

 and demand symbols 与需求符号，44

 and development of nationalism 与民族主义的发展，47ff.

Identification, and division of labor 认同，与劳动分工，46

 elaborated according to culture pattern 依据文化模式加以阐释的认同，42

 elaborated through displacement 通过移情来阐释的认同，39

 and focus of attention 与关注焦点，110

 impersonal symbol of 认同的非个人化符号，252

 multiple, counter and mutual 多重认同，反认同和相互认同，37

 parochialization of universal symbol of 认同的普遍符号的狭隘化，121

 partial, positive and negative 局部认同，积极认同和消极认同，36，169

 potentialities 潜力，33

 and primary contact 与第一手接触，167ff.

 in prosperity and depression 在繁荣与萧条中，154ff.

 and remodeling of personality 与人格的重塑，44ff.

 and secondary contact 与第二手接触，204

 symbol elaborated in emancipation movements 在解放运动中阐释的符号，107

 symbol missing for intellectuals 遗失的知识分子符号，112

 symbol of 认同符号，8

 symbols and areas 符号与地区，31ff.

 symbols for middle income skill group 中等收入技术群体的符号，264.

 and symbols of expectation 与期望符号，45

 symbols of world 世界符号，244

in war crisis 战争危机中的，84，87

Ideology, dynamics of 意识形态,意识形态的动力，113

 and elite 与精英，4

Improved methods of studying 研究的改进方法，153

 and material differences 与物质差异，128

In prosperity and depression 在繁荣与萧条中，154

 and revolutionary elite 与革命精英，143

Illusion, and depression 错觉，与萧条，162

Imperialism, American 帝国主义，美国帝国主义，233

 and capitalism 与资本主义，127

 class 阶级的，120

 Marxist symbolism of 马克思式象征主义，128ff.

 national 国家的，117

 restriction of 对帝国主义的限制，121

 and soviet union 与苏联，128

 symbol structure of 帝国主义的符号结构，117

 and world activity area 与世界活动区域，123

Impersonal consequences of capitalism, as a protest symbol 资本主义的非人格化结果，作为一种反抗符号，132

Imports, and exports, and politics 进口，出口，与政治学，153，161

Impositional method, generate contradictions 非位置方法，产生矛盾，121

Impressionism, in analysis 分析中的印象主义，150

 of some revolutionary literature 一些革命文献，131

 income as a value 作为价值的收入，3

Incorporation of world revolutionary pattern 世界革命模式中的兼并，6

Independence, and emancipation 独立，与解放，101

 a symbol of demand 一种需求符号，94ff.

India, and anti-imperialistic nationalism 印度，与反帝民族主义，98ff.

Individual emancipations 个体解放，100

Individual limits as a term of analysis 作为分析语汇的个人限度，17，55，73

Individual vested interests and world unity 个人既得利益与世界统一，243

Individualizing tendencies, in revolutionary situations 个体化倾向，革命形势中的，144

  in new environment 新环境中的, 169

  in prosperity 繁荣中的, 154

Indulgence, in new environment 放纵, 新环境中的, 169

  in prosperity 繁荣中的, 154

Industrial production, a trait of capitalism 工业生产, 资本主义的一个特征, 124

Inferiority reaction, in North after civil War 差的反应, 内战后的北方, 110

Insecurity level, and analytic pattern of thought 不安全感水平, 与思想分析模式, 270ff.

  and balancing of power 与动态的权力平衡, 62ff.

  and demand for security in crisis 与危机中的安全需求, 75ff.

  and disturbed equilibrium 与被打乱的均衡, 114

  excessive demands for deference and 过度的尊重需求与, 70

  and externalization of fantasy 与幻想的外化, 268ff.

  and fear of stranger 与对陌生人的恐惧, 166

  and four ways of relieving tension 与放松紧张的四种方式, 113

  increasing in united states 美国不安全水平的提高, 214

  inhibition of counteraggression and 反进攻的意志与, 68

  in modern culture in general 整体而言, 现代文化中的, 273

  and nationalism 与民族主义, 50ff.

  and neurotic fear 与神经过敏性恐惧, 246

  and primary contact 与第一手接触, 165ff.

  projection of aggressiveness and 进攻性的投射与, 71

  and prosperity and depression 与繁荣和萧条, 154ff.

  in relation to submissiveness and emancipation 与谦逊和解放的关系, 101ff.

  and secondary contact 与第二手接触, 203ff.

  as term of political analysis 作为政治分析的语汇, 8, 46

  and threat of loss 与失去的威胁, 66

  weak superego formation and 脆弱的超我的形成与, 73

Instrumentalities of violence, and focus of attention in crisis 暴力工具, 与危机中的关注区域, 89ff.

  measurability of 的可测量性, 57ff.

  and symbols of identification, demand and expectation 与认同、需求和期望的符号, 90ff.

as term of political analysis 作为政治分析的术语，9

Intellectuals, and labor movement 知识分子，与劳工运动，112

 and middle income skill group 与中等收入技术群体，263ff.

 and nationalism 与民族主义，49，170

 prospects of, world elite 知识分子的前景，世界精英，20

 and sensationalism 与轰动效应，205

 and symbols 与符号，111

 and war crises 与战争危机，85

Intensive technique, applied to problem emancipation 深度分析法，运用于问题解放，101ff.

 and extensive technique 与广度分析法，24，210

 and Marxism 与马克思主义，136ff.

Interests（see symbols of demand and identification）利益（参见需求和认同符号）

Internalization, and externalization 内化，与外化，268ff.

 limits of 内化的限度，276

Internationalism, democratic, and world unity 国际主义，民主的，与世界统一，255

Interview（see intensive technique）采访（参见深度分析技术）

Intimate life-histories 私密的生活史，212

Introjection（see identification）内射（参见认同）

Introspection, self-analysis distinguished from aggressive 内省，与进攻性不同的自我分析，275

Italy, in world politics 世界政治中的意大利，7，266

J

Jaensch, E. R. E. R. 杰恩斯克，207

Japan, and crisis with China 日本，与中国的危机，90

 in world politics 世界政治中的日本，11

Jaspers, Karl 卡尔·雅斯贝斯，113n.

Jespersen, Otto 奥托·叶斯柏森，245n.

Jews, and Arabs 犹太人，与阿拉伯人，171

 and insecurity 与不安全感，285

nationalism of 犹太人的民族主义，39

as targets in America 作为美国的目标，231

as targets of middle income skill group in Germany 作为德国中等收入技术群体的目标，257

Johannet, R. R. 吉函内特，48n.

Jones, Kennedy 肯尼迪·琼斯，205

Jordan, E. E. 乔丹，237n.

Joslyn, C. S. C. S. 乔斯林，22n.

Journal Offical 《官方杂志》，191

Jung, Carl 卡尔·荣格，33

Jurinetz, W. W. 荣立内特，258n.

Justification, and rationalization 合法化，与合理化，45

Justifying symbols 符号的合法化，29

K

Kaptal, Das 《资本论》，217

Karsten, Karl 卡尔·卡斯特，201n.

Kautsy, Karl 卡尔·考特斯，127n.

Kehr, Eckart 艾尔特·凯尔，151n.

Kendrew, W. G. W. G. 肯德鲁，201n.

Kidd, B. B. 基德，259n.

Kjellen, Rudolf 鲁道夫·克哲伦，53n.

Kobler, Franz 弗兰兹·科布拉，250n.

Kohn, Hans 汉斯·科恩，18，43n.

Kolnai, Aurel 奥勒·科尔奈，137n.

Kopald, Sylvia 希尔维亚·柯培德，115n.

Kosok, Paul 保罗·科索科，30n，257n.

Kracauer, S. S. 克拉考尔，258n.

Krakovic, B. B. 克拉克维克，83n.

Kraus, F. F. 克劳斯，83n.

Kretzchmer, Ernst 厄斯特·克雷奇默，33，207

Krueger, Felix 菲力克斯·克鲁格, 83n.

Ku Klux Klan 三K党, 231

Kurella, Hans 汉斯·库莱拉, 113n.

L

Labor movement, and intellectuals 工人运动，与知识分子, 112

Ladas, Stephen P. 斯蒂芬·P. 拉达, 172n.

Lag, in relation of material and symbolic 在物质与符号关系中的滞后, 113, 203

Landesco, John 约翰·兰迪斯科, 227n.

Landholders (see aristocracy) 地主（参见贵族）

Langer, William L. 威廉·L. 朗格, 53n.

Language, and contact 语言，与接触, 171

    and Marxist appeal 与马克思主义吁求, 135

    and nationalism 与民族主义, 43

    respect for, by middle income skill group 中等收入的技术群体对语言的尊重

    in translation (see also intellectuals and symbols) 翻译中的语言, 197n.（也可参见知识分子与符号）

La piere, Richard T. 理查德·T. 拉·皮耶尔, 170n.

Laski, Harold J. 哈罗德·J. 拉斯基, 3n., 21n., 245n., 250

Lasswell, Harold D. 哈罗德·D. 拉斯韦尔, 3n., 24n., 35n., 40n., 63n., 77n., 83n., 84n., 160n., 190n., 203n., 211n., 229n., 239n., 276n.

Latourette, K. S. K. S. 赖德烈, 178n.

Lauterbach, Albert 艾伯特·劳特巴赫, 127n.

Lawrence, James Cooper 詹姆斯·库珀·劳伦斯, 243n.

Laws, meaning of 法律的意义

Lazarsfeld, H. H. 拉扎斯菲尔德, 160n.

Lazarus 拉撒路, 208n.

Laziness, and repression 懒惰，与抑制, 102

Leaders (see elite) 领导者（参见精英）

League of Nations, in world politics 世界政治中的国联, 248

Le Bon, Gustave 古斯塔夫·勒庞, 82n., 208n.

Lefebure, Victor 维克多·蕾菲布, 58n.

Legal symbolism, in America 美国的法律象征主义, 214

Legouis, J. J.雷格伊斯, 174n.

Leicht, A. A.莱希特, 208n.

Lenin, N. N.列宁, 50n., 112, 127, 266n.

Leslie, Shane 谢恩·莱斯利, 198n.

Level of reactivity (see insecurity level) 反应水平（参见安全感水平）

Levy, Hermann 赫尔曼·莱维, 166n.

Levy-Bruhl 莱维-布吕尔, 208n.

Lewinson, Paul 保罗·卢文森, 174n.

Lewis, C. I. C. I.路易斯, 30n.

Liberation nationalism 自由民族主义

Libido 力比多, 35

Liddell-Hart, B. H. B. H.利德尔-哈特, 58n.

Life-history 生活史, 212

Lindeman, E. C. E. C.林德曼, 77n.

Lindner, Gustav Adolph 古斯塔·阿道夫·林德纳, 208n.

Lobells Jahresberichte 佳里斯贝瑞奇特·罗贝斯, 58n.

Loewenstein, K. K.洛温斯坦, 21n.

Lomax, John A. 约翰·A.罗马克斯, 225n.

London press in war crisis 战争危机中的伦敦出版业, 189ff.

Lorwin, Lewis L. 路易斯 L.劳文, 137n.

Lowell, A. L A. L.洛厄尔, 71n.

Lowell, James Russell 詹姆斯·罗素·洛厄尔, 108n.

Lowie, Robert H. 罗伯特·H.罗维, 134n.

Lubeck, Rosalie 罗莎莉·吕贝克, 127n.

Lutkins, Charlotte 夏洛特·拉肯斯, 214n.

Lukacs, Georg 格奥尔·卢卡奇, 24n, 153n.

Luxemburg, Rosa 罗萨·卢森堡, 127n.

Lying, and repression 撒谎, 与镇压, 102

Lynd, Robert S. and Helen Merrill 罗伯特·S.林德和梅林·海伦, 213

Lyons, Lord 洛德·里昂, 206

M

Macartney, C. A.　C. A. 马嘎尔尼, 172n.

Machajski, Waclaw　瓦克劳·马察斯基, 112ff.

MacIver, R. M.　R. M. 麦基弗, 77n.

Macleod, William Christie　威廉·克里斯蒂·麦克劳德, 117n.

Macmahon, Arthur W.　亚瑟·W. 麦克马洪

Magazines, agencies of secondary contact　杂志，第二手接触的机构, 185ff.

Malignant crises　恶性危机, 86

Malinowski, Bronislaw　布罗尼斯拉夫·马林诺夫斯基, 208n., 211n.

Manipulative attitude, aspect of configurative analysis　操作性态度，结构性分析的方面, 5

Mannheim, Karl　卡尔·曼海姆, 4n.

Markets (see division of labor)　市场，（参见劳动分工）

Markey, John F.　约翰·F. 马基, 30n.

Martin, F. D.　F. D. 马丁, 83n.

Martin, Helen　海伦·马丁, 51n.

Marvin, F. S.　F. S. 马尔文, 184n.

Marx, Karl　卡尔·马克思, 22ff., 128ff., 284ff.

Marxist symbolism, in America　美国的马克思式象征主义, 217ff.

　　analyzed　分析的, 128ff.

　　and middle income skill group　与中等收入技术群体, 264ff.

Masaryk, T. G.　T. G. 马萨瑞克, 113n.

Mass movements　群众运动, 100ff.

　　in depression　萧条中, 160

　　of emancipation　解放的, 106ff.

Master symbols　首要符号, 46

Material changes (see division of labor)　物质变迁（参见劳动分工）

Mathiez, A.　A. 马迪厄, 42n.

Mattern, Johannes　约翰·马特恩, 246n.

Matteuzzi, Aug　奥格·马泰乌齐, 208n.

Maurois, Andre　安德烈·莫洛斯, 239

索引

Mayr, G. von　G. 冯·迈尔, 22n.

McDougall, William　威廉·杜格尔, 83n.

McKenzie, R. D.　R. D. 麦肯齐, 172n., 191ff.

Mead, George Herbert　乔治·赫伯特·米德, 30n., 166n.

Measurability, a condition of smooth balancing of power　可测量性, 稳定的权力平衡的一个条件, 57ff.

Measurement, of attention area　关注区域的测量, 186ff.

Mediating agencies　斡旋机构, 183

Mein Kampf　《我的奋斗》, 257n.

Meinecke, Fr.　Fr. 迈乃克, 252n.

Mencken, H. L.　H. L. 门肯, 159

Mendelssohn-Bartholdi　门德尔松-巴托迪, 183n.

Merriam, Charles E.　查尔斯·E. 梅里亚姆, 3n., 19, 30n., 43n., 47n., 174n., 212n.

Method, stated　规定的方法, 4ff.

Metropolitan regions, attention areas and　都市地区, 关注区域与, 199ff.

Michailovsky, N. K.　N. K. 麦卡洛维斯基, 83n.

Michels, Roberto　罗伯托·米歇尔斯, 3n., 19, 47n., 115n., 136n., 166n., 178n., 258n.

Middle class (see Middle income skill group; Bourgeoisie)　中产阶级（参见中等收入技术群体；资产阶级）

Middle income skill group, in America　美国的中等收入技术群体, 232ff.

　　and division of labor　与劳动分工, 163

　　and intellectuals　与知识分子, 112

　　and nationalism　与民族主义, 51

　　psychology of　心理学的, 256ff.

　　and revolutionary situations　与革命形势

　　symbols for　符号, 266ff.

　　world role of　世界角色, 282

Migration, and contact　移民, 与接触, 165ff.

Milieu, and environment　情境, 与环境, 185

Military and police problem often confused　经常混淆的军事和警察问题, 227ff.

Miller, Francis　弗兰西斯·米勒, 54n.

Miller, H. A. H. A. 米勒, 96n., 169n.

Missionaries, and identification 传教士, 与认同, 44

Mitscherlich, Waldemar 瓦尔德曼·米彻尔里希, 18, 50n.

Moon, Parker T. 派克·T. 穆恩, 127n.

Moore, V. B. V. B. 穆尔, 212n.

Moralism, and middle income skill group 道德主义, 与中等收入技术群体, 259

Mores, of America, endangered negatively and positively 被动和主动地濒临消失的美国风俗, 223ff.

    and analytic pattern of thought 与思想分析模式, 271ff.

    and contact 与接触, 176ff.

    and counter mores, and expediencies 与反习俗, 与权宜之计, 64

    of Great Britain 英国的, 118

    and propaganda strategy 与宣传战略, 129

    and revolution 与革命, 253

Morris, Charles W. 查尔斯·W. 摩里斯, 30n.

Mosca, Gaetano 盖太诺·莫斯卡, 3n.

Moulton, Mildred 米尔德丽德·莫尔顿, 181ff.

Mowrer, Edgar A. 埃德加·A. 莫瑞, 3n.

Multiple identification 多重认同, 37

Mumford, Lewis 刘易斯·芒福德, 134n.

Municipal politics, in Europe and America 欧洲与美国的市政政治, 221ff.

Murphy, Gardner 加德纳·墨菲, 196n.

Mutual identification 相互认同, 37

My Battle 《我的战斗》, 220

Myth (see Ideology; Symbols) 神话 (参见意识形态; 符号)

N

Narcissism 自恋, 156

National Research Council 民族研究委员会, 10n.

National Socialism, as fundamentalist movement 作为原教旨主义运动的国家社会主义, 160

索引

Nationalism, anti-imperialistic 反帝民族主义, 98
   and children's books 与儿童著作, 51n.
   and culture 与文化, 42
   democratic 民主的, 95
   developmental analysis of 发展性分析, 47ff.
   and division of labor, and organization area 与劳动分工, 与组织区域, 48
   and full emancipation 与完全解放, 99
   independence 独立, 94
   and insecurity 与不安全感, 50ff.
   and intellectuals 与知识分子, 49, 170
   and language 与语言, 43
   liberation 解放, 95ff.
   and middle class 与中产阶级, 51
   oppression 压制, 96
   prestige 威望, 97
   and proletariat 与无产阶级, 50
   and religion 与宗教, 42ff.
   resurrection 复兴, 96ff.
   separatist 分离主义, 97
   socialistic 社会主义的, 98
   and sudden success 与突然成功, 109
   a symbol of identification 一种认同符号, 29ff.

Naval publicity, and naval movements in crisis 海军盛名, 与危机中的海军运动, 90ff.
   and price of stocks of balanced armament firms 均衡的军火公司储备的价格, 89
   and ratio of tonnage building 与吨位构造的比例, 88
   and ratios of naval tonnage 与海军吨位的比例, 88
   and war scares 与战争恐慌, 87ff., 151

Navy League 海军联盟, 89

Negative identification 消极认同, 36

Neon, Pseud 苏德·里欧, 58n.

Neurosis, in America 神经衰弱症, 在美国, 230

New York Herald Tribune 《纽约先驱论坛报》, 188

New York Times 《纽约时报》，188，194

New York Times Index 纽约时报指数，88，90

Newcomb, Charles 查尔斯·纽科姆，191ff.

Newspapers, agencies of secondary contact 报纸，第二手接触的机构，185ff.

Newton, Arthur Percival 阿瑟·珀西瓦尔·牛顿，178n.

Nightingale, R. T. R. T. 南丁格尔，21n.

Notzel, K. K. 纳兹尔，113n.

Nomad, Max 马克斯·罗满德，113n.

Non-verbal forms of tension discharge 紧张释放的非言语形式，102

Norton, H. K. H. K. 诺顿，203n.

Notions 观念，195

Nussbaum, F. L. F. L. 努斯鲍姆，124n.

Nys, Ernest 厄内斯特·尼斯，57n.

O

Object orientation, as a personality reaction 目标定位，作为一种人格反应，113

Objectivity, and compulsive thinking in Marxism 客观性，与马克思主义中的强迫性思维，135

Observer-reporter 观察报道者，199

    standpoint of 其立场，36

    and total configuration 与整个结构，210

Odegard, Peter H. 彼得·H. 奥德加德，198n.

Odin, Alfred 艾尔弗雷德·奥丁，22n.

Oertzen, K. L. von K. L. 冯·奥兹森，58n.

Ogburn, William F. 威廉·F. 奥格本，113n.

Ogden, C. K. C. K. 奥格登，30n，245n.

Ohlin, Bertil 贝蒂·俄林，153n.

Oliver, M. M. 奥利弗，243n.

Opinion, elaboration of 对观点的阐释，195ff.

    predominant and public 占主导地位的观点和公众舆论，195

Oppenheimer, Reuben 鲁宾·奥本海默，172n.

Oppression nationalism 压迫民族主义, 96

Optimism, a symbol of expectation 乐观主义，期望符号, 45

Order, requirements of political 秩序，政治秩序的要求, 237

Organism 有机体, 35

Organization area, and attention and other areas 组织区域，与关注区域及其他区域, 185ff.

 and balancing of power 与动态的权力平衡, 221ff.

 and centers of dominance in relation to nationalism 与民族主义相关的优势中心, 48

 defined 定义, 10n.

Oscillations, in policy of revolutionary elite 革命精英政策的动摇, 144

 of prosperity and depression 繁荣和萧条的摇摆, 153ff.

Over-generalization, of symbols 对符号的过度概括, 266

P

Pacifism (see peace) 和平主义（参见和平）

Pareto, Vilfredo 维弗瑞多·帕累托, 4n., 219, 221n.

Park, Robert E. 罗伯特·E. 帕克, 83n., 169n., 191, 227n.

Parliamentary debates, as index of focus of attention 议会辩论，作为关注焦点的索引, 190ff.

Parochialization, of American political vocabulary 美国政治词汇的狭窄化, 216

 of efforts at unity 努力统一的, 242

 and secondary contact 与第二手接触, 203ff.

 of universal symbols 普遍符号的, 121

Parrington. V. L. 帕灵顿·V. L., 224n.

Partial diffusion of world revolutionary pattern 世界革命模式的局部传播, 6, 122, 162

Partial identification 局部认同, 36

Partial incorporation of revolutionary pattern 革命模式的局部兼并, 6

Partial restriction of revolutionary pattern 革命模式的局部限制, 6, 122, 162

Partial revolution 局部革命, 4n.

Party, cleansings in soviet union 政党，苏联的大清洗, 147

 symbolism in America 美国的政党象征主义, 214

Passivism, and activism as developmental processes 消极主义，与积极主义作为发展进程，276

    in depression 萧条中的，159

Past, in relation to world revolution 与世界革命相关的过去，4

Pathology, neither social nor individual 既非社会的又非个人的病理学，73ff.

Patriotism（see symbols of identification） 爱国主义（参见认同符号）

Pattern, culture 模式，文化，42，207

    value 价值，3

Paullin, Charles O. 查尔斯·O. 波林，214n.

Peace, and conditions of unity 和平，与统一的条件，237ff.

    and contact 与接触，206

    demand for, a sign of labor's weakness 和平需求，劳工弱点的一种标志，163

    and emphasis on horrors of war 与对战争恐怖的强调，246

    and four conditions of smooth balancing of power 与稳定权力均衡的四个条件，57ff.

    and lack of symbols of just future 与正义的未来符号的缺乏，249

    a latent period between crises 危机之间的潜伏期，75

    and technique of functional equivalence in education 与教育中功能类同的技艺，251

Perlman, Selig 塞利格·帕尔曼，115n.

Personal symbolism, in America 在美国的个人象征主义

Personality, contact of peoples and disorganization of 民族的接触与人格的瓦解，177

    culture and 文化与，207ff.

    extraversion of, in America 美国的人格的外倾性

    and four ways of resolving stress 与四种解放压力的方式，113

    intensive and extensive techniques of studying 深度研究法和广度研究法，210

    and masses, acting on and acting with 按照群众的方式行事，以群众的方式行事，100

    and meaning of symbols 与符号的意义，62

    political 政治人格，39n.

    and reactionsto deprivations and indulgences 与对剥夺和放纵的反应，154ff.

    remodeled through identification 通过认同重塑，44

    stress in America 美国的压力，230

    stress in middleincome skill group 中等收入技术群体的压力，263

    technical and intimate life-histories and study of 技术的和私密的生活史与人格研

究，212

 tripartite structure of 人格的三重结构，62ff.

Physiology, and politics 生理学，与政治学，254，282

Pierce, Frederick 弗雷德里克·皮尔斯，211

Piety, and middle income skill group 虔诚，与中等收入技术群体，259

Pinnder, felix 菲力克斯·品德尔，258n.

Pinson, Kopel S. 科佩尔·S.平森，48n.

Pittsburgh newspapers 匹兹堡报纸，188

Playne, Caroline E. 卡洛琳·E.布莱恩，19，75n.，276n.

Pluralistic values, rather than profits 多元价值，而非利润，125

Plutocracy (see bourgeoisie) 财阀统治（参见资产阶级）

Pohlmann, R. R.帕尔曼，221n.

Poland, and barbarism 波兰，与蛮族，107

 relation of nobles and peasants to nationalism in 贵族和农民与民族主义的关系，99

 and successful nationalism 与成功的民族主义，109

Police and military problem often confused 经常搞混的警察与军事问题，227ff.

Policies, and opinion (see also demands) 政策，与观点（也可参见需求）

Political conditions and considerations 政治条件与政治考虑，141ff.

Political and cultural symbols and practices 政治与文化符号和实践，207ff.

Political economy (see competitive market) 政治经济（参见竞争性市场）

Political order 政治秩序，237

Political personality, developmental formula of 政治人格的发展公式，39n.

Political position of Russian revolutionary elite 俄国革命精英的政治地位，142ff.

Political practices and symbols in the United States 美国的政治实践与政治符号，214ff.

Political psychiatry 政治精神病理学，25，231

Political science (see politics) 政治科学（参见政治学）

Political symbolism should be compared systematically 政治符号象征主义应当进行系统比较，213

Political symbols and other reactions 政治符号与其他反应，113

Political-particularistic analysis 政治的排他主义分析，23

Political-totalistic analysis 政治的极权主义分析，23

Politics, American 美国的政治学，214ff.

defined 定义, 3

and economics 与经济学, 141, 149

and personality and culture 与人格和文化, 207ff.

physiology and 生理学与, 254, 282

of prevention 妨碍的, 26

psychiatry, psychoanalysis, and 精神病学, 精神分析, 与, 231ff.

Positive identification 积极认同, 36

Posse, Ernest H. 厄内斯特·H. 珀斯, 265n.

Post, L. F. L. F. 珀斯特, 172n.

Potter, Pitman B. 皮特曼·B. 波特, 181

Practices, of federalism and political symbols 联邦主义和政治符号的实践, 217, 220ff.

and peace by sentimentalization of 与通过过度情感达成的和平, 248

Precision, limits on search for 寻求精确的限度, 17

Predominant opinion 主流观点, 195

Preferences, and values 偏好, 与价值, 271

Prescott, D. A. D. A. 普雷斯科特, 252n.

Present, as transition between revolution 目前, 作为革命间的连接, 4

Press, an agency of secondary contact 出版业, 第二手接触的机构, 185ff.

Prestige (see deference) 威望（参见顺从）

Prestige nationalism 威望民族主义, 97

Preuss, K. Th. K. Th. 普鲁斯, 208n.

Prevention, politics of 预防的政治学, 26, 231

Price, Maurice T. 毛里斯·T. 布莱斯, 178n.

Primary ego symbols 第一自我符号, 72

Principles, meaning of 原则的意义, 5

and mores and superego 与习俗和超我, 226

Production, consumption and war 生产, 消费与战争, 91ff.

Professional revolutionary, and identification 职业革命, 与认同, 45

Profit, and economic consideration 利润, 与经济考虑, 141

Production for, a trait of capitalism 为利润生产, 资本主义的一个特征, 125

Projection, of aggressiveness 进攻性的投射, 71

and Marxist symbolism 与马克思式象征主义, 130ff.

索 引

Proletariat, contradictions of dictatorship in name of 以无产阶级为名的专制的矛盾, 142

 and nationalism 与民族主义, 50

 as symbol 作为符号的无产阶级, 6

 and symbols of emancipation 与解放的符号, 108

Promiscuity, in America 美国的滥交, 230

Promotional groups 促销集团, 198

Propaganda, clumsy radical 笨拙的激进宣传, 217

 and extraversion of personality 与外向型性格, 230

 influenced European political vocabulary 受影响的欧洲政治语汇, 214

 need to study 研究宣传的需要, 202

 problem of middle income skill group 中等收入技术群体的问题, 264ff.

 and promotional groups 与促销集团, 198

 and social equilibrium 与社会均衡, 114ff., 281

 strategy of revolutionary 革命宣传战略, 129ff.

Propriety (see mores) 适宜（参见习俗）

Prosperity, consequences of 繁荣的后果, 153

 and revolutionary situation 与革命形势, 146

Provocative behavior, and inhabited aggressiveness 挑衅行为, 与居住的攻击性, 106

 by newly emancipated 新解放者的, 109ff.

Prussia, and liberation and nationalism 普鲁士, 与解放和民族主义, 95, 99

Psychoanalysis, and analytic pattern of thought 精神分析, 与思想分析模式, 270ff.

 and Buddhism 与佛教, 277ff.

 of culture 文化的精神分析, 136, 210ff.

 and directed and undirected thought 与受导引和未受导引的思想, 278

 and Marx-Engels dialectic 与马克思—恩格斯的辩证法, 24ff.

 and theory of personality 与人格理论, 62ff.

Psychogenic, defined 精神性的, 定义, 155

Psychology, limits as a term of analysis 心理学, 作为分析语汇的限度, 17

Psychopathic personality, in America 美国的精神病个性, 230

Psychoses, in America 美国的精神病, 230

Public, defined 公共的, 定义, 83n.

Public opinion, types of 公众舆论的类型, 195

relation to attention, sentiment, and other areas　与关注、感情及其他领域的关系，186ff.

Pyramid of values　价值的金字塔，3，21

Q

Quantitative method, limits of the　定量研究的限度，17

R

Radicalism, defective propaganda methods of　激进主义有缺陷的宣传方式，217

Radin, Paul　保罗·雷丁，47n.，134n.，212n.

Ralston, J. H.　J. H. 罗尔斯顿，183n.

Rank and file　普通士兵，3

Raper, Arthur　阿瑟·雷柏，175n.

Rationalization, and justification　合理化，与合法化，45

　　and political personality　与政治人格，39n.

Reaction-formations, against earlier submissiveness　反应形成，反对之前的谦逊，110

Reactions, primitive　原始反应，35

Reactivity level (see insecurity level)　反应水平（参见不安全感水平）

Readaptation, and disturbed equilibrium　重适应，与扰乱的均衡，114

Recktenwald, Frederike　弗瑞德瑞克·拉克唐瓦尔德，190n.

Recruitment, principle of elite　精英重新招募的原则，4

Reflection, as a personality reaction　反思，作为一种人格反应，113

Regions (see areas)　地区（参见区域）

Regular fact-finding agencies　常规事实调查机构，182

Reich, Wilhelm　威廉·赖克，258n.，265n.

Reichstein, Adolf　阿道夫·赖克斯坦，178n.

Religion, and nationalism　宗教，与民族主义，42ff.

　　and world revolution　与世界革命，122

Remodeling of personality through identification　通过认同的人格重塑，44

Renier, G. J.　雷尼尔·G. J.，211n.

Renner, Karl 卡尔·伦纳, 48n.

Renouvier, Ch. Ch.雷诺维叶, 134n.

Reporting methods, deficient in handling political news 报道方法, 有缺陷地处理政治新闻, 199

Representation, mode of, and response 代表, 模式, 与回应, 193ff.

Repression, American culture and stringent 压制, 美国文化与严格压制, 223ff.

    and indirect aggression 与间接侵犯, 102

    and the middleincome skill group 与中等收入技术群体, 257ff.

    of primitive reactions 与原始反应, 35

Respectability, and middle income skill group 得体, 与中等收入技术群体, 259

Restriction, of world revolutionary pattern 世界革命模式的限制, 6

Resurrection nationalism 民族主义的复兴, 96ff.

Revalidation, of war pattern in crisis 危机中战争模式的再度有效, 82

Revolt of the masses 大众的反叛, 25

Revolution, conditions and considerations affecting elite in 革命, 对革命中精英产生影响的条件和考虑, 142ff.

    defined 定义, 3ff.

    as fundamentalist drive 作为原教旨主义的推动力, 253

    generates contradiction by universal claim and local start 由普遍化宣称和地方性来源产生的矛盾, 121

    impositional method generates contradictions 强制性的方法产生矛盾, 121

    and insecurity 与不安全感, 25

    middle income skill group and propaganda of 中等收入技术群体与革命的宣传, 264ff.

    and propaganda 与宣传, 114

    prosperity and depression, and 繁荣与萧条, 与, 160ff.

Restricted by balancing of power 受到制约的动态权力平衡, 115

    "total" and "partial" 总体革命和局部革命, 4n.

Rhineland, and separatist nationalism 莱茵兰, 与分裂民族主义, 97

Rice, Stuart A. 斯图尔特, A.赖斯, 196n., 203, 211n., 246n., 252n.

Richards, I. A. I. A.理查兹, 30n.

Rimscha, Hans von 汉斯·冯·里姆沙, 174n.

Roheim, Geza 格扎·罗厄姆, 211n.

Romier, Lucien 吕新安·洛海姆, 214n.

Rosenbaum, Eduard 爱德华·罗森鲍姆, 182n.

Rosenbaum, L. L.罗森鲍姆, 22n.

Rosenstock, Eugen 欧根·罗森斯托克, 4n.

Rossi, Pasquale 帕斯奎尔·罗西, 83n.

Rossouw, G. S. H G. S. H.罗索, 44n.

Roumanians, and "Vlach" 罗马尼亚人, 与瓦拉几亚人, 108

Rowan, R. W. R. W.罗恩, 203n.

Rudimentary ego symbols 基本的自我符号, 72

Russian Revolution, conditions and considerations of elite in 俄国革命中精英的条件和考虑, 142ff.

 contradictions of 矛盾, 142ff.

 economic oscillation and 经济震荡与, 161

 ideological and material relations in 意识形态与物质关系, 128

 and imperialism 与帝国主义, 120

 middle income skill group and 中等收入技术群体与, 266ff.

Restricted diffusion of 限制的传播, 15

 and socialistic nationalism 与社会主义民族主义, 98

 symbols of French and 法国符号和, 121ff.

 in world politics 世界政治中的, 4, 6ff., 11ff.

S

Sacrifice, as symbol appealing to middle income skill group 牺牲, 作为向中等收入技术群体吁求的符号, 266

Sadism (see aggressiveness) 施虐狂（参见攻击性）

Safety, as a value 作为价值的安全, 3

Salisbury, Lord 索尔兹伯里, 主, 206

Salomon, E. von E. 冯·所罗门, 266n.

Salter, Sir Arthur 索尔特, 亚瑟爵士, 183n.

Salz, Arthur 亚瑟·萨尔泽, 127n., 142n.

Sapir, Edward 爱德华·萨丕尔, 47n., 245n.

Satow, Sir Ernest 厄内斯特·萨道爵士, 182n.

Scapegoat 替罪羊, 157, 173

Scarcity, crises of 稀缺危机, 144

Skepticism, and dogmatism in Marxism 怀疑论, 与马克思主义中的武断论, 135

Scheville, Ferdinand 费迪南·斯切维尔, 252n.

Schizophrenia, in America 美国的精神分裂症, 230

Schluter, Hans L. 汉斯·L.施吕特, 242n.

Schmitt, Carl 卡尔·施密特, 3n.

Schneersohn, F. F.苏恩索宏, 83n., 208n.

Schreiner, GA GA.施赖纳, 149n.

Schuman, Frederick L. 弗雷德里克·L.舒曼, 57n, 152

Schumpeter, Joseph 约瑟夫·熊彼特, 117

Schweiger, L. L.苏维格, 208n.

Scientific form as symbol 作为符号的科学形式, 135

Scientific method (see configurative analysis) 科学方法（参见结构性分析）

Secerov, Slavko 斯拉夫科·塞克罗维, 92ff.

Secondary symbols 次要符号, 72

Security, and acute impending dangers 安全, 与即将到来的严重危险, 83

    and assertion of "we" symbol 与"我们"符号的坚持, 84

    and concentration on ultimate opponent 与关注最终敌人, 87

    demand for 安全需求, 75ff.

    and focus of attention 与关注焦点, 86

    instruments of violence and 暴力工具与, 88ff.

    material claims and demand for 物质要求与安全需求, 89ff.

    other-reactions, self-reactions, and 他者的反应, 自我反应, 与, 87ff.

    and two rational alternatives in balancing of power 动态权力平衡中的两个理性选择, 81

    universalization of demand for 安全需求的普遍化, 87ff.

Seeley, Sir John 约翰·西莱爵士, 117

Seifert, Josef leo 约瑟夫·利奥·塞弗特, 134n.

Self-orientation, and books like this 自我定位, 与此类专著, 18ff.

as goal of political analysis 作为政治分析的目标, 4

Self-sufficiency, trend toward 自足的趋向, 14ff.

Self-symbols (see ego)　自身符号（参见自我）

Sensationalism, as vested interest of symbol specialists　轰动效应，符号专家的既得利益，205

Sentiment area, and attention and other areas　情感区域，与关注区域及其他，185

　　defined　定义，10n.

Sentimentibility, a condition of smooth balancing of power　过度情感，稳定动态权力平衡的一个条件，61ff.

Separatist, nationalism　分离主义，民族主义，97

　　policies in revolutionary situation　革命形势中的政策，146

Serbs, and "Vlach"　塞尔维亚人，和"瓦拉几亚人"，108

Sexual abstinence of middle income skill group　中等收入技术群体的禁欲，259

Sexual curiosity and intellectuality　性好奇与智力，135

Sexual curiosity and propaganda　性好奇与宣传，265

Sexual life in America　美国的性生活，230

Sganzini, Carlo　卡洛·施甘兹尼，208n.

Shaw, Bernard　萧伯纳，278

Shaw, Clifford　克利福德·肖，227n.

Shenton, Herbert N.　赫伯特·N. 珊，245n.

Ships (see Naval)　船（参见海军）

Sieber, S.　S. 西尔伯，83n.

Siebert, B. Von　B. 冯·西伯特，149n.

Siegfried, Andre　安德烈·齐格弗里德，214n.

Sighele, Scipio　西庇阿·西盖勒，83n.

Simmel, Georg　格奥尔格·塞美尔，166n.

Skill, élite and　技能，精英与，3，279

　　of intellectuals　知识分子的技能，111ff.

　　and middle income skill group　与中等收入技术群体，266

　　in revolutionary situation　革命形势中，145

Slavery, psychology of　奴隶制的心理学，101

　　eignificance for American symbolism of struggle over　为奴隶制抗争的美国象征主义的重要性，216

Smith, Bruce L.　布鲁斯·L. 史密斯，203n.

索引

Smith G. H. E. 史密斯 G. H. E., 48n.

Snobbishness, of middle income skill group 势利,中等收入技术群体, 260

Social origins of elite 精英的社会起源, 3, 21, 279

Social psychology, limits as term of analysis 社会心理学,作为分析语汇的限度, 17

Social science, and study of nationalism 社会科学,与民族主义研究, 48

Social science Research Council 社会科学研究委员会, 10n.

Social types 社会类型, 207

Socialist, society, state, and dictatorship 社会主义的,社会,国家,和专制, 147

Socialistic nationalism 社会主义民族主义, 98

Society, socialist 社会,社会主义, 147

Sociology, limits as term of analysis 社会学,作为分析语汇的限度, 17

Solicitude 关心, 157

Somatic reaction, as a personality reaction 身体反应,作为人格反应的一种, 113

Sombart, Werner 沃纳·巴特, 19, 43n., 124n., 137n., 173n., 258n.

Sorel, Georges 乔治斯·索洛尔, 4n., 137n.

Sorokin, Pitirim 皮提里姆·索罗金, 21n., 78n., 101n.

Soule, George 乔治·索尔, 173n.

Soviet Union (see Russian revolution) 苏联(参见俄国革命)

Space measurement, of parliamentary debates 空间测量,议会辩论的, 190

   of press 出版业的, 88ff., 186ff.

Spaight, J. M. J. M. 斯佩特, 242n.

Special fact-finding committees 特别事实调查委员会, 182

Spencer, H. H. 斯宾塞, 221n.

Spengler, Oswald 奥斯瓦尔德·斯宾格勒, 251

Spier, Leslie 莱斯利·斯皮尔, 47n.

Spiller Gustav 占斯塔夫·斯皮勒, 42n.

Squillace, Fausto 福斯托·斯奎拉切, 83n.

State, socialist society and 社会主义社会与国家, 147

Statementship, and research on contact 治国之术,与对接触的研究, 176

Staub, Hugo 雨果·斯托布, 133n.

Steinmetz, S. Rudolf S. 鲁道夫·斯坦梅茨, 19, 22n., 78n.

Steinthal 斯汤达尔, 208n.

Stieler, G.　G. 斯提勒, 83n.

Stemson, Ralph H.　拉夫·H. 斯泰森, 58n., 87ff.

Strachey, John　约翰·斯特雷奇, 54n.

Stranger, attitudes toward　对待陌生人的态度, 166ff.

Stratton, George Malcolm　乔治·马尔科姆·斯特拉顿, 19

Straudenbach, L.　L. 斯佐邓班奇, 79n.

Striving, as term of political analysis　努力，作为政治分析的语汇, 7

Students (see intellectuals)　学生（参见知识分子）

Submissiveness, nature of　谦逊的本质, 101

Sullivan, Harry Stack　哈里·斯塔克·沙利文, 263n.

Sulzbach, Walter　沃尔特·苏兹本奇, 50n.

Sumner, W. G.　W. G. 萨姆纳, 221n.

Superego, and analysis pattern of thought　超我，与思想分析模式, 271ff.

 consequences of weak　虚弱的后果, 73

 defined　定义, 63

 maternal　母系的, 231n.

 and strategy of propaganda　与宣传战略, 129

 stringent in America, and endangered negatively and positively　美国的严格的超我，与消极和积极地危及, 223ff.

Supervisory agencies　监督机构, 182

Surplus value, as a symbol　剩余价值，作为一种符号, 132

Survey of world attention areas proposed　对提议的世界关注区域的调查, 202

Sweden, labor politics in　瑞典的劳工政治, 163

Symbol specialists (see intellectuals)　符号专家（参见知识分子）

Symbolic environment, as term of political analysis　符号环境，作为政治分析的语词, 9, 111

Symbolization, when equilibrium is disturbed　当平衡被打乱时的符号化, 114

Symbols　符号, 16

 ambiguity of　符号的模棱两可, 38

 American political　美国的政治符号, 214ff.

 of authority　权威符号, 98

 clumsy radical　笨拙的激进符号, 217

索引

clusters of 符号集, 47

of demand for equality 平等需求, 94

and demolition of old order 与旧秩序的崩溃, 109

elaboration of, according to culture pattern 依据文化模式对符号进行阐释, 42

elaboration of, through displacement 通过移情对符号进行阐释, 39

elaboration of we 对"我们"符号的阐释, 107

of external reference 外部参照符号, 36

and frequent exposure, in appropriate form, when reactivity level is high 与经常曝光、以合适的形式、当反应层次很高时, 46

geography of 符号地理, 30

of identification, demand, expectation 认同、要求、期待的符号, 8

and intellectuals 与知识分子, 111

management by elite 由精英管理, 3

measurement of 的测量, 186ff.

and milieu 与情境, 185

mode of representation and response to 代表模式与对符号的反应, 193

more exact methods of studying 更多研究符号的精确方法, 153

and mores, counter-mores, expediencies 与习俗、反习俗、权宜之计, 64

negative identification and elaboration of 消极认同与对符号的详尽阐释, 169

non-verbal 非语言, 102

and opinion classified 与分类的观点, 195

in political analysis 在政治分析中的, 7

and political order 与政治秩序, 237

primary and secondary ego 第一自我和第二自我, 72, 101

and propaganda 与宣传, 114

in prosperity and depression 在繁荣和萧条中, 154ff.

in relation to one personality and to several personalities 与单一人格和多重人格的关系, 62

resort to secondary 诉诸次要符号, 156

specification for radical 对激进符号的说明, 219

and superego, ego, id. 与超我、自我、本我, 63

Systematic comparison needed 需要系统的比较, 213

and technique of functional equivalence 与功能类同技术, 251

totalistic 极权主义的, 200ff.

Systematization, and impressionism in revolutionary literature 系统化, 与革命文献中的印象主义, 131

of method in handling certain topics 系统方法处理特定主题, 153

T

Tao, L. K. L. K. 道, 113n.

Taussig, F. W. F. W. 陶西格, 22n, 258n.

Tawney, R. H. R. H. 托尼, 258n.

Technical life-histories 技术生命史, 212

Technique of free fantasy, or free association 自由幻想的技巧, 或自由协会, 38

Technology (see division of labor) 技巧（参见劳动分工）

Temperament 气质, 207

Tenney, A. A. A. A. 坦尼, 201n.

Tension (see insecurity) 紧张（参见不安全感）

Ter Meulen, Jacob 雅各布·特尔·米伦, 252n.

Theocratic habit of mind in America 美国心灵的神学特性, 226

Theological symbolism, in America 美国的神学符号主义, 214

Theoretical completeness, of opinions 理论完整, 观点的, 195

Third International, inconvenient to Russian elite see also Revolution 第三国际, 给俄国精英造成麻烦的, 98（也可参见革命）

Thomas, Dorothy S. 托马斯, 160n.

Thomas, William I. 威廉·I. 托马斯, 180n., 212n.

Thompson, Dow 道·汤普森, 33n.

Thompson, George, Carslake 卡斯莱克·乔治·汤普森, 195ff.

Threat value, as political condition 威胁价值, 作为政治条件, 141ff.

Thrift, and middle income skill group 节俭与中等收入技术群体, 259

Thurnwald, R. R. 图恩瓦, 208n.

Thurstone, L. L. 瑟斯, 196n.

Tönnies, Ferdinand 费迪南·腾尼斯, 50n., 77n.

Tomašić, Dinko 丁科·托马西科, 184n.

Total diffusion 总体性传播, 6

"Total" revolution 总体性革命, 4n.

Totalistic method, in choice of reportorial symbols 极权主义方法, 选择报道符号, 200

    in political analysis 政治分析中的, 23

Tourists, and contact among people 旅行者, 与人与人间的接触, 178ff.

Traits of elite 精英的特质, 3, 21, 280

Transference, among strangers 陌生人之间的转让, 168

Traveler, and contacts 旅行者, 与接触, 178ff.

Treat, P. J. P. J. 特里特, 54n.

Treatise on Sociology 《普通社会学纲要》, 219

Trent, Lucia 露西亚·特伦特, 108n.

Treusch, Paul E. 保罗·E. 崔思琪, 89ff.

Trotter, W. W. 特罗特, 83n.

Turner, F. J. F. J. 特纳, 229n.

Types, social and personality 类型, 社会与人格, 207

U

Unconscious components of human action 人类行动的潜意识部分, 25, 34

Unemployment, consequences of 失业的后果, 155ff.

United States, expansionism of, before Civil War 美国的扩张主义, 内战之前, 148

    and future of middle income skill group 与中等收入技术群体的未来, 267ff.

    increasing insecurity of 美国不断增长的不安全感, 214

    political vocabulary of 美国政治词汇, 214ff.

    as precedent for world unity 作为世界统一的范例, 239

    stringent mores of 美国严格的习俗, 223ff.

    in world politics 世界政治中的美国, 12ff.

Unity, and material and ideological uniformity 统一, 与物质和意识形态的统一, 238

    and middle income skill group 与中等收入技术群体, 257ff.

    and symbols of world demand 与世界需求的符号, 245

    and symbols of world expectation 与世界期望的符号, 246

and symbols of world identification　与世界认同的符号, 244

against threat　反威胁, 239

and vested interests　与既得利益, 240

of world blocked by contradictions　因矛盾而受阻碍的世界统一, 121ff.

Universal symbols and local origin, a contradiction　普遍的符号与地方性来源, 一个矛盾, 121

Unwin, George　乔治·尤恩, 117ff.

Uterine regression　母系衰退, 134

Utopia (see symbols)　乌托邦（参见符号）

Utopian socialism, and Marxist symbols　乌托邦社会主义, 与马克思主义符号, 129ff.

V

Value, defined　价值, 定义, 271

　order and justice as　作为价值的秩序和正义, 249

　patterns of　价值模式, 3

Van Gennep　凡·格奈普, 170, 244n.

Van Vleck, William G.　威廉·G. 凡·弗莱克, 172n.

Varga, E.　E. 瓦尔加, 127n., 128n.

Velen, Thorstein　索尔斯坦·维伦, 261n.

Verbalizers (see intellectuals)　描述者（参见知识分子）

Verdross, Alfred　艾尔弗雷德·菲德罗斯, 246n.

Views　观点, 295

Vinacke, H. M.　H. M. 维纳克, 54n.

Viner, Jacob　雅各布·维纳, 152n.

Violence, and bargaining　暴力, 与讨价还价, 23

　expectation of　暴力期望, 52ff.

　and imperialism　与帝国主义, 127

　instrumentalities of　暴力工具, 9

　management by elite of　精英对暴力的管理, 3

　and movement of peoples　与民众运动, 175ff.

　and propaganda of war horrors　与战争恐怖的宣传

and revolutionary contradictions 与革命的矛盾, 147, 281

in the United States 美国的暴力, 222ff.

Visibility, a condition of smooth balancing of power 可见性, 稳定的动态权力平衡的条件, 60ff.

Valch 沃其, 108

Vleugels, W. W.洛伊格尔斯, 83n.

Voegelin, Erich 埃里希·沃格林, 209ff.

W

Waldecker, Ludwig 路德维格·沃尔德克尔, 252n.

Wallas, Graham 格拉姆·沃拉斯, 212n.

Wallis, Wilson 威尔森·沃利斯, 134n., 251n.

Wang, Cheng 成·王, 170n.

War, Crises, benign and malignant 战争, 危机, 温和的和严重的, 86

    crises, in general 总体危机, 82

    definition of 定义, 76

    and economic equilibrium 与经济平衡, 91ff.

    and expanding contact 与扩大接触, 206

    gang and class 团伙与阶级, 228

    and imperialism 战争与帝国主义, 127

    and insecurity 与不安全感, 25

    insecurity crises, exasperation crises, indignation crises, and 不安全感的危机, 激怒危机, 义愤危机, 79ff.

    and press 与出版业, 204

    propaganda about horrors 关于恐怖的宣传, 246

War, and prosperity and depression 战争, 和繁荣与萧条, 160ff.

    scares, naval publicity, naval tonnage, and armament firms 恐慌, 海军声明, 海军吨位, 与军火公司, 87ff.

    universality of 普遍化, 77

    varieties of 多样化, 78

Ward, Sir A. A.沃德先生, 203n.

Watson, Goodwin 古德温·沃森, 196n.

Weather maps, of public opinion 气象地图, 公共舆论, 201

We-symbol (see identification symbols) "我们"符号（参见认同符号）

Weber, Alfred 艾尔弗雷德·韦伯, 208n., 214n.

Weber, Max 马克斯·韦伯, 4n., 21n., 115n., 208n., 258n.

Webster, C. K. C. K.韦伯斯特, 180ff.

Wells H. G. H. G.韦尔斯, 137n.

Wertheimer, Mildred S. 米尔德丽德·S.沃特海姆, 260n.

Wheeler 惠勒, 77

Wheeler, H. F. B H. F. B.惠勒, 167n.

White, Leonard D. 伦纳德·D.怀特, 21n.

Whitehead, A. N. A. N.怀特海德, 30n.

Wiedenfeld, Kurt 库尔特·维登费尔德, 258n.

Wilhelm, Richard 理查德·威廉, 209n.

Wilkerson, Marcus M. 马可斯·M.威尔克森, 80n.

Willcox, Walter F. 沃尔特·F.威尔科克斯, 172n.

Willey, Malcolm M. 马尔科姆·M.威利, 203

Windelband, Wolfgang 沃尔夫冈·文德尔班, 57n.

Winslow, E. M. E. M.温斯洛, 127n.

Wissler, Clark 克拉克·威斯勒, 120n., 123n.

Withdrawal, of affection 丧失, 喜爱, 156

Wittvogel, Karl A. 卡尔·A.维特福格, 209n.

Wolski, A. A.沃尔斯基, 112ff.

Woodward, Julian L. 朱利安·L.伍德沃德, 188ff.

Woolf, Lwonard S. and Virginia 伦纳德·S.伍尔夫和弗吉尼亚, 209n.

World attention areas, survey proposed 世界关注区域, 提议的调查, 202

World economy, and consequences of contact 世界经济, 与接触的后果, 206

    reversal of trend toward 世界经济趋向的反转, 14ff.

World politics, defined 对世界政治的界定, 3

    summary offindings concerning 关于世界政治的调查总结, 278ff.

World revolutions, defined 对世界革命的定义, 4

    universalization is restricted 普遍化受限制, 15

World unity, why obstructed 世界统一，为何受阻，237ff.

Wright, Helen R. 海伦·R.赖特，258n.

Wright, Quincy 昆西·赖特，3n, 242n.

Wriston, Henry M. 亨利·M.里斯顿，203n.

Wu, Chao-Kwang 超-康·吴，178n.

Wundt, Wilhelm 威廉·旺德，208n.

Wuorinen, John Henry 约翰·亨利·沃里宁，170n.

Y

Young, Donald S. 唐纳德·S.扬，174n.

Young, George 乔治·扬，184n.

Young, Kimball 金博尔·扬，83n.

Z

Zeisl, H. H.蔡塞尔，160n.

Ziegler, H. O. H. O.齐格勒，48n.

Zimmerman, J. G. J. G.齐默尔曼，40, 79n.

Zimmermann, Walter 沃尔特·齐默尔曼恩，190n.

Znaniecki, Florian 弗洛里安·兹南尼克，180n.

Zolla, Robert 罗伯特·佐勒，192n.

译后记

　　接手《世界政治与个体不安全感》一书的翻译，最初是受北京外国语大学的尹继武老师所托，原本的安排是我和刘宪阁老师共同承担本书的翻译工作。后来，刘老师因诸事缠身，退出了本书的翻译工作，最终这本书的翻译任务落在了我一个人的身上。

　　还在复旦大学读书期间，我初次接触拉斯韦尔的《权力与社会：一项政治研究的框架》一书，并翻译了这本西方政治学的经典名著。拉斯韦尔的研究领域跨越政治学、哲学、传播学、公共政策学等几大学科领域，他的研究深受心理学的影响，尤其是弗洛伊德的心理分析理论。本书也深受弗氏理论的影响，心理分析的方法在拉斯韦尔的书中留有多处痕迹。

　　2010年博士毕业后，我进入上海海关学院。因学院的要求和专业建设的需要，2012年始，我先后三年利用暑期在海关总署国际合作司进行产学研践习，做着一些貌似不适合自己的事情。在白天的工作之后，晚上我就开始翻译书稿，这多少也是受益于在国际司每天大量接触各种英文文本之后养成的英文阅读习惯。因此，本书译稿的绝大部分内容也都是在产学研践习期间完成的。这导致的直接后果就是，新学期开学回到海关学院，由于日常工作中较少使用英语，书稿的翻译，每每起了开头，就不想继续下去。也可能是因为年龄渐长，电脑思维的运作模式更习惯于单频道运作，比如一个时期用英语做工作语言，就不太习惯切换到中文频道；而一旦切换到中文频道，再次切换到英文频道又需要很久。现在到了韩国，生活工作中大量使用韩语，逐渐开始习惯出去就切换到韩语频道，回家译稿就要再次切回英文频道，这种双语节奏成了当下生活的常态。

　　我初入海关学院的两年，因各种原因，基本上处于一种完全不知所措

译后记

的混沌状态,每天机械地根据学院和系部的安排,按部就班地完成各项教学和科研工作,没有任何自己的想法,或者说根本提不出自己的想法,我完全不清楚我在"海关"能做什么,"海关"与我有什么关系。这种状态的改变,是因为学院一直大力推进的"产学研践习"活动。坦白讲,我对产学研这件事情,开始更多的是抵触和抗拒,但真正投入去做这件事情以后,却又打开了另外一片天空。通过在海关总署国际司的产学研践习,逐渐明白了,很多事情,只要相信你的人觉得可以,你自己觉得可以,那件事情就真的可以了。所以,一旦放弃,就浪费了别人的信任,也挫伤了自己的信心。坚持下,总会有些许进步吧。起码,我对海关已经有了初步的了解,不再是以前的大脑一片空白。

柏杨说,年轻气盛时,命运即便是老虎,屁股也是敢摸。然而,年岁渐长,人大抵也就没了与之挣扎的底气。来到这里,事情渐渐多了起来,于是不停地赶,全然没了以往的气定神闲。开始焦虑,开始大量地按规矩生活,开始尝试无时无刻把一切入眼入耳入脑的东西整理分类到任何文件夹,试图把每一步都走得踏实,开始变得忙而乱。手头的事情越来越多——新的课题,新的论文,新的课程。我爸说,你干脆缓缓吧。日程表上密密麻麻,穿针引线一点一点细细织补。开始把每一天的工作分成三个部分,上午、下午和下班后。时间不够用的时候,才会感叹以前如流水般过去的时间究竟都去哪儿了呢?答案是,或许并没有流走多少的时间。

这些年,身边的朋友们,有人辞职,有人创业,有人旅行,有人放逐,有人寻梦,他们精彩地换了方向继续奔跑,那算是另一条人生的旅游线路吧。我一直觉得自己选的这条路游客太多,制度太多,消费太高,其实走着走着,当你比别人走得更远时,你所看到的便是你未曾想过的。20 岁时,我们想让世界认识自己。30 岁时,我们渐渐认识了世界,学会了妥协,学会了低头,逐渐明白,所谓"幸福",不过是与生活合得来,与世界过得去的日子。现在的我,甚至想象不到再过两三年的我,如何评价现在的自己。但总归是尽力就好了。其实我们很努力地生活,很尽心尽力地活着,不是想让别人觉得有多舒服,而是在自己老了,想起这一天时,还会很欣慰地觉得:你干得真不错,不偷懒、不浮夸、不自我,而不是老态龙钟，后悔当初。

2015年8月，受韩国高等教育财团的资助，我开始在首尔国立大学行政学大学院进行为期一年的课题研究。这一年的访学，也使得我有机会对译稿进行仔细修改，所以译稿的校对工作基本都是在韩国完成的。拉斯韦尔的研究涉及诸多学科，并运用了多门外语作为研究工具，由于译者能力所限，错漏难免，敬请广大读者批评指正。

再次来到韩国，重新捡回了九年前在韩国做交换生时学习的韩国语，希望通过这一年的访学，不仅能对过往的学习生活进行总结、反省，也能够真正达到用韩国语做研究的目标。随我一起来韩国的小朋友，一开始就被我放进了儿童之家，因为名额问题，接连换过幼儿园；虽然，我提前教过小朋友一些简单的韩国语，但是在完全陌生和语言不通的环境中，他是如何克服了各种生活和心理困难，我却不得而知，时不时蹦出来的地道韩国语，让人欣喜，每天都有进步，每天都在成长。事实证明，孩子远比我想象的要坚强，就像我们一起去爬冠岳山，在爬山途中无数次想过放弃、打算直接下山的我，却比不过一个五岁的孩子，全程徒步走完15公里。在韩国，我和小朋友，更多的是一种集体修炼；有时候，他会随手拿起一本韩国语书，放在我面前："要好好学习韩国语，说得要像韩国人那样才好"。因为他，我想成为一个更好的人。

这段日子很忙，日程表上记录得很清楚，哪天都做了些什么。每做一件事之后，自己又觉察到了些什么？新的论文，新的尝试，新的方向，倒不是因为必须求变，而是因为一件事情做满了之后，自然就会有新的事件需要你去填补。现在早已不是几年前，做任何新的事情总会感到担心和焦虑。人生总是在一点一点地向上爬行，以前脱口而出便断然拒绝的事情，现在也会在心里对自己说试试吧。以前的拒绝是因为知道自己做不到，现在的试试吧是因为自己也许可以。更多的体会是，做大学老师是一个孤独而漫长的修炼身心的过程，也是个人成长的过程，你收获了什么或者又失去了什么，旁人无法感同身受。这过去几年的工作、学习和实践，有成功的喜悦也有失败的遗憾，不管怎样，我正尝试面对和接受内心真实的自己，并追求自己想要的一切。我一直认为，有人为你花了时间，无论是表扬还是批评，哪怕仅仅是记得你，都是一种肯定。而对方还愿意主动把这种肯定与你分享,真是让人觉得高兴。我感激那些愿意与我分享他们研究体会、工作经验的同事和老师,在那个时候,是他们成就了我。在海关学院,我的知识架构发生了一些改变,研究方向也渐渐变得清晰,虽然我做的是很小范围的一些小问题。

在过去的几年中,我接连尝试过几个研究方向,但是每每开始一个新的研究,就会怀念起以前的研究,就会问自己,怎么以前那么容易就放弃了?当初放弃不过是以为未来的选择极为丰富,当初以为的极为丰富也不过是觉得世界很大,选择很多。但等到这一天时,就会明白,世界并不全是自己的,而我也不需要拥有那么多的世界,选定一个领域,坚持就好。越来越多的感受是,其实海关这个世界并没有自己想象中那么大。有时候,努力伸手便触到边界,才明白,很多事情并非是不能被改变的狼狈境界。更多的体会是,要了解海关,只有回到海关的日常工作,参与到海关的实际工作、人际交往和日常的琐事中去,才能够发现值得研究的问题,部分与整体的关系才可以揭示。这也是我每年假期愿意去海关呆上一两个月的原因之一。

回顾这一路走来,不知道为什么,特别想哭。哭什么呢?不是励志片,不是煽情史。只是觉得自己对待窘境的认真,不惶恐,不唐突,不冒进。我将这篇译后记视作对过往几年时光的一种怀念,它时刻提醒我,自己投身于多么富有蓬勃朝气和探索精神的事业。希望十年后的自己,能够感谢现在的自己。

王菲易

2016 年 1 月于首尔国立大学

Simplified Chinese translation copyright© 2017 by Central Compilation & Translation Press
World Politics and Personal Insecurity
Original English language edition copyright© 1935 by Harold D. Lasswell
All rights reserved.
Published by arrangement with the original publisher, FREE PRESS, a division of Simon & Schuster, Inc.

图书在版编目（CIP）数据

世界政治与个体不安全感／（美）哈罗德·D.拉斯韦尔著；
王菲易译．—北京：中央编译出版社，2017.5
ISBN 978-7-5117-3306-1

Ⅰ.①世⋯
Ⅱ.①哈⋯ ②王⋯
Ⅲ.①国际政治－研究
Ⅳ.①D5

中国版本图书馆 CIP 数据核字（2017）第 075629 号

世界政治与个体不安全感

出 版 人：葛海彦
出版统筹：贾宇琰
责任编辑：王　琳
责任印制：尹　珺
出版发行：中央编译出版社
地　　址：北京西城区车公庄大街乙5号鸿儒大厦B座（100044）
电　　话：（010）52612345（总编室）　　（010）52612341（编辑室）
　　　　　（010）52612316（发行部）　　（010）52612317（网络销售）
　　　　　（010）52612346（馆配部）　　（010）55626985（读者服务部）
传　　真：（010）66515838
经　　销：全国新华书店
印　　刷：河北下花园光华印刷有限责任公司
开　　本：787 毫米×1092 毫米　1/16
字　　数：276 千字
印　　张：18
版　　次：2017 年 5 月第 1 版
印　　次：2017 年 5 月第 1 次印刷
定　　价：69.00 元

网　　址：cctphome.com　　邮　　箱：cctp@cctphome.com
新浪微博：@中央编译出版社　　微　　信：中央编译出版社（ID: cctphome）
淘宝店铺：中央编译出版社直销店（http://shop108367160.taobao.com）　（010）55626985

本社常年法律顾问：北京市吴栾赵阎律师事务所律师　　闫军　　梁勤
凡有印装质量问题，本社负责调换，电话：（010）55626985